東方語言學

第二十五辑

《东方语言学》编委会

上海师范大学语言研究所

上海教育出版社
SHANGHAI EDUCATIONAL
PUBLISHING HOUSE

目 录

汉语研究

民族语研究

成果译介

田野调查

南昌方言互动语气词"哈""嗬"研究[*]

罗琭昕
（华南农业大学人文与法学学院）

内容提要 通过梳理南昌方言"哈""嗬"的语法位置与搭配模式,共时描写得到句末语气词、准叹词、叹词复现格式。"哈""嗬"的语法位置与发展路径对应,形成机制为先叹词后语气词,即语气词"哈""嗬"由后续叹词"哈""嗬"向前移动而成。研究发现"哈""嗬"对语境要求严格,互动性极强,具有鲜明的话语功能。但在句类、委婉程度、期待听话人回应的结果、时间定位方面存在个性差异。互动交际语境中,"哈"利于拉近语用距离,"嗬"具有以言成事倾向。

关键词 南昌方言;互动语气词;哈;嗬

南昌市是江西省省会,简称"洪"或"昌",是江西省政治、经济、文化、交通中心,位于北纬 28°09′—29°11′,东经 115°27′—116°35′,地处赣中北的鄱阳湖平原。据《中国语言地图集》(第 2 版),南昌方言属赣语昌都片。本文语料来自笔者转录或内省用例。

近年,方言"互动语气词"的讨论业已出现,互动语气词指的是"只能在交际互动中使用、不能在自言自语情况下使用的语气词"(宗守云 2020:289)。方言语气词"哈""嗬"语用功能极强,位于话语的外层,是典型的话语功能语气词,可归入方言互动语气词的研究范畴。

1. "哈""嗬"的语法位置

1.1 句末语气助词

客赣方言区普遍存在句末语气助词"哈"。刘纶鑫考察赣语永修话、客家上犹话的语气词"哈",认为祈使句末"哈"表示命令、叮嘱、建议,有时表示希望;陈述句末"哈"提醒新情况,有时用于解释;感叹句末"哈"带有惊讶、感叹意味。其中,赣语永修话的"哈"还可出现于疑问句末(刘纶鑫 1999:739)。

汉语方言语气助词"哈"的地理分布较广,除客赣方言外,其他方言区也有类似用法。何越鸿(2009)考察湖北利川方言"哈"的功能,认为疑问句末"哈"表示寻求确认、推进对话,祈使句末"哈"期望营造合作、商榷的氛围,陈述句末"哈"用于核对信息,句中或小句末"哈"表提醒、停顿。

---

* 本研究受国家社科基金重大项目"苏皖鄂赣江淮官话与周边方言的接触演变研究及数据库建设"(项目编号:19ZDA307)、华南农业大学教学改革重点项目"'双一流'背景下汉语言文学专业语言学类课程思政改革的立体化探索"(项目编号:JG22037)资助。

"哈"的语用功能讨论较多,方言语气词"哈"已进入现代汉语普通话当中,引起关注。贺阳(1994)最早提出北京话的"哈"负载询问听话人是否赞同的信息,或以询问方式要求对方予以确认的信息。王红羽(2001)认为四川达州方言和北京话在"哈"的使用上存在一致,是非问句里的"哈"表示说话人在心中已有基本判断的基础上寻求听话人的认同,或是复述以求进一步确认。可见,在寻求确认、核对信息的语用目的上,不同方言区的"哈"基本达成一致,属于跨方言共性。

南昌方言句末语气助词"哈"一般出现在陈述句、感叹句、祈使句。例如:

(1) 我看呀再话哈。(我看一下再说吧。)

(2) 渠昨日冒来个哈!(他昨天没来的哦!)

(3) 给老子滚哈!(给我滚啊!)

句末语气助词"哈"在陈述、感叹句中具有商量、说明语气,如例(1)(2);在祈使句中,有时具有威胁、警告语气,如例(3)。

熊正辉(1995:68)指出,南昌方言"嗬"表示"希望对方也同意自己的看法"。万丽媛(2007:174)认为南昌(昌东镇)方言"哈""嗬"在祈使句都重读、高调,但"嗬"语气不如"哈"强烈。邱斌(2017)发现赣语安福话"嚯"一般用在陈述句,表示确认式的询问,相当于"是吗"。

南昌方言句末语气助词"嗬"一般出现在感叹句、疑问句里。例如:

(4) 比先头低嗬?(比之前低吧?)

(5) 箇久了,还是一股子味嗬!(这么久了,还是有一股气味哦!)

"嗬"的语气相对"哈"而言,更为单一,属于把握较大情况下的委婉询问或试探性质的感叹。

1.2　准叹词

陈小荷(2012:174)将丰城方言里的"哈""嗬"姑且视作表疑问的叹词,直言虽为叹词,却不能独立成句,只能跟在祈使性或陈述性分句之后,用于征询对方意见。

本文所谓"准叹词"指的是"哈""嗬"位于句尾,且与前面的语段成分之间存在明显语音停顿,在语言形式上呈现单用倾向,但这种单用并非独立成句,尚未发展到叹词的程度,故称为准叹词。

准叹词"哈""嗬"除感叹句外,有时也出现在疑问句里。例如:

(6) 我吃泼饭去,哈!(我吃完饭过去,好不好!)

(7) 隔渠白天回自己许边,哈?(那他白天回自己这边,是不是?)

准叹词"哈"可以出现在祈使句与疑问句里,重复"哈"前句义,起到提示作用,并携带相关的语用信息。如例(6)出现了一个"哈",即准叹词"哈",此时"哈"的出现相当于复述"哈"前句子信息,同时,"哈"携带语用信息,表示提醒听话人,并希望收到回应。例(7)是"哈"极少出现的疑问句中,此时读升调,该句也只出现了准叹词一个"哈",在疑问句里主要表示疑问语气,因此,在疑问句中的准叹词"哈"的语用功能也更清晰,达到问询目的的提醒作用更为明显。

苏小妹(2008)认同"哈"的语用功能为"寻求听话人的证实和认同",并认为该功能是由整个附加疑问"哈"字句和语气助词"哈"共同承担的。

准叹词"哈"的出现,在语义上重复"哈"前语段成分的意义,在语用上具有提示作用,希望听话人注意到自己说的话并期待给予回应。准叹词"嗬"的语法位置与准叹词"哈"也一致,准叹词"嗬"与之前的语段成分之间存在明显的语音停顿,期待得到听话人的肯定性回应。例如:

(8) 渠做事好麻辣个,嗬!(她做事很利落的,对吧!)

(9) 你跟渠话下,嗬!(你跟他说一下,好吧!)

"嗬"在语用效果上比较单一,即希望得到听话人肯定性的回应。例(8)"渠做事好麻辣个"表达对他人的评价,并使用准叹词"嗬"期望听话人也同意自己的观点。例(9)传达指令,不存在任何疑问语气,同时又不希望命令语气过于尖锐,使用"嗬"舒缓语气,帮助传达自己期望听话人同意并实施该行为的意愿。

1.3 叹词复现

复现"哈""嗬"为再次出现的"哈""嗬",既称"复现",则此前必有句末语气助词"哈""嗬"。作为叹词复现的"哈""嗬"往往读重音。

居后的复现"哈"与居前的句末语气助词"哈"之间存在停顿,这种停顿既包括语音停顿,也包括语段成分的插入。例如:

(10) 我明日再来看你哈!哈!(我明天再来看你吧!好不好!)

(11) 等下子哈,不急,哈!(等一下吧,不着急,等一下好不好!)

复现"哈"的先决条件是存在居前的句末语气助词"哈",通过追补"哈"来代称前一分句所包含的句义。如例(6)居后的复现"哈"在居前的句末语气助词"哈"之后再次出现,且出现时为单用。一个"哈"就涵盖了之前句子的语义,相当于重复前面的句子。同时,复现"哈"带有征求听话人同意,作出允诺,再次询问希望得到回应的语用功能。例(11)在插入语段成分后,复现"哈"独用,重述句末语气助词"哈"所在句子的句子信息"等一下"。值得注意的是,尹世超(1999)考察到,是非问句末"吧"后,充任独句词的叹词"哈",存在片刻停顿,是由于对方未回应,从而追问。这点与南昌方言叹词复现"哈"相似。如例(10)的叹词复现"哈"也属于语用追补,包含听话人未及时作出回应,说话人急于复述的情况。除此之外,南昌方言复现"哈"还具有商量、解释的委婉语气,起到语气舒缓的作用,希望得到听话人同意,如例(11)。

句末语气助词"嗬"后也可出现叹词"嗬"来复述句子语义。例如:

(12) 箇场事是渠话个嗬!是嗬!嗬!(这件事是他说的吧!是吧!是吧!)

句末语气助词"嗬"与叹词复现"嗬"连续搭配,成套使用,语义上,复述句末语气助词"嗬"所在句子的信息。同时,叹词复现"嗬"携带语用信息,起提醒作用,并具有强烈希望得到听话人肯定回应的语气色彩。

1.4 搭配模式

"哈""嗬"的三种语法位置体现了"哈""嗬"的搭配模式:模式一为句末语气助词"哈""嗬"单独出现,记为模式1;模式二为句末语气助词"哈""嗬"与叹词复现"哈""嗬"的连用搭配,因成套使用,记为模式1+2;模式三为准叹词"哈""嗬"的单独出现,记为模式3,准叹词"哈""嗬"与句末语气助词"哈""嗬"互斥,且通常前有较长语音停顿。如下表所示:

表1　"哈""嗬"的成套搭配模式

模式	格　式	功　能
1	S＋哈/嗬_{句末语气助词}	寻求确认
1＋2	S＋哈/嗬_{句末语气助词}停顿（语段成分）哈/嗬_{叹词}	复述句子信息，寻求确认
3	S长停顿哈/嗬_{准叹词}	复述句子信息，寻求确认

　　三种模式类型并行不悖，其中，搭配模式"1＋2"与搭配模式"3"功能相同，但格式有别。功能相同却仍并存两种格式的主要原因是互动语气词"哈""嗬"具有类似的话语功能。而位于或长或短的停顿后的"哈""嗬"，语义上，复述句子信息；语法上，具备谓词性；语用上，用于互动，寻求确认。正是由于单用时的谓词性，使其自然地与前面语段或句子形成韵律整合，联结为两种或长或短的停顿形式。

2. "哈""嗬"的形成机制

　　通过共时描写，"哈""嗬"存在三种常见语法位置，分别为句末语气词、准叹词、叹词复现。按照线性排列，所见模式也为"哈、嗬"作句末语气词、"哈、嗬"作准叹词、"哈、嗬"作句末语气词及叹词。但从其形成机制上来看，恐为反向追补叹词而出现句末语气词。即先有叹词"哈、嗬"，再因联合使用，而黏着出现句末语气词。换言之，共时描写呈现出的三种位置与演变脉络有所对应。具体发展路径为："哈""嗬"先作叹词，随着去范畴化，成为准叹词，再语法化为语气词。当语气词一旦形成，则又可以通过复现的方式，与叹词用法共现。

　　按照语言类型学，世界语言都有叹词系统，但不是所有的语言都有语气词。语气词是汉语的重要特色之一。因此，具体语言内部一定有叹词系统，不一定具备语气词系统，这也是先有叹词，后有语气词的普遍语言学证据。可以支持我们的语气词"哈、嗬"由后续叹词"哈、嗬"向前移动而来的观点。

　　叹词"哈、嗬"之所以能够向前移动成为句末语气词，原因有三：一是语用层面，受到互动交际环境下的语用因素驱动，叹词"哈、嗬"具备情感色彩与话语功能，可以与前面小句形成话语链；二是语音层面，独立使用的叹词由于常接在小句之后，在语音上出现连读，使得叹词"哈、嗬"具备向前移动的准备条件；三是句法层面，叹词与语气词分属不同句法层级，叹词单用为句子，语气词作为句中或句末成分，截然不同。向前移动也符合句法操作的优势倾向。

　　从成套搭配模式的功能表现上看，亦可得到印证。后置的准叹词（模式3）与叹词、语气词成套出现（模式1＋2）功能均为复述句子信息，寻求确认，但成了语气词的"哈、嗬"则只寻求确认，作为句子的语气部分，语法单位降格，无须复述句子信息，也因不是后接小句，自然无法复述句子信息。

　　方言"哈""嗬"的历史来源已有一定讨论。罗骥（2003:175）认为方言"哈"的前身是北宋祈使语气词"好"。刘金勤（2010）认为方言"哈"来源于近代汉语"呵"。马宝鹏、庄会彬（2014）提出"哈"来源于中古汉语、近代汉语的语气助词"好"，其间经历了"呵"的中间环节，在方言中存在各种语音变体：[xɑu]（湖南祁东，老湘语）、[xɑ]（四川达州，西南官话）、[xã]（山东临沂、潍坊,胶辽官话)、[xaŋ](河南周口,中原官话)、[aŋ](河南林县,晋语)、[khə](山东济南,冀鲁官话)。目前较为达成共识的是"哈"来自"好"或"呵","嗬"来自"呵",至于"好"与"呵"之间的关系还不能轻易下判断。从南昌方言语气词"哈""嗬"的共时情况来看,二者在语音、语义、语法上相似性较大,但互补分布,各司其职。

综上所述,南昌方言特殊语气词"哈"[xa⁵¹]与"嗬"[xo⁵¹]语法特性的一致性较强,适宜作为一组比较共性与个性。二者语法位置分布相同,搭配模式呈现统一,尤其是句末语气助词与叹词成套使用的搭配模式,其基本功能都是复述上一句句义,达到互动目的。"哈""嗬"在语音、语法形式上相似度较高,在语义、语用功能上各有特点。在形成机制上,为叹词"哈""嗬"向前移动,出现语气词"哈""嗬"。

3. "哈""嗬"的语义特点

"哈""嗬"互补分布,语法位置相同,搭配模式一致,共性较强,但在语义功能及其呈现方式上存在差异,主要体现在句类分布、委婉程度、期待回应的表现、时间定位作用方面。

第一,句类分布上,"哈""嗬"存在差异:"哈"可出现在感叹句、祈使句以及少量的疑问句里,"嗬"一般出现在感叹句、疑问句里。

第二,委婉程度上,"嗬"的语气比"哈"更委婉。例如:

(13)你明日来哈/嗬!

(14)你明日来＊哈/嗬?

(15)你晓得哈/嗬!

"哈""嗬"的句类分布可以帮助阐明语气委婉程度的问题。感叹句里,"哈""嗬"均合语法,但疑问句环境下,可能出现差异,如例(14)发问时,"嗬"合语法,而"哈"在这里却不宜使用。况且,"哈"还能出现在语气更强硬的祈使句当中。而例(15)则出现了表义上的差异,"你晓得嗬!"仍然可以理解为把握较大下的确认,但"你晓得哈!"却出现了威胁义。

第三,期待回应的表现上,"哈"期待听话人给予回应,而"嗬"更进一步,希望得到听话人回应,且最好是肯定的回应,以寻求认同。例如:

(16)上水是打下来个哈!((给太阳能热水器)装水是打下来的啊!)

(17)上水是打下来个嗬!还是打上去噶?(装水是打下来的吧!还是打上去的啊?)

"哈""嗬"都可以用于期待对方给予肯定性答复,但"哈"鉴于其提醒作用与祈使句用法,多见发出命令。上例最大的不同在于交际双方角色不同。同样是说明"上水是打下来"的情况,"哈"结句为说话人提醒他人,此时的说话人是"上水是打下来"具体情况的知晓者;"嗬"结句为说话人进行揣测,寻求他人的确认,此时说话人是"上水是打下来"具体情况的非知晓者。对于听话人而言,"哈""嗬"都昭示着需要有所回应,但"嗬"为较大把握情况下的揣测或再次确认,并期待听话人给予肯定的回应。例(17)前一句为感叹句,后一句为"噶"疑问句,说话人先是在较大把握下揣测,猜测"上水"有很大可能是"打下来",但马上又不太确定,追问"还是打上去的啊?",前一句感叹,把握较大,后一句疑问,把握不定。

第四,时间定位上,"哈"不具备明显的定位功能,但"嗬"具有非将来性。"嗬"作为较大把握下的揣测或再次确认,通常是对已然事件或情状的附和。例如:

(18) 甲:热死人诶!(太热了!)

　　　乙:是哦,好热嗬!(是的,好热吧!)

"嗬"希望听话人给予肯定性的回应,在实际语境中,有时较大把握的揣测也会出乎意料。例如:

(19) 甲:你屋里女工作了嗬!(你家女儿工作了吧!)

　　　乙:还冒哦!(还没有哦!)

说话人推断"你屋里女工作了",有较大把握得到肯定回应,以"嗬"结句。从说话者的推断来看,这是他凭借已有经验或知识得到的合理判断,事与愿违,得到的却是否定回应。说话人认为该推断所述的事件是已发生的事情,句中也出现了助词"了"佐证。由此可知,"嗬"所在感叹句里发生的事件只能定位于过去时间,或从过去延伸到现在时间,但绝不可能定位于将来。

4. "哈""嗬"的语用功能

"哈""嗬"是典型的话语操作符,属于互动语气词范畴,互动语气词最重要的功能就是用于言语交际的互动。从语用特点上看,"哈""嗬"具有高交互特征。只能出现在对话语境,常用于发起话轮,期待对方回应的主观意愿强烈,互动性强,话语功能明显。

4.1　对话语境下的互动性

原苏荣(2008)将"哈"与英语"Eh"类比,认为二者同是篇章衔接的语篇标记、语气情态的强化标记、交际功能的礼貌标记。崔希亮(2011)重视"哈"的语篇功能,认为对话中的"哈"只表达情态意义,通常表现为寻求证实或认同、赞同或附和、惊异,集中呈现说话人与听话人的互动要求,在对话语篇中的"交互主观性(inter-subjective effect)"极为强烈。陈小荷(2012:174)发现赣语丰城话"嗬"的语境要求严格,只能出现于第三者在场的语境。丰城话"嗬"的第三者在场语境的要求与南昌方言不同,南昌方言只需满足对话双方在场即可,若出现第三人在场,对话也依然成立。虽然赣语内部表现大同小异,但都在"哈""嗬"的对话语境条件与强互动性展现出高度相似。作为与"嗬"同类的东北方言语音变体"嚎",周士宏(2020)认为"嚎"是一种"话语语气词",位于话语最外层,独立性最强,互动性也最强的"独词附加问句"。

"哈""嗬"的互动性极强,必须处于对话语境。"哈""嗬"虽在期待回应的结果上有偏差,但至少都期待有所回应。且"哈""嗬"使用者多为主动发起话轮的说话人一方。因此,"哈""嗬"不仅用于会话互动,还具有极强的主动性,引导话轮。例如:

(20) 聚餐告别,邀约作客

　　　甲:明日记得来哈!(明天记得来啊!)

　　　乙:不去哟!(不去哦!)

　　　甲:做什不来哦!有事啊?(为什么不来?有事情吗?)

　　　乙:不方便。不方便。

　　　甲:(搭肩)来哕!来咯!几难得个!(来嘛,来嘛,很难得的!)

　　　　　(乙没说话)

> 甲：就我几个，做什不方便个嘛！（扬手指）来，我做东，来！（就我们几个人，有什么
> 　　不方便的！来，我请客，来！）
> 甲：（语气缓和）来哈，来哈！（笑）你答应个嘞！（来啊，来啊！你答应了的哦！）
> 乙：好哦，好哦！（挥手离开）（好，好！）
> 丙：（对甲说）爷，叔叔明日会来个嗬？（爸爸，叔叔明天会来的对吧？）
> 甲：会个。渠应了就会来个。（会的。他答应了就会来的。）

"哈""嗬"只能出现在话轮当中，必须存在对话双方，甚至多方，用于交际互动，但不能出现在自言自语的情况下。"哈""嗬"可以开启话轮、推进话轮，但无法结束话轮，这都与"哈""嗬"期待回应的话语功能相关。

4.2 "哈"拉近语用距离

"哈"属于高礼貌级别用词，是贯彻礼貌原则、合作原则的典型用词，"哈"字句隐含说话人与听话人地位的不对等，"多用于晚辈对长辈，下级对上级，卑者对尊者等，关系对等者之间也较常使用，反向关系者（如长辈对晚辈等）之间较少使用"（尹世超 1999：95—96）。发展至今，"哈"的用法已发生改变，即使是在北京话、普通话环境下，"哈"也可以较多地用于长辈对晚辈这类的反向关系者。例如：

（21）宋丹丹：我们要办一个篝火晚会，哈，我觉得会比较有意思（综艺节目《五十公里桃花坞》第二季第一集 01：53：17—20）

说话人与听话人的地位不对等则初始语用距离较远，"哈"出现在下对上的正向关系者之间是为了便于下位者拉近与上位者之间的社交关系，推近会话；出现在反向关系者之间，如例（21），主要是为了缓解命令语气，由上位者主动发出拉进社交距离的需求，表面上维持和谐会话状态。

南昌方言"哈"不存在地位对等或不对等的使用对象限制。南昌方言"哈"在感叹句末具有商量、解释语气，语气较舒缓，但在一些感叹句、祈使句末，则语气强烈，具有警告意味。因此，南昌方言"哈"依赖语境，可出现的语气语境较为极端，只有在语气强烈的警告语境下，才会出现上位者对下位者的威胁。在大部分情况下，不以对话双方地位尊卑作为标准，即不论双方地位如何，都可使用"哈"。"哈"的使用并非单一的卑对尊，或尊对卑，而以语境义为准，体现"哈"的强互动性。例如：

（22）我过刻把子钟到你楼下哈！快滴子起来！不要让舅舅等等等吵！（我过一刻钟到你楼下！快点起床！不要让舅舅总是等啊！）

（23）姑姑明日给佳佳买棒棒糖哈！哈！（姑姑明天给佳佳买棒棒糖吧！好不好！）

本组例句均为传统意义上的反向关系者（尊对卑）用例。说话人与听话人之间属于家庭关系，初始语用距离近，但又存在长辈与晚辈的年龄与地位差距，语用距离相对拉大。说话人分别是长辈"舅舅"与"姑姑"，听话人分别是省略的外甥（女）与侄女"佳佳"。"舅舅"为自指，告知外甥（女）到达时间，并提醒、催促对方快点起床，不要让自己等；"姑姑"也是说话人的自称，承诺给"佳佳"买棒棒糖。这两例均为反向关系者（尊对卑），都使用"哈"字句，试图拉近语用距离，符合礼貌原则。虽同为尊对卑用例，但在实际语境中，例（22）语气强烈，用于催促、责怪，起到提醒作用，例（23）语气舒缓，作为许诺，期待对方回应。

由此可知，南昌方言"哈"字句并不符合"反向关系者之间较少使用"的判断，重点并非对

话双方的地位不对等,也并非绝对的正向关系者或关系对等者之间多用,应不以对话双方地位作为标准,而以语境、语用目的为导向,体现出"哈"的强互动性。

4.3　"嗬"的以言成事倾向

何自然(1997:144—146)将 Austin 言语行为理论的"言语行为三分说"翻译整理为"X:言之发——以言指事","Y:示言外之力——以言行事","Z:收信后之果——以言成事",以言指事一般同时也是以言行事。间接言语行为是"通过实施其他言语行为间接地实施某一言语行为"(Searle 1969:60)。以此说明,语句与施为之间并不存在一一对应关系,不论以言指事、以言行事、以言成事都受到语境的强大规约。间接言语行为是以间接的方式试图达成请求的目的,通常不用祈使句,而使用陈述句或疑问句隐性提出要求。因此,言语行为产生的言外效力不是着眼于语言本体的词、句子或其他语言形式,而是关注人们使用语言形式而达成的行为。例如:

(24) 甲:升温了诶,好热嗬!(升温了,好热,对吧!)
　　　(乙起身打开窗户通风)
　　　乙:隔凉快不哩?(这下凉快了吧?)

(25) 甲:升温了诶,好热嗬!
　　　乙:是哦,好热。(是哦,好热。)

(26) 甲:升温了诶,好热嗬!
　　　乙:我也冒法。(我也没办法。)

同样以"升温了诶,好热嗬!"发起话题,"升温了诶,好热嗬!"句子本身有自己的意义,即真值语义。但当说话人的意图其实是让别人去开窗子时,单看句子的真值语义是看不见该意图的。若在场的听话人明白说话人不仅仅是在陈述事实,而是在做一个请求的话,这就是言外效力。

"升温了诶,好热嗬!"句中的"嗬"在语用功能上具有期望听话人给予回应,且最好是肯定性回应的愿望。上例三组的回应都隐含了肯定意义,但在结果达成上不同。例(24)通过抒发感叹"升温了诶,好热嗬!"这一并不具有意图的祈使句,却直接达成了结果。因为听话人明白言外之意,去打开了窗户,这使得之变成了一个有意图并达成了意图的语句。甚至听话人在完成"起身打开窗户通风"的行动之后,回应道:"隔凉快不哩?"对刚刚完成的动作事件的效果进行正反提问,对这句话真值语义的直接回应只有肯定与否定两种。例(25)未达成结果,听话人回应"是哦,好热"是用真值语义进行肯定性回应,听话人可能并没有听懂说话人的言外之意,也有可能听懂了但故意装没听懂,无动于衷,避免或拒绝行动。例(26)未达成结果,听话人选择直接表达与"果"相关的意愿"我也冒法(我也没办法)",该回应的预设是我也同意现在很热,属于肯定性回应。这说明听话人听懂了言外之意,也考虑到言后行为,但爱莫能助,表达无奈,甚至拒绝给予帮助。当听话人明白说话人的言外之意,知道说话人不只是在陈述事实,而是在做一个请求时,语言指事与语言行事的言、行已发出指令,言外效力就产生了。但是言、行、果中的"果"若未能实现,则这种言语行为是无效的。这种"无效"并非陈述事实与传达意图的无效,而是在"言、行、果"的"果"无效,即未达成现实行为的结果。

上例在最终结果上的不同,反映了言与果之间的不确定性及参与者在实时的不断配合与呼应,且这种呼应并不一定和谐,很有可能出现互动的失败,如例(25)(26)。在互动、呼应和谐的情况下,言、行、果一致,说话人的言外效力起作用并通过听话人的动作行为使得情况出现新变化,且该变化符合说话人的期望,以言成事,如例(24)。

通过呼应成功,可以发现,当言外效力产生,以言成事达成。相应地,在和谐的交互对话中,说话人后续对时间词语的选用也会体现出言外效力产生前后的差别。言外效力产生前,说话人使用语气词"嗬"希望听话人给予肯定性回应,并希望听话人明白言外之意。当听话人知晓言外之意,并付诸行动,则言外效力产生,以言成事达成。

"嗬"的言外效力成事与其期待得到听话人肯定性回应的语用目的是紧密关联的,正因为"嗬"具备得到肯定性回应的倾向,言外效力产生的可能性也越高。若换成仅是期待听话人回应却无法保证为肯定回应的"哈",则断然无法达成最终"言、行、果"的成立,这是"嗬"的独特之处。

5. 结　语

南昌方言语气词"哈""嗬"共性较多:语法位置一致,搭配模式相同,出现于对话语境,对话双方必须在场,在语用交互方面要求较高,要求听话人、说话人的主观互动。"哈""嗬"的特殊性包括语法位置分布,存在成套使用的搭配模式,语用上具有强互动性。"哈""嗬"存在三种语法位置,其中,句末语气助词"哈""嗬"可在语段成分后复现,成套使用,复述前一句句子信息。存在准叹词"哈""嗬"单独出现,准叹词"哈""嗬"与句末语气助词"哈""嗬"互斥,准叹词"哈""嗬"前通常存在语音停顿。"哈""嗬"的主要差异在于句类分布、委婉程度、期待听话人回应表现、时间定位作用不同。"哈"具有允诺、商量语气,起提示、提醒作用,期待听话人给予回应;"嗬"是把握较大情况下的揣测或确认,希望得到听话人的肯定回应。"哈"已进入普通话,有助于缩小语用距离,"嗬"具有非将来性及以言成事的倾向。

参考文献

陈小荷.丰城赣方言语法研究[M].北京:世界图书出版公司,2012.

崔希亮.语气词"哈"的情态意义和功能[J].语言教学与研究,2011(4).

何越鸿.湖北利川方言的语气词"哈"[J].湖北师范学院学报(哲学社会科学版),2019(5).

何自然.语用学与英语学习[M].上海:上海外语教育出版社,1997.

贺　阳.北京话的语气词"哈"字[J].方言,1994(1).

刘金勤.语气词"哈"源流考察[J].长江学术,2010(4).

刘纶鑫.客赣方言比较研究[M].北京:中国社会科学出版社,1999.

罗　骥.北宋语气词及其源流考[M].成都:巴蜀书社,2003.

马宝鹏,庄会彬.2014.汉语语气词"哈"的源流考[J].汉字文化,2014(3).

邱　斌.江西安福话的语气词"嘿"和"嗽"[J].方言,2017(2).

苏小妹.说说句末语气词"哈"和"哈"附加问句[J].现代语文,2008(4).

万丽媛.南昌(昌东镇)方言句末语气助词的构造、音读和功能[J].江西省语言学会 2007 年年会论文集,2007.

王红羽.2.四川达州方言的"哈"字浅析[J].四川文理学院学报,2011(4).

熊正辉.南昌方言词典[M].南京:江苏教育出版社,1995.

原苏荣.汉语的"哈"与英语的 Eh[J].外国语,2008(3).

尹世超.说语气词"哈"和"哈"字句[J].方言,1999(2).

周士宏.东北方言的"嚎"与"嚎字句"——结构层次与认识立场[J].外国语,2020(5).

中国社会科学院语言研究所.中国语言地图集(第 2 版)汉语方言卷[M],北京:商务印书馆,2012.

宗守云.河北涿鹿话的互动语气词"噢"和"嗨"[J].方言,2020(3).

Searle. 1969. *Speech acts：An essay in the philosophy of language*，Cambridge：CUP.

调整过程中的四会粤方言声调系统[*]

金 健[1] 翁 毅[2] 施其生[3]

（[1、3]中山大学中文系，[2]香港理工大学中文及双语系）

内容提要 四会粤方言新老派的声调系统都处于调整过程之中，阴上和阴去、阳上和阳去、上阳入和下阳入有合流的趋势，单字调和连读变调的分合进程快慢不一，老派和新派处于演变过程的不同阶段，根据单字调及连读变调的不同分合情况进行归纳，新派和老派的声调系统调类个数虽然相同，却处在声调系统调整过程的不同阶段。调类系统的变动过程不是突然的质变，而是经历了一个从局部质变到整体质变的渐进过程，局部质变也常常要经历从少数词汇、少数使用者向整类音、全体使用者扩散的过程。在此过程中，连读变调与单字调常常互相牵引、共同参与声调系统的调整过程。

关键词 粤语；四会；声调；调类演变

1. 引 言

四会粤方言古上声、古去声及古阳入在现今的调类系统中表现复杂，而且新老派的差异显示出整个调类系统正处于变动之中，古调类系统演变为今调类系统的时候，不单纯是单字调调值的分合问题，而是有连读变调调值的分合同时起着重要的作用。连读变调行为总是依附于语流，因此由连读变调所推动的单字调系统的调整可看出其具体途径有词汇扩散的机制。

为科学归纳四会方言的声调系统，揭示其正在经历的调整过程和机制，本文先根据对新老两派进行实验语音学分析得出的调值，把单字分成若干类，找出各类单字与古四声及声母清浊的关系，再用实验语音学的方法分析各类连读变调的调值及新老派差异，在此基础上归纳出上述两套（单字调与连读变调）调值类之间的关系，然后得出我们认为比较符合实际的四会方言单字调系统。文章后半部则从另一角度着眼，考察新老派连读变调及单字调的差异，从中分析各类字连读变调调值的分合过程引起单字调系统调整的作用，揭示某些具体细节。

2. 四会粤方言单字调的调值

经过调查和实验语音学分析，四会粤方言的单字调调值新老派不同，老派有 9 个，新派有 7 个，下面分别以 A—G 表示类名。

---

* 本文的研究得到国家社科青年基金项目"粤语声调的社会语音学研究"（16CYY052）的资助。

A 类如"巴、班、三、涛"等来源于中古清音声母平声的字,新老派调值一样,都读[51]。

B 类如"穷、同、门、龙"等来源于古全浊、次浊声母平声的字,新老派调值一样,都是[31]。

C 类包括"古、好、党、恐"等来源于古清音声母上声的字,还有"冻、四、去、菜"等来源于古清音声母去声的字,新老派读法不同:老派前者为[44](类名以 C1 表示),后者为[33](类名以 C2 表示),例如:"把[pa⁴⁴]≠坝[pa³³]、史[ʃi⁴⁴]≠[试³³]";新派全都读[33](类名以 C 表示),例如:"把[pa³³]=坝[pa³³]"、"史[ʃi³³]=试[ʃi³³]"。

D 类包括"动、妇、买、卖"等来源于古全浊、次浊声母的上声字和去声字,新老派调值一样,都读[23]。

E 类包括"戳、笔、七、竹"等来源于古清音声母入声的字,新老派调值一样,都读[5]。

F 类包括"八、督、发、接"等来源于古清音声母入声的字,新老派调值一样,都读[3]。

G 类包括"毒、木、直、立"和"药、白、笛、别"等来源于古全浊、次浊的入声字,新老派读法不同:老派前者为[21](类名以 G1 表示),后者为[23](类名以 G2 表示);新派全都读[2](类名以 G 表示)。

各调值类的实验语音学声学分析结果如下①:

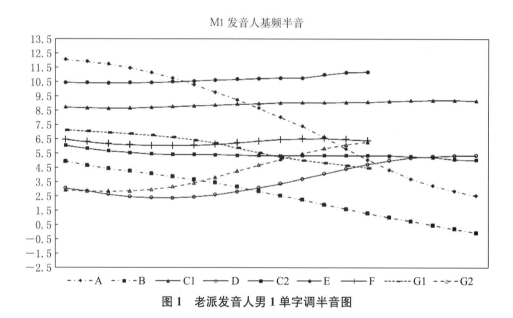

图 1　老派发音人男 1 单字调半音图

---

① 本次实验的发音人为三位土生土长的本地男性,其本人及父母都是四会江谷镇及周边地区本地人,年龄在 47—75 岁之间,具备较好的四会方言语感。根据年龄及调类归并差异,发音人 M1、M2 发音老派,M3 发音新派。实验共采集单字读音 27 字,连读变调二字组共 162 组(9×9×2),每个例字或例词读三遍。语音样本的采集采用性能较好的手提电脑、外置声卡(TERRATEC DMX6Fire)以及麦克风(SHURE SM86)进行录音,背景噪音控制 60 dB 下,录音时按字表乱序读三遍。采集音频数据以后,利用声学软件 praat 进行标注、分析。标注完成后运用 praat 在韵母段提取基频,舒声调提取 12 个点,促声调提取 6 个点,并对所提取的数据进行半音处理,半音(St)和频率(Hz)的换算关系是:$St = 12\ln(x/y)/\ln 2$,其中 y 是发音人各调类基频均值的最低点(孔江平,2015)。

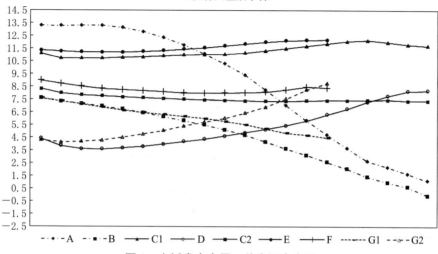

图 2　老派发音人男 2 单字调半音图

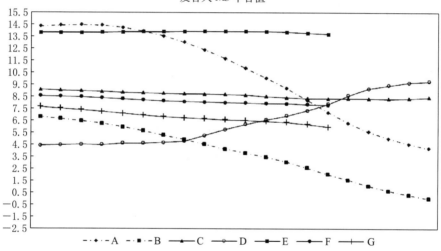

图 3　新派发音人男 3 单字调半音图

新老两派单字调值及其差异可以概括为下表：

表 1　四会粤方言单字调值及新老派差异（打黑框之处为单字调与连读变调有差异之处，下同）

调值类		调值		古音韵地位		例　字
老派	新派	老派	新派	调类	声母	
A	A	51	51	平	清	巴 班 三 涛
B	B	31	31	平	全浊、次浊	穷 同 门 龙
C1	C	44	33	上	清	古 好 党 恐
C2		33		去	清	冻 四 去 菜
D	D	23	23	上、去	全浊、次浊	动 妇 买 卖

调值类		调值		古音韵地位		例　字
老派	新派	老派	新派	调类	声母	
E	E	5	5	入	清	戳 笔 七 竹
F	F	3	3	入	清	八 督 发 接
G1	G	21	2	入	全浊、次浊	毒 木 直 立
G2		23		入	全浊、次浊	药 白 笛 别

3. 四会方言连读变调的调值

此前关于粤语连读变调的认识一般认为广府片粤语是一种语素性变调,这类语素性变调一般出现在重叠、小称等结构的后一音节,而我们在研究中发现四会粤方言的连读变调在性质上跟广州话的语素性变调完全不同,而是一种语音层变调,即词或短语的语法结构或语法意义不会影响变调,某调类是否变调、变成什么调取决于前后字的调类。

侯兴泉(2012)根据王洪君(2008)对汉语方言连读变调的分类,认为勾漏片粤语的变调类型为"自身交替"型,但是典型的"自身交替"型变调一般发生在前字,后字通常不变调,四会方言二字词前字、后字都可能发生变调,具体表现为:有的连调组合前字变,有的后字变,有的前后字都变。因此从类型上说,四会粤方言的连读变调类型与典型的广府片不同,与典型的勾漏片也有差异。

为了能够准确描写四会粤方言的连读变调,我们在田野调查比字的基础上,从二字词入手,对四会方言的连读变调进行了较为全面细致的考察,发现尽管在单字调调类归并和调值上,老、新派存在一些差异,但在二字组连读变调中,两派发音表现出较强的一致性。另外,我们发现,来自古全浊、次浊声母上声字和去声字 D 类字,在连读变调中,无论新老派,都可以根据古浊音声母上声字和去声字分为两个调(下文分别以 D1 调和 D2 调加以区分)。

以下根据听辨及语音样本的实验结果,把四会粤语连读变调的调值归纳为调值类。如下:

A 类如"巴、班、三、涛"等来源于中古清音声母平声的字,作前字时,新老派都由[51]变[32],作后字时,仍读[51]不变。

B 类如"穷、同、门、龙"等来源于古全浊、次浊声母平声的字,作前字时,新老派都由[31]变[23],作后字时,仍读[31]不变。

C1 类包括"古、好、党、恐"等来源于古清音声母上声的字,C2 类包括"冻、四、去、菜"等来源于古清音声母去声的字,新派在单字调中已合流,但在连读变调中两类的表现有所不同。

C1、C2 类作前字时,老派 C1 仍读[44]不变,C2 由[33]变[44],新派由[33]变[44],作后字时,C1 老派由[44]变[55],新派由[33]变[55],C2 无论新老派都由[33]变[35]。

即是说,无论新老派,C1 和 C2 作前字时调值相混,均为[44],如"点名＝店名""死人＝四人""古人＝故人"等;作后字时,调值不同,C1 为[55],C2 为[35],如:"难倒≠难到""好懂≠好冻""饭点≠饭店"。

D1 类包括"倍、尾、柱、马"等来源于古全浊、次浊声母上声的字,D2 类包括"件、类、大、饭"等来源于古全浊、次浊声母去声的字,新老派单字调都已合流,但在连读变调中,两类表现有所不同。

D1、D2 类作前字时,无论新老派,D1 都由[23]变[32],D2 仍念[23]不变,作后字时,新老派在[32]、[2]调后仍念[23]不变,在[23]、[3]调后由[23]变[33],在[44]调后由[23]变[44]。

即是说,无论新老派,D1 和 D2 类单念和作后字时调值相混,如"小李＝小利""老父＝老妇"等,作前字时调值不同,如:"五点≠误点""两片≠亮片"。

E 类包括"戳、笔、七、竹"等来源于古清音声母入声的字,作前字,新老派变调后调值一样,都读[3],作后字时,新老派都不变调。

F 类包括"八、督、发、接"等来源于古清音声母入声的字,作前字时,新老派都不变调,作后字时,新老派变调后调值一样,都读[35]。

G1 类包括"毒、木、直、立"等来源于古全浊、次浊的入声字,G2 类老派包括"药、白、笛、别"等来源于古全浊、次浊的入声字。新派 G1、G2 单念时已合流,而老派仍区分。

G1、G2 作前字时,新派仍读[2]不变,而老派 G1 由[21]变[2],G2 由[23]变[2],作后字时,处于[32]、[2]调后时,新派 G1、G2 都由[2]变为[21],老派 G1 仍读[21]不变,G2 仍读[23]不变,处于[2]、[44]、[23]、[3]后,新派由[2]变为[3],老派 G1 由[21]变为[3],G2 由[23]变为[3]。

即是说,无论新老派,G1 和 G2 作前字时调值相混,如:"木头[mok² tɐu³¹]、毒品[tok² pɐn⁵⁵]、直接[tʃak² tʃit³⁵]"(前字本调 21),"白色[pak² ʃɐk⁵]、药膏[iœk² kou⁵¹]、笛仔[tɛk² tʃɐi⁵⁵]"(前字本调 23)。作后字时,新老派在[32]、[2]调后仍有区别,如:猪肉[ty³² iɔk²¹]、日日[iɐt² iɐt²¹](后字本调 21)和三碟[ʃam³² tit²³]、喫药[iɐsp² iœk²³](后字本调 23)中后字调值有差别;在[23]、[44]、[3]调后相混,如:鱼肉[y²³ iɔk³]、放牧[fɔŋ⁴⁴ mok³]、确实[kʰɔk³ ʃɐt³](后字本调 21)和鱼跃[y²³ iœk³]、放学[fɔŋ⁴⁴ hɔk³]、雪白[ʃyt³ pak³](后字本调 23)中后字调值相同。

图 4—图 23 是老派发音人 M1 两字组连读变调的半音归一结果,由于 M1、M2、M3 结果较为一致,为省略篇幅,其余发音人图表略。

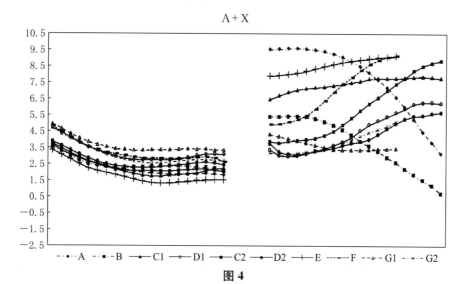

A + X

图 4

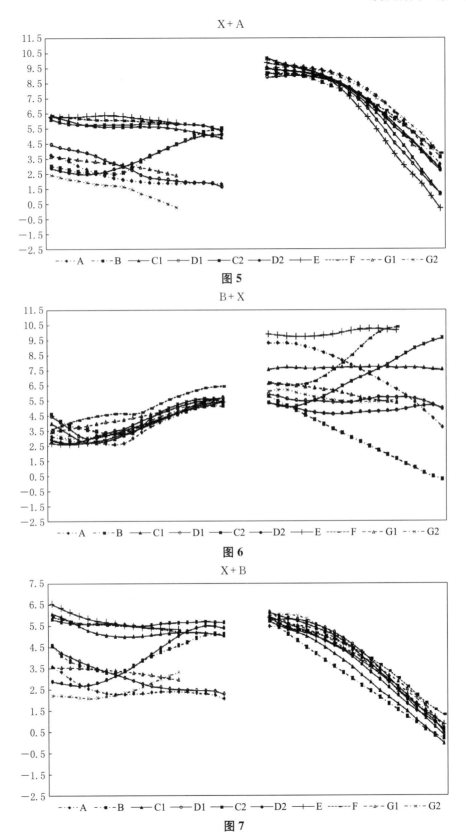

图 5

图 6

图 7

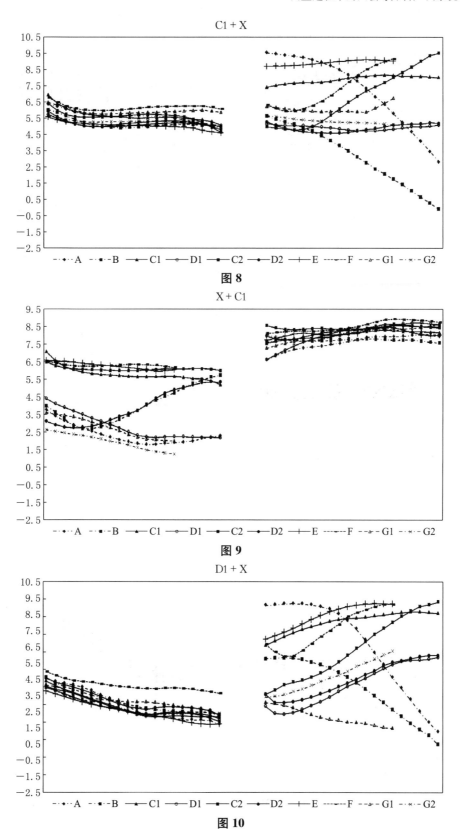

图 8

图 9

图 10

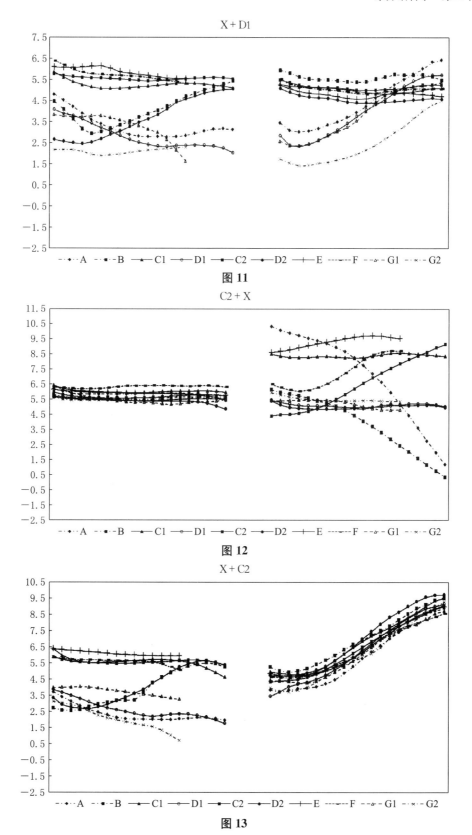

图 11

图 12

图 13

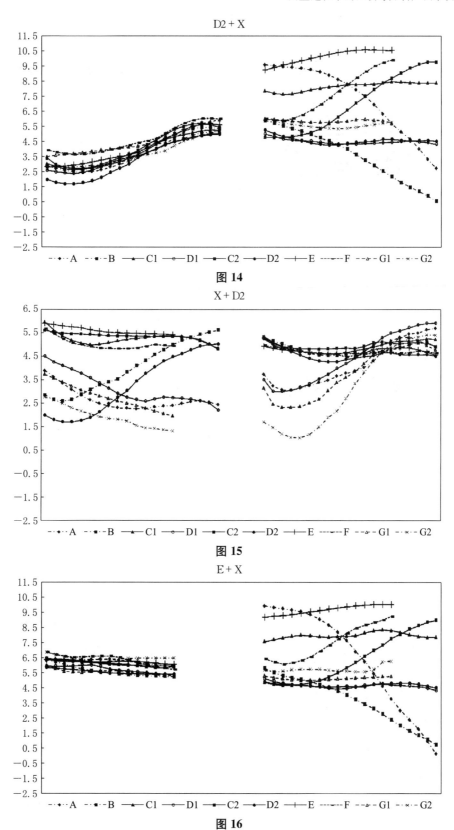

图 14

图 15

图 16

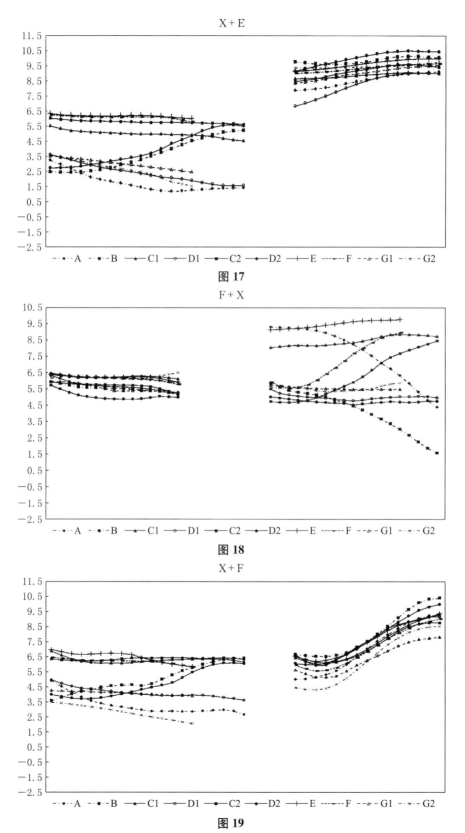

图 17

图 18

图 19

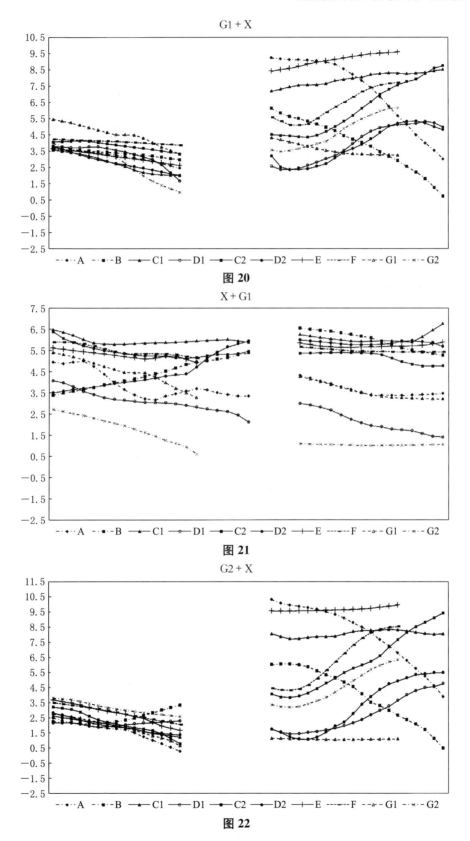

图 20

图 21

图 22

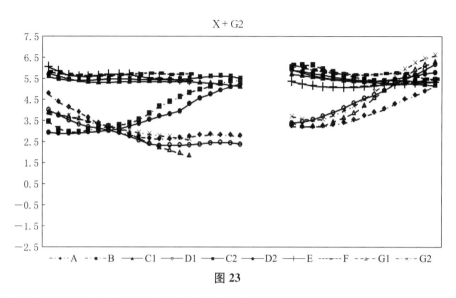

图 23

根据比字调查和实验结果，我们分别得到四会粤方言新、老派二字组连读变调图表如下：

表 2　四会粤方言老派二字组连读变调系统（加"＊"的是发生变调的调值）

后字 前字	A 51	B 31	C1 44	C2 33	D1 23	D2 23	E 5	F 3	G1 21	G2 23
A 51	32＊-51 三斤	32＊-31 三条	32＊-55＊ 三两	32＊-35＊ 三块	32＊-23 三倍	32＊-23 三件	32＊-5 三粒	32＊-35＊ 三只	32＊-21 三日	32＊-23 三碟
B 31	23＊-51 鱼汤	23＊-31 鱼头	23-55＊ 鱼饼	23-35＊ 鱼翅	23-33＊ 鱼尾	23-33＊ 鱼类	23-5 鱼骨	23-35＊ 鱼血	23-3＊ 鱼肉	23-3＊ 鱼跃
C1 44	44-51 水晶	44-31 水泥	44-55＊ 水产	44-35＊ 水库	44-44＊ 水母	44-44＊ 水利	44-5 水质	44-35＊ 水塔	44-3＊ 水滴	44-3＊ 水闸
C2 33	44＊-51 放心	44＊-31 放羊	44＊-55＊ 放胆	44＊-35＊ 放假	44＊-44＊ 放养	44＊-44＊ 放大	44＊-5 放出	44＊-35＊ 放鸭	44＊-3＊ 放牧	44＊-3＊ 放学
D1 23	32＊-51 两斤	32＊-31 两条	32＊-55＊ 两桶	32＊-35＊ 两块	32＊-23 两倍	32＊-23 两件	32＊-5 两粒	32＊-35＊ 两只	32＊-21 两日	32＊-23 两碟
D2 23	23-51 电灯	23-31 电池	23-55＊ 电子	23-35＊ 电费	23-33＊ 电脑	23-33＊ 电视	23-5 电笔	23-35＊ 电发	23-3＊ 电力	23-3＊ 电闸
E 5	3＊-51 一斤	3＊-31 一条	3＊-55＊ 一两	3＊-35＊ 一块	3＊-33＊ 一倍	3＊-33＊ 一件	3＊-5 一粒	3＊-35＊ 一只	3＊-3＊ 一日	3＊-3＊ 一碟
F 3	3-51 铁钉	3-31 铁皮	3-55＊ 铁桶	3-35＊ 铁线	3-33＊ 铁柱	3-33＊ 铁路	3-5 铁笔	3-35＊ 铁塔	3-3＊ 确实	3-3＊ 铁镬
G1 21	2＊-51 六斤	2＊-31 六条	2＊-55＊ 六两	2＊-35＊ 六块	2＊-23 六倍	2＊-23 六件	2＊-5 六粒	2＊-35＊ 六只	2＊-21 六日	2＊-23 六碟
G2 23	2＊-51 白痴	2＊-31 白莲	2＊-55＊ 白板	2＊-35＊ 白菜	2＊-23 白马	2＊-23 白饭	2＊-5 白色	2＊-35＊ 白发	2＊-21 白术	2＊-23 白白

表3　四会方言新派二字组连读变调系统(加"＊"的是发生变调的调值)

前字＼后字	A 51	B 31	C1 33	C2 33	D1 23	D2 23	E 5	F 3	G1 2	G2 2
A 51	32*-51 三斤	32*-31 三条	32*-55* 三两	32*-35* 三块	32*-23 三倍	32*-23 三件	32*-5 三粒	32*-35* 三只	32*-21* 三日	32*-23* 三碟
B 31	23*-51 鱼汤	23*-31 鱼头	23*-55* 鱼饼	23*-35* 鱼翅	23*-33* 鱼尾	23*-33* 鱼类	23*-5 鱼骨	23*-35* 鱼血	23*-3* 鱼肉	23*-3* 鱼跃
C1 33	44*-51 水晶	44*-31 水泥	44*-55* 水产	44*-35* 水库	44*-44* 水母	44*-44* 水利	44*-5 水质	44*-35* 水塔	44-3* 水滴	44-3* 水闸
C2 33	44*-51 放心	44*-31 放羊	44*-55* 放胆	44*-35* 放假	44*-44* 放养	44*-44* 放大	44*-5 放出	44*-35* 放鸭	44*-3* 放牧	44*-3* 放学
D1 23	32*-51 两斤	32*-31 两条	32*-55* 两桶	32*-35* 两块	32*-23 两倍	32*-23 两件	32*-5 两粒	32*-35* 两只	32*-21* 两日	32*-23* 两碟
D2 23	23-51 电灯	23-31 电池	23-55* 电子	23-35* 电费	23-33* 电脑	23-33* 电视	23-5 电笔	23-35* 电发	23-3* 电力	23-3* 电闸
E 5	3*-51 一斤	3*-31 一条	3*-55* 一两	3*-35* 一块	3*-33* 一倍	3*-33* 一件	3*-5 一粒	3*-35* 一只	3*-3* 一日	3*-3* 一碟
F 3	3-51 铁钉	3-31 铁皮	3-55* 铁桶	3-35* 铁线	3-33* 铁柱	3-33* 铁路	3-5 铁笔	3-35* 铁塔	3-3* 确实	3-3* 铁镬
G1 2	2*-51 六斤	2*-31 六条	2*-55* 六两	2*-35* 六块	2*-23 六倍	2*-23 六件	2*-5 六粒	2*-35* 六只	2*-21 六日	2*-23 六碟
G2	2*-51 白痴	2*-31 白莲	2*-55* 白板	2*-35* 白菜	2*-23 白马	2*-23 白饭	2*-5 白色	2*-35* 白发	2*-21 白术	2*-23 白白

4. 现时四会粤方言的声调系统

4.1　现时四会粤方言新老派声调系统差异

从二、三两节可以看到四会粤方言的调值类新老派有所不同:

C1、C2 两类及 G1、G2 两类,单字调老派仍有分别,新派已经没有分别;连读变调则无论新老派都仍有分别;

D1、D2 两类,单字调新老派均已经合流,但连读变调新老派均有分别;

调类的划分以辨义功能为根本目的,划分时不能只看单字调,因为两个音节即使单念时调值一致,但是只要连读变调调值不一致,就还有辨义作用,就必须分开两个调类。根据这一原则进行归纳,现时的四会粤方言应有两个不同的声调系统,一个是老派的,一个是新派的。

表 4　老派声调系统

调类	调值类	单字调值	前变调	后变调	例　字
阴平	A	51	32	51(不变)	巴、班、三、涛
阳平	B	31	23	31	穷、同、门、龙
阴上	C1	44	44(不变)	55	古、好、党、恐
阴去	C2	33	44	35	冻、四、去、菜
阳上	D1	23	32	A:23(不变)① B:33② C:44③	倍、尾、柱、马
阳去	D2	23	23(不变)	A:23(不变)④ B:33⑤ C:44⑥	件、类、大、饭
上阴入	E	5	3	5(不变)	戳、笔、七、竹
下阴入	F	3	3(不变)	35	八、督、发、接
上阳入	G1	21	2	A:21(不变)⑦ B:3⑧	毒、木、直、立
下阳入	G2	23	2	A:23(不变)⑨ B:3⑩	药、白、笛、别

表 5　新派声调系统

调类	调值类	单字调值	前变调	后变调	例　字
阴平	A	51	32	51(不变)	巴、班、三、涛
阳平	B	31	23	31	穷、同、门、龙
阴上	C1	33	44	55	古、好、党、恐
阴去	C2	33	44	35	冻、四、去、菜
阳上	D1	23	32	A:23(不变)⑪ B:33⑫ C:44⑬	倍、尾、柱、马

①④⑦⑪　前字调值为[32]、[2]时

②⑤⑫　前字调值为[23]、[3]时

③⑥⑬　前字调值为[44]时

⑧⑩　前字调值为[23]、[44]、[3]时

调类	调值类	单字调值	前变调	后变调	例　字
阳去	D2	23	23(不变)	A:23(不变)① B:33② C:44③	件、类、大、饭
上阴入	E	5	3	5(不变)	戳、笔、七、竹
下阴入	F	3	3(不变)	35	八、督、发、接
上阳入	G1	2	2	A:21(不变)④ B:3⑤	毒、木、直、立
下阳入	G2	2	2	A:23(不变)⑥ B:3⑦	药、白、笛、别

　　四会粤方言新老派声调系统的差别说明现今的四会粤方言的声调系统正处在一个变动调整的过程之中。

　　我们所归纳的声调系统无论新老派均与此前学者有不尽一致之处，其中的分歧有可能是因为发音人新老派的差别所造成，更有可能是因为此前学者对连读变调的调查不够深入，没有注意到单字调与连读变调的交互作用。分歧的产生客观上很大程度和四会粤方言的声调系统处于变动之中有关，此外也不排除听辨上的误差，此前各家只用传统的听辨方法，本文还参照了实验语音学的分析结果。下面是本文与此前各家所归纳的声调系统的比较：

表 6　各家声调系统比较

调类名		阴平	阳平	上声		去声		上阴入	下阴入	上阳入	下阳入
《四会县志》所载音系 （白宛如，1996）		53	31	44		23		5	3	2	45
《粤西十县市粤方言调查报告》 （詹伯慧等，1998）		42	21	33		24		55	33	22	213
《肇庆中心区粤方言语音特点比较》 （朱燕萍，2008）		53	21	33		13		55	33	22	
本文 （2017）	调类名	阴平	阳平	阴上	阴去	阳上	阳去	上阴入	下阴入	上阳入	下阳入
	老派	51	31	44	33	23	23	5	3	21	23
	新派	51	31	33	33	23	23	5	3	2	2

①④⑥　前字调值为［32］、［2］时

②　前字调值为［23］、［3］时

③　前字调值为［44］时

⑤⑦　前字调值为［23］、［44］、［3］时

4.2　从老派系统向新派系统的变动

语音的系统性很强,个别音值的调整容易,系统的变动不易;从历史演变的角度看问题,声调的系统变动已经是一种质变,是一个旧质(旧系统)被新质(新系统)更替的过程,但语音的变化尤其是系统的调整会遵循语音渐变的规律,不可能是一夜之间的突变。四会方言声调系统的变动就发生在当前,为我们提供了一个不可多得的观察窗口。

四会粤方言的有些现象透露了演变过程中的某些细节,分析如下:

新派和老派系统的差异主要发生在阴上和阴去、上阳入和下阳入。

阴上和阴去,老派是单字调和连读变调都有分别,到了新派,单字调已经并入阴去的[33]调,但连读变调的分别仍保留。从演变过程来说,两个调类的合流过程已经开始,但仍未完结,新派的现状处于两个调类合并过程的中间阶段,如下图所示:

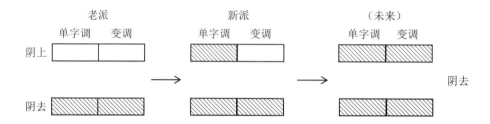

上阳入和下阳入,老派单字调有分别,新派单字调已混同,上文第3节说过:"在后变调里,新老派上、下阳入在个别声调环境(前字为[32]、[2]时)中仍保持分别",但深入调查发现,当前字为[32]、[2]时,在某些词里,新派上、下阳入的后变调调值已开始发生混同,例如"猪肉[ty³²iok²³]、两日[lœŋ³²iɐt²³]",新派上阳入的后字调值变得与下阳入的后变调调值相同,都是[23]。上、下阳入合并的过程已经开始,目前的现状为:老派单字调未混,新派单字调完全相混,连读变调新老派都开始相混,新派相混速度更快,如下图所示:

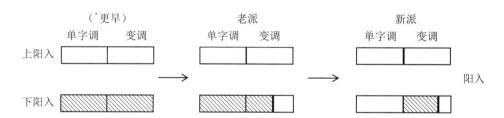

阳上和阳去新老派一样,单字调已混同(例见前文),但连读变调基本上仍保持分别,例如"李益≠利益""五点≠误点""两片≠亮片",但深入调查发现在少数词中已开始混同,而且混同的程度有人数上的差异,例如"父女"和"妇女"、"染血"和"验血",所有发音人都认为同音,而"语言"和"预言"、"远景"和"愿景"则多数发音人认为同音,只有少数可以区分。相混的前变调调值,是阳上读如阳去。这种情况说明两调合流的过程已经开始,现在处于单字调混同,而连读变调基本未混,但已开始相混的阶段,这两个调类的混同进程,新老派未见明显的前后之分。如下图所示:

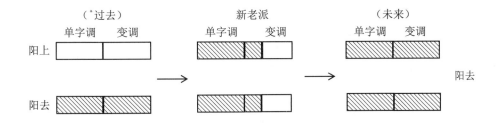

5. 结　语

　　上述事实虽然还只是我们观察到的一些粗略情况,但从中已经可以窥探到四会粤方言调类系统变动过程的一些细节。我们看到声调所发生的系统性变动调整不是突然的质变,新老系统的更替不是突然发生瞬间完成,而是经历了一个从局部质变到整体质变的渐进过程,局部质变也常常要经历从少数词汇、少数使用者向整类音、全体使用者扩散的过程。所谓局部质变的"局部"并不限于单字调系统,连读变调作为一种有辨义作用的声调手段,也是整个声调系统的一个局部,连读变调与单字调常常互相牵引、共同参与声调系统的调整过程。四会粤方言的演变细节虽然未必能够反映所有汉语方言声调系统性调整的具体过程和机制,但作为一个真实存在的个案,至少可以代表部分方言的演变路径,反映某些规律和机制。

附录　发音人信息

1. 冼广贤,男,1951 年出生
2. 冼昌,男,1947 年出生
3. 张伯聪,男,1970 年出生
4. 吴家瑜,女,1997 年出生
5. 苏悦,女,1997 年出生
6. 冼成谦,男,1996 年出生
7. 邱荣康,男,1995 年出生

参考文献

广东方志委员会.四会县志[M].广州:广东人民出版社,1996.

侯兴泉.勾漏片粤语的两字连读变调[J].方言,2011(2).

侯兴泉.西部粤语的调值分韵[J].语言科学,2012(3).

黄拾全.广东四会粤方言蟹流摄的异调分韵与连读变韵[J].中国方言学报,2016(6).

孔江平.实验语音学基础教程[M].北京:北京大学出版社,2015.

李新魁,黄家教,施其生,麦耘,陈定方.广州方言研究(第一版)[M].广州:广东人民出版社,1995.

李新魁.广东的方言(第一版)[M].广州:广东人民出版社,1994.

邵宜,詹伯慧,伍巍.粤西十县(市)粤方言的语音特点[J].方言,1997(1).

王洪君.汉语非线性音系学——汉语的音系格局与单字音(第二版)[M].北京:北京大学出版社,2008.
吴宗济,林灿茂.实验语音学概要(第二版)[M].北京:北京大学出版社,2014.
朱燕萍.肇庆中心区粤方言语音特点比较[M].广州:华南师范大学出版社,2008.
朱晓农.语音学[M].北京:商务印书馆,2010.

吴语仙居方言的变音及其原因

娄馨雨　　王轶之

（绍兴文理学院人文学院）

内容提要　本文讨论吴语仙居方言的变音现象。与台州片其他地区的变音现象不同,仙居方言的变音只改变声调,不改变韵母,主要出现在单字词、多音节词的末字和叠词的后字中。变音多出现在名词中,形容词、数词以及量词中也有涉及。变音的主要语法功能是"名词化",语义上的功能主要有表小、指少、表亲切等,也有戏谑的语义。仙居方言的变音是独立发展出来的构词手段,与"儿尾"没有密切的联系。

关键词　仙居方言;变音

引　　言

仙居县地处浙江省东南部,台州市西部,东连临海、黄岩,南临永嘉,西连缙云,北接天台、磐安,位于金华、台州、丽水、温州四市的交界处。据《中国语言地图集》(第2版)(2012),仙居方言属于吴语台州片。

台州片的变音现象很常见,天台(戴昭铭2006)、温岭(李荣1978、阮咏梅2012)等均有相关报告。变音是汉语部分方言中一种比较特殊的语音-语法现象,变音对本音而言,是本音的派生形式,带有一定的语义和语法作用,变音和本音既是语音变化关系,又是语义和语法变化关系(李荣1978、傅国通2003)。本文主要讨论台州片仙居方言中的变音现象,我们选取仙居县白塔镇进行调查。发音人信息和调查过程详见附录。

1. 仙居方言变音的形式和分布

仙居方言的变音现象非常突出,在《方言调查字表》(中国社会科学院语言研究所1988年)3 700多个常用字中,仙居方言读变音的字就有400多个。与天台、温岭等方言的情况不同,仙居方言的变音只体现在声调的变化,韵母不改变。为了与连读变调的概念区分开,我们依然使用变音的概念。

仙居方言有7个单字调,平上去入按古声母清浊各分阴阳,其中古次浊阳上字今读阴上调304,古全浊阳上字与古阳平字今读213。变音的声调变化根据声母的阴阳和韵母的舒入分化,有四个调类:全降长变音51,全降短变音51,中降长变音31,中降短变音31。本音与变音的对应关系见表1。

表 1   仙居方言本音与变音的对应关系

本 音			变 音	
调类	调值	例字	调值	例字
阴平	334	东包		叉沙糕
阴上	304	懂饱老有	51	椅嫂孔
阴去	55	冻报		爸盖
阴入	5	督百	51	桌竹刻壳
阳平上	213	铜动跑抱		牌鹅娘桃
阳去	24	洞刨	31	舅缝
阳入	23	毒白	31	盒笛叶核

注：阴上字发音时，带有非常明显的嘎裂，听起来好像中间往下折断，基频很低，本文参考朱晓农 (2004)，把中间基频极低的调值标为 0，因对本文内容没有较大影响，此不赘述，仅作说明。

仙居方言的变音主要出现在单字词、多音节词的末字和叠词的后字。举例如下：

（1）全降长变音 51 调。例如：

沙 sᵘo³³⁴⁻⁵¹　　　　　　虾 hᵘo⁵¹　　　　　　　　箱 ɕia³³⁴⁻⁵¹
青椒 tɕʰẽ³³⁴⁻³³ tɕiɛ³³⁴⁻⁵¹　香烟 ɕia³³⁴⁻³³ iɛ³³⁴⁻⁵¹　　圆圈 iø²¹³⁻²³ tɕʰiø³³⁴⁻⁵¹
哥哥 kᵘo³³⁴⁻²¹ kᵘo³³⁴⁻⁵¹　姑姑 ku³³⁴⁻³³ kũ³³⁴⁻⁵¹　　亮晶晶 lia²³ tɕẽ³³⁴⁻³³ tɕẽ³³⁴⁻⁵¹
椅 y⁵¹　　　　　　　　　孔 kʰoŋ³⁰⁴⁻⁵¹　　　　　　枣 tsɔ³⁰⁴⁻⁵¹
词语 zɿ²³ ny³⁰⁴⁻⁵¹　　　　茶几 dʑᵘo²¹³⁻²³ tɕi³⁰⁴⁻⁵¹　跳板 tʰiɔ⁵⁵⁻³³ pa³⁰⁴⁻⁵¹
姐姐 tɕi³⁰⁴⁻²¹ tɕi³⁰⁴⁻⁵¹　好好讲 hɔ³⁰⁴⁻²¹ hɔ³⁰⁴⁻⁵¹ koŋ³⁰⁴　清清爽爽 tɕʰẽ³³⁴⁻³³ tɕʰẽ³³⁴⁻³³ soŋ³⁰⁴⁻²¹ soŋ³⁰⁴⁻⁵¹
盖 kiɛ³⁰⁴⁻⁵¹
监控 ka³³ kʰoŋ⁵⁵⁻⁵¹　　　遥控 iɔ²¹³⁻²³ kʰoŋ⁵⁵⁻⁵¹　口哨 kʰœ³⁰⁴⁻²¹ ɕiɔ⁵⁵⁻⁵¹
爸爸 pa³³ pa⁵¹

（2）全降短变音 51 调。例如：

桌 tɕyəʔ⁵⁻⁵¹　　　　　　竹 tɕyəʔ⁵¹　　　　　　　鸭 ɔʔ⁵¹
方法 foŋ³³⁴⁻³³ fɔʔ⁵⁻⁵¹　春节 tsʰẽ³³⁴⁻³³ tɕiəʔ⁵¹　　成绩 ɕɛ²³ tɕiəʔ⁵¹
叔叔 ɕyəʔ⁵⁻² ɕyəʔ⁵⁻⁵¹

（3）中降长变音 31 调。例如：

鱼 ŋ²¹³⁻³¹　　　　　　　羊 ia³¹　　　　　　　　　桃 dɔ³¹
油条 iəu²³ diɔ²¹³⁻³¹　　　小儿 ɕiɔ³⁰⁴⁻²¹ ŋ²¹³⁻³¹　后门 œ²¹³⁻²¹ mẽ²¹³⁻³¹
爷爷（白读）iᵘa²¹ iᵘa³¹　婆婆 bᵘo²¹³⁻²¹ bᵘo²¹³⁻³¹　赤条条 tsʰuəʔ⁵⁻² diɔ²¹³⁻²³ diɔ²¹³⁻³¹
　　　（文读）iɛ²¹ iɛ³¹
柿 zɿ³¹　　　　　　　　簿 bu³¹　　　　　　　　　鞛 biɛ³¹
姑丈 ku³³⁴⁻³³ dʑia³¹　　肥皂 vi²³ zɔ³¹　　　　　　同伴—起 doŋ²¹³⁻²³ bø³¹
丈丈 姑父、姨父 dʑia²¹ dʑia³¹　舅舅 dʑiəu²¹ dʑiəu³¹
缝 缝隙 voŋ³¹

括号 kuəʔ² ɦõ³¹　　　　塑料袋 su³³ liɔ³³ dæ³¹　　　　短衫袖 tiɵ³⁰⁴⁻²¹ sa³³ ʑiəu³¹

慢慢来 ma²³ ma³¹ læ²¹³

（4）中降短变音 <u>31</u> 调。例如：

盒 ɦiəʔ<u>³¹</u>　　　　　　碟 diəʔ<u>³¹</u>　　　　　　玉 n̩yəʔ<u>³¹</u>

泡沫 pʰɔ³³ mɔʔ<u>³¹</u>　　　洋袜 ia²¹³⁻²³ mɔʔ<u>³¹</u>　　结石 tɕiəʔ⁵⁻² ʑiəʔ<u>²³⁻³¹</u>

红红绿绿　　　　　　　老老实实

ɦoŋ²¹³⁻²³ ɦoŋ²¹³⁻³³ luəʔ²³⁻² ʟuəʔ<u>²³⁻³¹</u>　　lɔ³⁰⁴⁻²¹ lɔ³⁰⁴⁻²¹ zəʔ²³⁻² zəʔ<u>²³⁻³¹</u>

绝大部分的变音都符合前文提到的变读规则，但也有例外，举例如下：

例字	古音韵地位	本应读的变音	实际读的变音
猫	古次浊平	31	51
蟹	古全浊上	31	51
妹	古次浊去	31	51
游泳	古次浊去	31	51
午后	古全浊上	31	51
米粒	古次浊入	<u>31</u>	<u>51</u>

通过这些例外可以看到，仙居方言的变音中无论是舒声调还是入声调，似乎都存在从中降调向高降调归并的可能。

2. 仙居方言变音的功能

仙居方言的变音主要发生在名词、形容词、数词以及量词中，尤以名词为多。其功能涉及语义和语法两方面，语义上多数是指小或表示亲切之义，语法作用主要是"名词化"。但是，我们对变音的功能也只是大致归纳一些有明显规律的，事实上，在仙居方言中，有相当一部分词只有变音没有本音，如：竹 tɕyəʔ⁵¹、羊 ia³¹、猪瘟 tsʅ³³⁴⁻³³ uẽ³³⁴⁻⁵¹、客厅 kʰəʔ⁵⁻² tʰẽ⁵¹、屏幕 bẽ²³ məʔ³¹、药房 yəʔ²³⁻² voŋ²¹³⁻³¹、教室 kɔ⁵⁵⁻³³ səʔ⁵¹、歌曲 kᵘo³³⁴⁻³³ tɕʰyəʔ⁵¹，它们并不符合以下总结的语义语法功能，对这些变音现象的原因，我们则不得而知了。以下简单介绍变音的功能。

2.1 词义功能

2.1.1 名词的变音大多是指小

普通名词"指小"时分两类。一类词无论是单念还是位于多音节词末尾只读变音，如：

绳 zẽ³¹　　　　　　　椅 y⁵¹　　　　　　　　鸭 ɔʔ⁵¹

蟹 hᵘa⁵¹　　　　　　柿 zʅ³¹　　　　　　　桃 dɔ³¹

笋 sẽ⁵¹　　　　　　　虾 hᵘo⁵¹　　　　　　鸽 kiəʔ⁵¹

春笋 tsʰẽ³³⁴⁻³³ sẽ⁵¹　河虾 ɦᵘo²¹³⁻²³ hᵘo⁵¹　白鸽 bəʔ²³⁻² kiəʔ⁵¹

蚤 tsɔ⁵¹　　　　　　杯 pæ⁵¹　　　　　　　蟢 ɕi⁵¹

跳蚤 tʰiɔ⁵⁵⁻³³ tsɔ⁵¹　　　　　　保温杯 pɔ³⁰⁴⁻²¹ uɛ̃³³⁴⁻³³ pæ⁵¹　　　　　八脚蟢 pɔʔ⁵⁻² tɕyəʔ⁵⁻² ɕi⁵¹

另一类单用时或前面加"大"时读本音，前面加上"小"时则读变音。如：

车 tsʰuo³³⁴	汽车 tɕʰi⁵⁵⁻³³ tsʰuo³³⁴	小汽车 ɕiɔ³⁰⁴⁻²¹ tɕʰi⁵⁵⁻³³ tsʰuo³³⁴⁻⁵¹
狗 kœ³⁰⁴	猏狗 kᵘa³³ kœ³⁰⁴	小猏狗 ɕiɔ³⁰⁴⁻²¹ kᵘa³³ kœ³⁰⁴⁻⁵¹
睛 tɕẽ³³⁴	眼睛 ŋa³⁰⁴⁻²¹ tɕẽ³³⁴	小眼睛 ɕiɔ³⁰⁴⁻²¹ ŋa³⁰⁴⁻²¹ tɕẽ³³⁴⁻⁵¹
友 iəu³⁰⁴	朋友 bɛ̃²¹³⁻³³ iəu³⁰⁴	小朋友 ɕiɔ³⁰⁴⁻²¹ bɛ̃²¹³⁻²³ iəu³⁰⁴⁻⁵¹
猪 tsʅ³³⁴	大猪 dᵘo²⁴⁻²³ tsʅ³³⁴	小猪 ɕiɔ³⁰⁴⁻²¹ tsʅ³³⁴⁻⁵¹
碗 ua³⁰⁴	大碗 dᵘo²⁴⁻²³ ua³⁰⁴	小碗 ɕiɔ³⁰⁴⁻²¹ ua³⁰⁴⁻⁵¹
人 nɛ̃²¹³	大老人_{大人} dᵘo²⁴⁻²³ lɔ³⁰⁴⁻²¹ nɛ̃²¹³	小老人_{小孩} ɕiɔ³⁰⁴⁻²¹ lɔ³⁰⁴⁻²¹ nɛ̃²¹³⁻³¹

也有一些名词单念时读变音，但当组合成复合词时，如前有修饰成分时则读本音，并遵循连读变调规则，如：

鹅 ŋᵘo³¹	天鹅 tiɛ³³⁴⁻⁵¹ ŋᵘo²¹
鱼 ŋ²¹³⁻³¹	鲤鱼 li²¹ ŋ²¹³、金鱼 tɕẽ³³⁴⁻⁵¹ ŋ²¹³⁻²¹
茄_{茄子} tɕiᵘa³¹	番茄 fa⁵¹ tɕiᵘa²¹
盆 bɛ̃²¹³⁻³¹	花盆 hᵘo³³⁴⁻⁵¹ bɛ̃²¹³⁻²¹
勺 ʐyəʔ²³⁻³¹	汤勺 tʰoŋ³³⁴⁻³³ ʐyəʔ²³

大多数亲属称谓词在面称或背称时都读变音，带有亲切义，如：

（1）长辈称呼晚辈

外生_{外孙} ŋæ²⁴⁻²³ sã³³⁴⁻⁵¹	外生娘_{外孙女} ŋæ²⁴⁻²³ sã³³⁴⁻³³ nia⁵¹	囡儿孙_{孙女} nᵘo²¹ ŋ³³ sɛ̃³³⁴⁻⁵¹
囡_{女儿} nᵘo⁵¹	外甥 ŋæ²⁴⁻²³ sã⁵¹	外甥娘_{外甥女} ŋæ²⁴⁻²³ sã³³ nia²¹³⁻⁵¹
侄女 dzəʔ²³⁻² ny³⁰⁴⁻⁵¹	囡儿_{女婿} nᵘo²¹ ŋ⁵¹	

（2）晚辈称呼长辈

爸爸 pa³³ pa⁵¹	伯_{父亲} pəʔ⁵¹	妈 ma³³⁴⁻⁵¹
		（妈妈 ma³³⁴⁻³³ ma³³⁴⁻⁵¹）
娘娘_{祖母} nia²¹³⁻²¹ nia²¹³⁻³¹	奶奶 næ²¹ næ⁵¹	爷爷（白读）iᵘa²¹ iᵘa³¹
		（文读）iɛ²¹ iɛ³¹
外公 ŋæ²⁴⁻²³ koŋ³³⁴⁻⁵¹	外婆 ŋæ²⁴⁻²³ bᵘo²¹³⁻³¹	丈公 dʑia²¹ koŋ³³⁴⁻⁵¹
丈婆 dʑia²¹ bᵘo²¹³⁻³¹	叔公 ɕyəʔ² koŋ³³⁴⁻⁵¹	叔婆 ɕyəʔ² bᵘo²¹³⁻³¹
姑婆 ku³³⁴⁻³³ bᵘo²¹³⁻³¹	姑丈 ku³³⁴⁻³³ dʑia³¹	丈丈_{姑父、姨父} dʑia²¹ dʑia³¹
娘姨_{妻子的姐妹} nia²¹³⁻²³ i⁵¹	娘姨丈_{娘姨的丈夫} nia²¹³⁻²³ i³³ dʑia³¹	姑姑 ku³³⁴⁻³³ ku⁵¹
娘舅 nia²¹³⁻²³ dʑiəu³¹	舅舅 dʑiəu²¹ dʑiəu³¹	叔叔 ɕyəʔ² ɕyəʔ⁵¹
娘妗 nia²¹³⁻²³ dzẽ³¹	妗妗 dzẽ²¹ dzẽ³¹	

（3）同辈相称

哥 kᵘo⁵¹（哥哥 kᵘo²¹ kᵘo⁵¹）	姐 tɕi⁵¹（姐姐 tɕi²¹ tɕi⁵¹）	小弟 ɕiɔ³⁰⁴⁻²¹ di³¹
小妹 ɕiɔ³⁰⁴⁻²¹ mæ⁵¹		

其中，娘姨读本音表示母亲的姐妹，读变音表示妻子的姐妹。大伯、二伯_{大伯父、二伯父}（儿语"伯伯"）、妈妈_{伯母}、老倌_{丈夫}、老婆皆读本音，我们认为这是由于大伯、二伯、伯伯的"伯"读变音与伯_{父亲}音同，妈妈_{伯母}读变音与妈妈_{母亲}音同，老倌_{丈夫}读变音与老倌_{年纪大的男性}音同，老婆_{妻子}的"婆"读变音则与婆_{年老的女性}音同，为便于区分，因此均读为本音。

　　除此之外,一些非亲属的称谓,为表亲切也读变音,如:

公公_{年纪大的男性} koŋ³³⁴⁻²¹ koŋ³³⁴⁻⁵¹　　　婆婆_{年纪大的女性} bᵘo²¹³⁻²¹ bᵘo²¹³⁻³¹　　　叔叔_{对父辈男性的称呼} ɕyəʔ² ɕyəʔ⁵¹

老板 lɔ³⁰⁴⁻²¹ pa³⁰⁴⁻⁵¹　　　　老板娘 lɔ³⁰⁴⁻²¹ pa³⁰⁴⁻²¹ ȵia²¹³⁻³¹　　　老师头_{师傅} lɔ³⁰⁴⁻²¹ sɿ³³⁴⁻³³ dœ²¹³⁻³¹

细佬_{男孩} ɕi⁵⁵ lɔ⁵¹　　　　囡头_{女孩} nᵘo²¹ dœ³¹　　　　后生 œ³⁰⁴⁻²¹ sã³³⁴⁻⁵¹

伴_{朋友} bø³¹

　　另外,有些称谓词的变音也可以表示厌恶、鄙夷的感情色彩,如:

乡巴佬 ɕia³³⁴⁻³³ pa³³⁴⁻³³ lɔ⁵¹　　白鼻头_{学习能力特别差的人} bəʔ²³⁻² biəʔ² dœ³¹　　小死人_{骂小孩的话} ɕiɔ³⁰⁴⁻²¹ sɿ³⁰⁴⁻²¹ nẽ²¹³⁻³¹

　　一些表示时间、地点的名词只有变音的形式,如:

昨日 zuəʔ² ȵiəʔ²³⁻³¹　　　　今日 tɕi³³ ȵiəʔ²³⁻³¹　　　　明朝_{明天} m²³ tɕiɔ⁵¹

后日 œ³⁰⁴⁻²¹ ȵiəʔ²³⁻³¹　　　　正月 tɕẽ⁵⁵⁻³³ ȵyəʔ²³⁻³¹　　　午前 ŋ³⁰⁴⁻²¹ ziɛ²¹³⁻³¹

午时_{中午} ŋ³⁰⁴⁻²¹ zɿ²¹³⁻³¹　　　午后 ŋ³⁰⁴⁻²¹ œ³⁰⁴⁻⁵¹　　　上年 zia²¹³⁻²³ ȵiɛ²¹³⁻³¹

下年ᵘo³⁰⁴⁻²¹ ȵiɛ²¹³⁻³¹　　　后年 œ³⁰⁴⁻²¹ ȵiɛ²¹³⁻³¹　　　月底 ȵyəʔ²³⁻² ti⁵¹

天亮边 tʰiɛ³³ lia³³ piɛ⁵¹　　　晚头_{晚上} ma²¹ dœ³¹

星期一\三\五\六\日 ɕẽ³³⁴⁻³³ tɕi³³ iəʔ⁵¹ \ sa³³⁴⁻⁵¹ \ ŋ³⁰⁴⁻⁵¹ \ luəʔ²³⁻¹ \ ȵiəʔ²³⁻³¹

仙居_{县名} ɕiɛ³³⁴⁻³³ tɕy³³⁴⁻⁵¹　　　白塔_{镇名} bəʔ²³⁻² tʰuəʔ⁵⁻⁵¹　　　横溪_{镇名} uã²³ tɕʰi⁵¹

淡竹_{乡名} da²¹ tɕyəʔ⁵¹　　　染潭_{村名} ȵiɛ³⁰⁴⁻²¹ dø³¹

　　名词末尾带"头"的词语,有的读变音,有的读本音,分为以下三种情况①:

　　(1)"头"表示事物的"顶端、末梢"读变音,如:

角落头 kɔʔ⁵⁻² luəʔ² dœ²¹³⁻³¹　　香烟蒂头 ɕia³³⁴⁻³³ iɛ³³⁴⁻³³ ti³³ dœ²¹³⁻³¹　　粉笔头 fẽ³⁰⁴⁻²¹ piəʔ⁵⁻² dœ²¹³⁻³¹

　　(2)"头"表示"单独"读变音,如:

　　　　独个头_{单独} duəʔ²³⁻² kᵘo⁵⁵⁻³³ dœ²¹³⁻³¹

　　　　独块头_{单张\个一块钱} duəʔ²³⁻² kʰuæ⁵⁵⁻³³ dœ²¹³⁻³¹

　　　　独角头_{单张\个一角钱} duəʔ²³⁻² kɔʔ⁵⁻² dœ²¹³⁻³¹

　　　　十块头_{单张十元钱} zəʔ²³⁻² kʰuæ⁵⁵⁻³³ dœ²¹³⁻³¹

　　　　廿块头_{单张二十元钱} ȵiɛ²³ kʰuæ⁵⁵⁻³³ dœ²¹³⁻³¹

　　(3)"头"作为名词后缀读变音,如:

囡头_{女孩} nᵘo²¹ dœ²¹³⁻³¹　　　　裤头 kʰu³³ dœ²¹³⁻³¹　　　　枕头 tsẽ²¹ dœ²¹³⁻³¹

大娘头_{女孩} dᵘo²⁴⁻²³ ȵia²¹³⁻²¹ dœ²¹³⁻³¹

2.1.2　形容词的变音

　　形容词变音主要在重叠式中,特别是 ABB 式的重叠。阮咏梅(2012)在描写台州温岭方言的变音时提到温岭方言形容词的变音大都有本音和变音的对比形式,即同一个 ABB 式形容词有两种不同的读音,表示两种不同的语义内容。与温岭不同,台州方言形容词大多只有本音或变音一种读法,但仙居方言中 ABB 式形容词的本音较多地带有"不满"的消极色彩,而变音形式则带有"喜爱"的积极色彩②,在这一点上仙居方言和温岭方言是相同的,举例如下。

　　读本音表示消极色彩,如:

---

① 戴昭铭.天台方言研究[M].北京:中华书局,2006:79—80.
② 阮咏梅.浙江温岭方言研究[D].苏州:苏州大学,2012:104.

烂死死 la²⁴⁻²³ sʅ³⁰⁴⁻²¹ sʅ³⁰⁴　　　笨得得 bɛ²⁴⁻²³ tuəʔ⁵⁻² tuəʔ⁵　　　冷冰冰 lã³⁰⁴⁻²¹ pẽ³³ pẽ³³⁴
冷依依 lã³⁰⁴⁻²¹ i⁵⁵ i⁵⁵　　　　　硬冲冲 ŋã²⁴⁻²³ tɕʰioŋ⁵⁵ tɕʰioŋ⁵⁵　白次次 bəʔ²¹³⁻² tsʰʅ⁵⁵ tsʰʅ⁵⁵
昏懂懂 hẽ³³ toŋ²¹ toŋ³⁰⁴　　　　凉隐隐 lia²¹³⁻²³ ẽ²¹ ẽ³⁰⁴

读变音表示积极色彩，如：

亮晶晶 lia²⁴⁻²³ tɕẽ³³ tɕẽ⁵¹　　　乌粒粒 u³³ luəʔ² luəʔ⁵¹　　　红东东 ɦoŋ²¹³⁻²³ toŋ³³ toŋ⁵¹
赤条条 tɕʰuəʔ² dio³³ dio³¹　　　凉隐隐 lia²¹³⁻²³ ẽ²¹ ẽ⁵¹　　　冷冰冰 lã³⁰⁴⁻²¹ pẽ³³ pẽ³³⁴⁻⁵¹
甜辛辛 die²¹³⁻²³ ɕẽ³³ ɕẽ⁵¹　　　香喷喷 ɕia³³⁴⁻³³ pʰẽ³³ pʰẽ⁵¹　　翘索索 tɕʰio⁵⁵⁻³³ suəʔ² suəʔ⁵¹
笑里里 ɕio⁵⁵⁻³³ li²¹ li⁵¹　　　咸酸酸 ɦia²¹³⁻²³ sø³³ sø⁵¹

其中"冷冰冰""凉隐隐"有本音和变音两种读法，读本音时带有消极色彩，读变音时带有积极色彩，如：

① 今日冷死，我双手双脚都冷冰冰 lã³⁰⁴⁻²¹ pẽ³³ pẽ³³⁴ 哇。
② 個绿豆汤冷冰冰 lã³⁰⁴⁻²¹ pẽ³³ pẽ³³⁴⁻⁵¹ 哇真好吃！
③ 個风吹了凉隐隐 lia²¹³⁻²³ ẽ²¹ ẽ²¹³ 哇，感觉要降温了。
④ 今日雨落过，走出门散步凉隐隐 lia²¹³⁻²³ ẽ²¹ ẽ⁵¹ 哇有舒服。

还有一类形容词可以进入"AA哇"的格式中，用于加强程度，比如"甜甜哇"表示"很甜"义，这类形容词的变音与其他词不同，变音落在第一个A上，如：

长长哇 dʑia²¹³⁻³¹ dʑia²¹³⁻²¹ ua²¹　绵绵哇 miɛ²¹³⁻³¹ miɛ²¹³⁻²¹ ua²¹　浓浓哇 noŋ²¹³⁻³¹ noŋ²¹³⁻²¹ ua²¹
闲闲哇 ɦia²¹³⁻³¹ ɦia²¹³⁻²¹ ua²¹

2.1.3　数量词的变音

数量词的变音主要看说话人主观上是否强调该数量指少量，若强调量少，则读变音，且常带有轻松的语气，若说话人不强调量的多少，或者认为该量指多，则读本音，可以分为以下几种情况：

1. "数词＋数词"

数词的变音仅限于"百""千""万"这三个位数词，表示确数时，变音只出现在"一"之后：

⑤ 买一只茶杯要一百 pəʔ⁵，浪费钞票。
⑥ 算讲要赔，最多一千 tɕʰiɛ⁵¹，已经有好了。

例⑤中说话人认为"一百"太多了，读本音，例⑥中说话人认为"一千"已经算少了，因此读变音。

概数的少量也可以通过变音强调，仙居方言常用的概数词有"几、两、多少、把、多、好几"等，这里的"两"不是一个准确的数目，而是表示一个大概，作用相当于"几"，倾向于表少量，如：

⑦ 望個羽绒服质量，最多两百 pəʔ⁵¹，弗可能上千。
⑧ 尔個丢装修，两三千 tɕʰiɛ⁵¹ 便好用了。
⑨ 個只车弗贵，十把万 va³¹。

2. "数词＋量词"

量词变音时与其搭配的确数词只能是"一"，且无论表示确数还是概数，同样取决于说话人主观上是否强调量少，如：

⑩ 我三只都已经做好了，渠只做了一只 tsəʔ⁵¹。
⑪ 渠酒量大，独个头吃一瓶 bẽ²¹³。

结合语境,同样是"一＋量词",说话人主观上认为"一只"很少,因此读变音,主观上认为"一瓶"的量很多,因此读本音。

⑫ 以前寄到要十把日 ȵiəʔ²³,個次两三日 ȵiəʔ³¹ 送到了。

同一个量词,说话人主观上认为"十把日"量多,因此读本音,认为"两三日"量少,因此读变音。

2.2 语法功能

变音还有语法功能,即通过变音改变词性以构成新词。较常见的是"名词化",即读本音时表示动词、形容词、量词,读变音时表示名词,如:

盖　本音[kiɛ³⁰⁴],动词,意为"覆盖";变音[kiɛ⁵¹],名词,意为"盖子"。

拍　本音[pʰəʔ⁵],动词,意为"拍打";变音[pʰəʔ⁵¹],名词,意为"拍打东西的用具",如苍蝇拍。

拖　本音[tʰᵘo³³⁴],动词,意为"拖动";变音[tʰᵘo⁵¹],名词,如地拖。

刷　本音[suəʔ⁵],动词,意为"洗刷";变音[suəʔ⁵¹],名词,意为"刷子",如鞋刷、牙刷。

夹　本音[kɔʔ⁵],动词,意为"夹住";变音[kɔʔ⁵¹],名词,意为"夹子",如头发夹。

缝　本音[voŋ²¹³],动词,意为"缝制";变音[voŋ³¹],名词,意为"缝隙"。

裂　本音[liəʔ²³],动词,意为"裂开";变音[liəʔ³¹],名词,意为"裂缝"。

缺　本音[tɕʰyəʔ⁵],动词,意为"缺少";变音[tɕʰyəʔ⁵¹],名词,意为"缺口"。

干　本音[kiɛ³³⁴],形容词,意为"没有水分或水分少";变音[kiɛ⁵¹],名词,意为"干的食品",如番薯干、鱼干。

白　本音[bəʔ²³],形容词,意为"白色";变音[bəʔ³¹],名词,如蛋白。

黄　本音[ɦuoŋ²¹³],形容词,意为"黄色";变音[ɦuoŋ³¹],名词,如蛋黄、蟹黄。

圆　本音[iø²¹³],形容词,意为"圆形的";变音[iø³¹],名词,意为"球状食品",如豆腐圆。

箱　本音[ɕia³³⁴]或变音[ɕia⁵¹],量词;变音[ɕia⁵¹],名词,意为"箱子"。

瓶　本音[bẽ²¹³]或变音[bẽ³¹],量词;变音[bẽ³¹],名词,意为"瓶子"。

盒　本音[ɦəʔ²³]或变音[ɦəʔ³¹],量词;变音[ɦəʔ³¹],名词,意为"盒子"。

粒　本音[luəʔ⁵]或变音[luəʔ⁵¹],量词;变音[luəʔ⁵¹],名词,意为"颗粒"。

其中,量词的变音遵循前文所说的"本音指多,变音指少",而表示名词时只能读变音。此外,变音除了通过改变词性来区分意义之外,也可以在同一词性中区分意义,如:

糕　本音[kɔ³³⁴],名词,意为"年糕";变音[kɔ⁵¹],名词,意为"糕点"。

饼　本音[pẽ³⁰⁴],名词,表示麦饼或麦油脂 —种特色小吃;变音[pẽ⁵¹],名词,如烧饼、酥饼、煤饼。

汤　本音[tʰoŋ³³⁴],名词,意为"热水";变音[tʰoŋ⁵¹],名词,意为"汤肴"。

糖　本音[doŋ²¹³],名词,意为"食用糖",如白糖、红糖、蔗糖;变音[doŋ³¹],名词,意为"糖制食品",如棒棒糖、口香糖。

老倌　本音[lɔ³⁰⁴⁻²¹ kua³³⁴],名词,意为"丈夫";变音[lɔ³⁰⁴⁻²¹ kua⁵¹],名词,意为"年纪大的男性"。

大多数情况下,如果一个词同时有本音和变音,两者会有语义上的区分,但也有两者无语义区分的情况,如花、疤的本音与变音,当地人认为两者在各种语境下皆可通用。

3. 仙居方言变音的原因及其来源

从上文的分析来看,仙居方言的变音属于构词变音,是通过改变语音来表达不同的语义和风格。但与其他台州片方言都不同的是,仙居方言单纯使用改变声调的方法来表达不同的语法、语义,变音后的声调由单字调决定,因此,单字调和变音之间往往存在对应关系。台州片的其他方言如路桥、温岭、天台方言的变音不仅有变调,还有"变调＋变韵"的情况,入声字在变音时除了改变声调,还从入声变为舒声,在变化后的舒声韵中存在较多的鼻音韵尾和鼻化音。

　　关于吴语中变音的来历学界有不同的看法,郑张尚芳(1980、1981)认为温州方言中的入声"儿"尾相当于一般儿尾自身的小称变调①,变调是儿尾的代偿,儿尾本身弱化或消失后其功能由变调来承担②。徐通锵(1985)通过分析认为宁波方言中的"鸭""伯"类词原本是有鼻音韵尾的,而变音是儿化合音的残迹③。曹志耘(2001)将儿缀作为小称的源头,认为南部吴语的小称演变经历了以下几个阶段:准小称儿缀、小称儿缀、鼻尾-n、-ŋ(＋小称调)、鼻化(＋小称调)、小称调、紧喉小称调④。以上三者都认为变调是从儿尾派生而来。陈忠敏(1992)则将儿鼻尾和小称调分开阐述,他将汉语南方方言的小称变音分为"ʔ化小称"和"n化小称",前者会经历带喉塞韵尾-ʔ、紧喉伴随音高变化、音高变化几个阶段,后者则从鼻音后缀变成带-n、-ŋ鼻音韵尾,再变成鼻化音⑤。朱晓农(2004)认同陈忠敏(1992)将小称变音分为两种独立形式的观点,他把东南方言中的小称分为两种,一种是变调,尤其是高平或高升调,叫做"高调化",另一种是附加一个某种鼻音形式的"儿"尾,叫做"儿鼻化",并且指出是先有儿鼻化再有变调⑥。

　　对于台州内部方言的变音,前人也已做过一定的研究。李荣(1978)认为温岭话的变音相当于词尾,与北京话儿化、广州话变音的作用相似⑦。戴昭铭(2006)根据天台方言的儿尾词和变音词调型上的相似,以及入声韵的变音是鼻尾韵或鼻化韵这些现象判断变音来源于儿尾,并把温州方言儿尾词(郑张尚芳1980、1981)视为"前儿化"状态,把义乌方言的"n"化词(方松熹1988)视为典型的"儿化"状态,把天台方言的变音词视为"后儿化"阶段⑧。林晓晓(2016)发现路桥方言的小称变音同样经历了曹志耘(2001)所说的几个阶段⑨。

　　仙居方言的变音不改变韵母,只改变声调,不但有高降调51和51,还有低降调31和31,这与前辈学者研究台州片方言时提到的来源都不相符。我们认为,仙居方言中的变音是独立发生的,和小称后缀没有关系。这是独立的屈折手段,而并非"儿鼻化"的产物,仙居话的"儿"并不是词缀,是有实际的词汇意义的。如:

---

　　①　郑张尚芳.温州方言儿尾词的语音变化(一)[J].方言,1980(04):245—262.

　　②　郑张尚芳.温州方言儿尾词的语音变化(二)[J].方言,1981(01):40—50.

　　③　徐通锵.宁波方言"鸭"[ε]类词和"儿化"的残迹[J].中国语文,1985(3).

　　④　曹志耘.南部吴语的小称[J].语言研究,2001(03):33—44.

　　⑤　陈忠敏.宁波方言"虾猪鸡"类字声调变读及其原因——兼论汉语南方方言表小称义的两种语音形式[J].语言研究,1992(02):72—77.

　　⑥　朱晓农.亲密与高调——对小称调、女国音、美眉等语言现象的生物学解释[J].当代语言学,2004(03):193—222＋285.

　　⑦　李荣.温岭方言的变音[J].中国语文,1978(2):96—103.

　　⑧　戴昭铭.天台方言研究[M].北京:中华书局,2006:79—80.

　　⑨　林晓晓.路桥方言的小称变音[J].台州学院学报,2016,38(05):57—64.

本音	213	儿子	儿、大儿
变音 1	31	儿子	小儿
变音 2	51	在同类中体型很小的事物	小老人儿_{小孩}、猵狗儿、小瓶儿、番薯儿

4. 结　　论

　　仙居方言和台州片其他方言一样，变音现象突出。但是与其他方言不同的是，其变音现象只改变声调，并且单字调和变音存在对应关系，我们认为，这种变音现象是构词变音，其来源与儿尾没有密切的关系，应该是一种独立的语法手段，也可能是更早的语音层次。仙居方言以及台州片变音现象的来源问题和它们之间的关系依然十分复杂，这一问题有待日后做更加深入的研究才能得出结论。

附录

　　本文语料来源于本人实地调查，调查简况如下：1.发音人郑和赞，男，仙居县白塔镇人，1954 年 12 月生；2.发音人郑小赞，男，仙居县白塔镇人，1956 年 12 月生；3.发音人郑秀军，女，仙居县白塔镇人，1975 年 3 月生。调查时间 2022 年 10 月—11 月。

参考文献

曹志耘.南部吴语的小称[J].语言研究,2001(3).

陈忠敏.宁波方言"虾猪鸡"类字声调变读及其原因——兼论汉语南方方言表小称义的两种语音形式[J].语言研究,1992(2).

戴昭铭.天台方言研究[M].北京:中华书局,2006.

傅国通.武义话的小称变音[M]//吴语研究(第三届国际吴方言学术研讨会论文集).上海:上海教育出版社,2003.

李　荣.温岭方言的变音[J].中国语文,1978(2).

林晓晓.路桥方言的小称变音[J].台州学院学报,2016(5).

阮咏梅.浙江温岭方言研究[D].苏州:苏州大学,2012.

徐通锵.宁波方言"鸭"[ɛ]类词和"儿化"的残迹[J].中国语文,1985(3).

郑张尚芳.温州方言儿尾词的语音变化(一)[J].方言,1980(4).

郑张尚芳.温州方言儿尾词的语音变化(二)[J].方言,1981(1).

朱晓农.2004.亲密与高调——对小称调、女国音、美眉等语言现象的生物学解释[J].当代语言学,2004(3).

类型学视野下仡佬语数分类词的形态句法特征*

林　苑¹　潘家荣²

（¹北京师范大学文学院，²北京师范大学人文和社会科学高等研究院）

内容提要　数分类词与人类认知及社会文化紧密相联，一直以来是语言学界研究热点。分类词是东亚和东南亚语言的显著特征之一，仡佬语符合这一特征，具有较大的分类词系统，但目前尚未有关于仡佬语分类词的专题研究。文章对比描写仡佬语四种方言的数分类词，在类型学视野下研究其共性和个性。研究显示，仡佬语四种方言数分类词可分为个体和度量分类词两大类，其中四种方言个体分类词均基于生命度、维度、形状、质料和功能等语义参数对名词所指进行分类，但内部呈现细微差别，如居都多罗方言指人名词具备两个分类词，区分人的年龄大小，其他三个方言指人名词只有一个分类词。度量分类词基于名词所指的排列等，四种方言在度量分类词上呈现较大共性。仡佬语分类词短语的典型结构有[NUM＋CL]＋N、[CL＋N]＋DET、NUM＋CL＋N＋DET 及 CL＋DET。此外，仡佬语四种方言中还出现五种特殊结构，即 CL＋N、NUM＋CL、CL、[CL＋N]＋Noun 和 CL＋CL 结构，可以起回指、定指、无定指、领属和分配义的表达等作用。

关键词　仡佬语；分类词；数分类词；语义；形态句法；壮侗语

1. 引　　言①

　　仡佬族是长期居住在贵州地区的民族，据 2021 年第七次全国人口普查数据，全国仡佬族有 677 521 人，主要分布在贵州、广西、云南和越南北部，呈小聚居、大杂居、点状分布。仡佬语是壮侗语族仡央语支语言，使用人口约为 5 000—6 000 人②。按照李锦芳（2006）对濒危语言的定义，仡佬语语言活力属于濒危级别（endangered）。仡佬语方言间差距极大，方言间彼此不

　　*　本研究获黄成龙主持的国家社科基金重大项目"中国民族语言形态句法类型学研究（18ZDA298）"的资助。此论文的通讯作者潘家荣教授为其子课题负责人。写作过程得到匿审专家给予的宝贵修改意见。文中错漏，概由笔者负责。文章初稿于 2022 年 11 月 4 日到 6 日在中国民族语言学会主办的中国民族语言学会第十二届会员代表大会暨第 15 次全国学术讨论会上宣读，并得到与会专家的宝贵修改意见。

　　①　本文引用的分类词主要源自仡佬语参考语法、语言简志及相关研究文献。其中贵州省贵安新区高峰镇狗场村仡佬语（稿方言）为 2022 年 5 月至 9 月笔者田野调查所获第一手自然语料，语料主要来自 5 位发音合作人，年龄分别为 85 岁（女）、85 岁（男）、84 岁（女）、71 岁（女）及 66 岁（男）。语料内容主要包括传说故事、民歌及自然对话等。前人语料皆注明出处，未注明出处的为笔者田调所获的狗场村仡佬语。本文语料标注采用国际通用莱比锡标注系统（the Leipzig Glossing Rules）。前人语料皆注明出处，在尊重原作者的原始分析原则下，也替换成了莱比锡语法标注。

　　②　李锦芳：《西南地区濒危语言调查研究》，北京：中央民族大学出版社，2006 年，第 18 页。

能通话,因此对仡佬语方言的保护和研究应细化到各方言点。对仡佬语方言进行划分的研究有贺嘉善(1983)、张济民(1993)、Ostapirat(2000)和韦名应(2008)。各家针对各方言点在语言表现上的差别对仡佬语方言进行划分,详见表1。

表1　仡佬语方言分类表

贺嘉善 (1983)	张济民 (1993)	Ostapirat (1999)	韦名应 (2008)	语言点
稿	黔中	中部(Central)	稿	大狗场、湾子、新寨
阿欧	黔西	北部(Northern)	阿欧	比工
多罗	黔西南	西南部(Southwestern)	多罗	老寨、月亮湾、牛坡、尖山、居都、摩基
哈给	黔中北		哈给	三冲、麻洼、凉水、板栗湾

　　现今,国内学界基本沿用贺嘉善(1983)和张济民(1993)的分类框架,并采用族人自称的方式为各方言命名,即分为稿、阿欧、多罗和哈给四种方言。

　　仡佬语类型学特征为典型孤立语,形态变化少,主要使用语序和虚词表达语法关系。音系方面,仡佬语的音系根据方言点的不同而显示出巨大的差别。仡佬语最大的音节结构为$C_1C_2V_1V_2C_3(V_3)T$。声、韵、调的个数随方言点的变化而变化。根据现有研究,声母最多的有48个,最少有26个,均有复辅音。韵母个数从15个到36个不等,单元音韵母一般有6—9个。声调一般有3—6个[①]。词法方面,复合法是仡佬语造词的主要方法,也使用重叠、附加等方式构词。开放性词类包括名词、动词、形容词等;封闭性词类包括代词、副词、助词、连词、分类词等。句法方面,仡佬语四种方言在句法表现上比较一致。基本语序为SV和AVO[②]。名词性结构核心居前,领属结构最基本的语序为[属事-领事]。复合法为其主要的构词法,也有附加、重叠等构词手段。仡佬语连动结构显赫。目前尚未有从类型学视角研究仡佬语分类词的研究,文章以仡佬语四种方言的数分类词(numeral classifier)为研究对象,基于Aikhenvald(2000,2017,2019,forthcoming)关于数分类词的研究框架,从形式、语义和形态句法等层面对仡佬语数分类词的特点进行描述说明。

2. 数分类词的类别

　　数分类词是可用来划分名词类别的词(Bisang 1999:113;Aikhenvald 2000:3),使用何种分类词取决于所指的形状、生命度、功能及排列等特征(Aikhenvald forthcoming:chapter 3)。在名词上缺乏复数标记或呈现复数一致性的特征一般与具有分类词系统相关(Greenberg 1972;Aikhenvald 2000:100),拥有较大数分类词系统的语言常为孤立型语言(Adams & Conklin 1973),丰富的数分类词是东亚、东南亚语言的区域特征之一(Aikhenvald 1998,

---

　　① 以上数据来自何彦诚(2008),李霞(2009),李锦芳和阳柳艳等(2015),李锦芳和阳柳艳(2016),康忠德(2011),韦名应(2008)等。

　　② 基本语序参照Dixon(2010:72—3)观点,A、S、V、O分别表示及物动词主语(transitive subject)、不及物动词主语(intransitive subject)、动词(verb)和宾语(object)。

2000:121；Bisang 1993，1999；Enfield 2004；Vittrant 和 Tang 2021:733），比如汉语（Chao 1968；Li and Thompson 1981:104）、泰语（Bisang 1999）等。仡佬语在语言类型上属于孤立语，在所处地域上属于东亚语言，我们发现四种仡佬语方言均有丰富的分类词识别复杂的名词系统，分类词均为独立语素。仡佬语数词可以与数分类词结合修饰名词。一般情况下，数词不单独修饰名词。

　　跨语言来看，数分类词的选择主要基于名词语义（Aikhenvald 2000:98）。根据语义区别，数分类词可分为个体分类词（sortal classifier）及度量分类词（mensural classifier）（Lyons 1977:463，Aikhenvald 2000:115）。个体分类词是根据事物内在特征分类，如生命度、是否指人、构成等；度量分类词不关注其内部特征，而关注其排列和如何计量等外部信息（Adams 1989:6；Croft 1994:163，Lyons 1977:463，Aikhenvald 2000:115）。仡佬语分类词根据语义也可以分为个体分类词和度量分类词两类。

2.1　个体分类词

　　个体分类词（sortal classifier）系统所反映的是名词所指的内在属性，如生命度、形状和功能等（Allan 1997；Aikhenvald 2000:115，forthcoming：chapter 3）。根据 Adams & Conklin（1973:8），分类词系统中首先被识别的是生命度（animacy），即［＋有生］、［－有生］、［＋人］、［－人］，无生物品的分类一般基于其视觉特征而非触觉、听觉、嗅觉等感官特征。世界语言分类词系统显示分类词数量为基于一维的分类词＞基于二维的分类词＞基于三维的分类词（Aikhenvald 2000:338）。在形状方面，"长"和"圆"这两个语义参数在语言中十分普遍，因为其与男性和女性的第二性征息息相关，在人类意识中为显赫范畴（Kemmerer 2017:408）。除此之外，仡佬语四种方言还分别有一系列专用分类词，只能修饰特定名词，这些专用分类词也反映了仡佬族的特殊认知和文化。仡佬语个体分类词语义参数详见图 1。

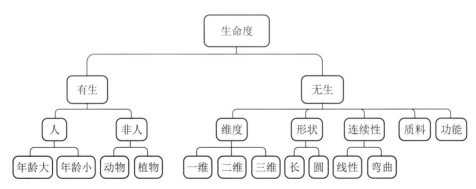

图 1　仡佬语个体分类词语义参数

2.1.1　通用分类词

　　通用分类词（general classifiers）在仡佬语中出现频率很高，它们几乎可以和任何名词搭配。尤其当一个名词所指没有合适的分类词时可以使用通用分类词。如狗场稿方言通用分类词 *qən¹³* 使用范围广泛，不仅可以搭配指人名词、动植物名词，还可搭配抽象名词如道理、主意等，见例（1）—（4）。在名词所指有相对专用的分类词时，可以替换分类词 *qən¹³*，如例（1）*lei²¹ lai⁴⁴* "孩子"可以搭配狗场稿方言的指人分类词 *xən³³*，例（2）*mpei⁴⁴* "猫"可用指

动物分类词 san^{33} 替换。例(4)的抽象名词 $qei^{44}\ lai^{55}$ "主意"没有与之搭配的专用分类词,因此使用通用分类词 $x\partial n^{33}$ 。

(1)　$s\gamma^{33}$　　$q\partial n^{13}$　　$lei^{21}\ lai^{44}$　　(2)　$s\gamma^{33}$　　$q\partial n^{13}$　　$mpei^{44}$
　　　一　CL;GENERAL　孩子　　　　　　一　CL;GENERAL　猫
　　　'一个孩子'　　　　　　　　　　　'一只猫'

(3)　$s\gamma^{33}$　　$q\partial n^{13}$　　$pau^{55}\ u\sigma^{13}$　　(4)　$s\gamma^{33}$　　$q\partial n^{13}$　　$qei^{44}\ lai^{55}$
　　　一　CL;GENERAL　包　　　　　　　一　CL;GENERAL　主意
　　　'一个包'　　　　　　　　　　　　'一个主意'

比工仡佬语有三个通用分类词, $t\partial\mu^{33}$ (tau^{31} 为 $t\partial\mu^{33}$ 的变体)、 le^{31} 和 ma^{55} (李霞 2009:98)。其中使用范围最广的为 $t\partial\mu^{33}$ (tau^{31}),它可与指人名词如 la^{31} "媳妇"、 za^{13} "奶奶"搭配,可与动物名词如 $\eta\sigma^{31}$ "猪"、 $\eta\partial\mu^{31}$ "狗"、 nu^{31} "鸟"搭配,可与服饰类名词如 khu^{31} "裤"、 mau^{31} "帽"搭配,还可以与如 $z\sigma^{31}$ "井"、 $ma^{55}\ vl\partial\mu^{13}$ "柴刀"、 $zai^{33}\ qua^{31}$ "鸡蛋"等名词搭配使用,如例(5)和(6)。

(5)　$s\partial\mu^{31}$　　$t\partial\mu^{33}$　　wa^{55}　　(6)　$s\partial\mu^{31}$　　$t\partial\mu^{33}$　　wua^{31}
　　　两　CL;GENERAL　羊　　　　　　　两　CL;GENERAL　果
　　　'两头羊'(李霞 2009:108)　　　　'两个水果'(李霞 2009:107)

三冲哈给方言通用分类词 $la\eta^{31}$ 可以与颗粒状物品如 $t\int a^{35}$ "星星"、 $mu\eta^{31}$ "谷子"等搭配,与 $ki^{31}\ dz_{\backprime}au^{35}$ "山"搭配,还可以与交通工具如 $t\varepsilon he^{33}$ "车"、 $da^{31}\ do^{31}$ "船"一起使用,例如:

(7)　$\int\gamma^{31}$　　$la\eta^{31}$　　$pu^{13}\ kei^{31}$　　(8)　$\int\gamma^{31}$　　$la\eta^{31}$　　$t\varepsilon he^{33}$
　　　一　CL;GENERAL　头　　　　　　　一　CL;GENERAL　车
　　　'一个头'(李锦芳等 2009:521)　　'一辆车'(王怀榕 2007:30)

居都多罗仡佬语有两个通用分类词 ma^{33} 和 $d\mu^{35}$①。这两个分类词的使用范围都很广泛,既能搭配人,如例(9)中的 $q\Lambda^{31}\ tshu^{35}$ "男人",也能用于动物,如例(11)的 $vu^{31}\ tsei^{35}$ "蚂蚱",还能用于无生命所指,如例(10)的 $vu^{31}\ ja^{35}$ "线"和例(12)中的 $la^{31}\ q\mu n^{31}$ "斧头"。

(9)　$ts\gamma^{33}$　　$d\mu^{35}$　　$q\Lambda^{31}\ tshu^{35}$　　(10)　$ts\gamma^{33}$　　$d\mu^{35}$　　$vu^{31}\ ja^{35}$
　　　一　CL;GENERAL　男人　　　　　　一　CL;GENERAL　线
　　　'一个男人'(康忠德 2011:120)　　'一条线'(康忠德 2011:287)

(11)　$ts\gamma^{33}$　　ma^{33}　　$vu^{31}\ tsei^{35}$　　(12)　$ts\gamma^{33}$　　ma^{33}　　$la^{31}\ q\mu n^{31}$
　　　一　CL;GENERAL　蚂蚱　　　　　　一　CL;GENERAL　斧头
　　　'一只蚂蚱'(康忠德 2011:122)　　'一把斧头'(李锦芳等 2009:360)

2.1.2　指人名词的分类词

仡佬语四种方言均有指人名词的分类。其中狗场稿方言、比工阿欧方言和三冲哈给方言的指人名词分类词只有一个,不论其社会地位、年龄和职业等。例如在狗场稿方言中,不论指人名词是 $lei^{21}\ lai^{44}$ "孩子"还是 $mei^{33}\ kha^{44}$ "大人",职业为 $za^{44}\ tau^{33}$ "老师"或是 $t\varepsilon hi^{55}\ tshau^{44}\ tsha^{44}$ "猎人",都使用分类词 $x\partial n^{33}$,详见例(13)—(16)。

———————————

① 康忠德(2011:122)认为居都多罗仡佬语有三个通用分类词: $dz au^{33}/d\mu\eta^{31}$ 、 ma^{33} 和 $d\mu^{35}$ 。我们重新检视了康忠德(2011)和李锦芳等编著(2009)内文中的语料,认为 $dz au^{33}/d\mu\eta^{31}$ 为表示三维、团状的分类词。

（13）　ta³³　　　xən³³　　　lei²¹ lai⁴⁴　　（14）　su³³　　　xən³³　　　mei³³ kha⁴⁴

　　　　三　　CL:HUMAN　孩子　　　　　　　二　　CL:HUMAN　大人

　　　　'三个孩子'　　　　　　　　　　　　　'两个大人'

（15）　sʅ³³　　　xən³³　　　za⁴⁴ tau³³　　（16）　sʅ³³　　　xən³³　　　tɕhi⁵⁵ tshau⁴⁴ tsha⁴⁴

　　　　一　　CL:HUMAN　老师　　　　　　　一　　CL:HUMAN　猎人

　　　　'一个老师'　　　　　　　　　　　　　'一个猎人'

比工阿欧方言的 *khuai³³* 和三冲哈给方言的 *xən³¹* 也是如此，所有指人名词均使用这一个分类词，如例（17）和（18）中比工阿欧方言指人名词均使用分类词 *khuai³³*，例（19）和（20）为三冲哈给方言，*li³¹ la³³*"孙子"和 *li³¹ mei³³*"姑娘"都使用分类词 *xən³¹*。

（17）　səɯ³¹　　khuai³³　　zəɯ¹³　　　（18）　səɯ³¹　　khuai³³　　tai³¹ pu⁵⁵ nie³¹

　　　　两　　CL:HUMAN　人　　　　　　　两　　CL:HUMAN　打伙计

　　　　'两个人'（李霞 2009:110）　　　　　'两个好朋友'（李锦芳等 2009:599）

（19）　ʃʅ³¹　　　xən³¹　　　li³¹ la³³　　　（20）　ʃʅ³¹　　　xən³¹　　　li³¹ mei³³

　　　　一　　CL:HUMAN　孙子　　　　　　　一　　CL:HUMAN　姑娘

　　　　'一个孙子'（王怀榕 2007:44）　　　　'一个姑娘'（王怀榕 2007:45）

居都方言指人名词使用的分类词具有年龄大小之分，分类词 *kan³³* 用来搭配大人，分类词 *saŋ³³* 用来搭配小孩。例（21）*qʌ³¹ tshu³⁵*"人"使用 *kan³³*，表示这十几个人是大人，例（22）*sa ŋ³³* 用来搭配 *la³⁵*"小孩"。

（21）　tshei³³ sa³¹　　kan³¹　　qʌ³¹ tshu³⁵　（22）　tsʅ³³　　　saŋ³³　　　la³⁵

　　　　十几　　CL:ADULT　人　　　　　　　一　　CL:CHILD　小孩

　　　　'十几个人'（李锦芳等 2009:283）　　　'一个小孩'（康忠德 2011:120）

Aikhenvald（forthcoming：chapter 3）认为社会地位是东亚、东南亚大陆语言有关人的分类词一个很重要的标准。例如泰语根据人的社会地位的不同给人进行分类，相应的呈现五个不同的分类词（Diller 1985:64，72）。我们研究发现仡佬语四种方言中均没有表示人的不同地位的分类词。究其原因，是由于仡佬族一向聚族而居，男耕女织，分工协作，职业上并无高低贵贱之分。居都多罗方言分类词可以体现名词所指的年龄大小，体现了仡佬族对长幼次序的重视。

2.1.3　动物名词分类词

动物名词分类词根据方言的不同可以分为两类：一类是狗场稿仡佬语和三冲哈给仡佬语，具有专门用来指动物名词的分类词；另一类是比工阿欧仡佬语和居都多罗仡佬语，没有专门的分类词修饰动物名词，只能借助于通用分类词。

当名词为动物时，不论其体型和特点等，狗场稿仡佬语均使用 *san³³* 作分类词，如例（23）和（24），大型家畜 *ntai⁴⁴*"牛"和小动物 *lɔ⁵⁵* 都使用分类词 *san³³*。

（23）　zua⁵⁵　　san³³　　　ntai⁴⁴　　　　（24）　sʅ³³　　　san³³　　　lɔ⁵⁵

　　　　八　　CL:ANIMAL　牛　　　　　　　一　　CL:ANIMAL　老鼠

　　　　'八头牛'　　　　　　　　　　　　　'一只老鼠'

三冲哈给仡佬语也是如此，不论动物的体型特点均使用分类词 *ɕe³¹*。例如：

（25）　ʃʅ³¹　　　ɕe³¹　　　kai³⁵　　　　（26）　ʃʅ³¹　　　ɕe³¹　　　m³¹ plo³⁵

　　　　一　　CL:ANIMAL　鸡　　　　　　　一　　CL:ANIMAL　鱼

　　　　'一只鸡'（王怀榕 2007:29）　　　　　'一条鱼'（王怀榕 2007:31）

比工阿欧仡佬语动物名词分类词使用通用分类词 $təɯ^{33}$（tau^{31}）和 $\l e^{31}$。如例（27）中的动物名词 $ŋəɯ^{31}$"狗"和例（28）中的 qua^{31}"鸡"因为没有可供使用的动物分类词，只能分别借助于通用分类词 $təɯ^{33}$ 和 $\l e^{31}$。

（27）　$səɯ^{31}$　　　$təɯ^{33}$　　　$ŋəɯ^{31}$　　（28）　$səɯ^{31}$　　　$\l e^{31}$　　　qua^{31}
　　　两　　　CL:GENERAL　狗　　　　　　　两　　　CL:GENERAL　鸡
　　　'两条狗'（李霞 2009:102）　　　　　　　　'两只鸡'（李霞 2009:271）

居都多罗仡佬语也没有专用的动物名词分类词，而是借助于通用分类词 $dɯ^{35}$ 和 ma^{33}。值得注意的是，$dɯ^{35}$ 和 ma^{33} 同时也是名词词头，分别表示"男性/公"和"女性/母"的意思。当它们和动物名词一起使用时，除了表示所指为动物名词外，还包含了性的信息。例如：

（29）　$tsɿ^{33}$　　　$dɯ^{35}$　　　$nʑi^{31}$　　　（30）　$tsɿ^{33}$　　　ma^{33}　　　$nʑi^{31}$
　　　一　　　CL:MALE　牛　　　　　　　一　　　CL:FEMALE　牛
　　　'一头公牛'（康忠德 2011:120）　　　　　　'一头母牛'（康忠德 2011:120）

2.1.4　植物名词分类词

植物名词分类词在仡佬语方言内部也有差别。三冲哈给方言和居都多罗方言均有专门的植物名词分类词。$kuŋ^{31}$ 在三冲哈给方言中可以与任何植物搭配，例如（31）中的 $m^{31}\ tai^{53}$ "树"和（32）中的 $tʃa^{33}\ pi^{55}$ "草"。

（31）　$ʃɿ^{31}$　　　$kuŋ^{31}$　　　$m^{31}\ tai^{53}$　　（32）　$ʃɿ^{31}$　　　$kuŋ^{31}$　　　$tʃa^{33}\ pi^{55}$
　　　一　　　CL:PLANT　树　　　　　　　一　　　CL:PLANT　草
　　　'一棵树'（王怀榕 2007:30）　　　　　　　'一棵草'（王怀榕 2007:30）

居都多罗方言分类词 $phɯ^{31}$ 可以与 tin^{31} "树"、$nʑu^{35}$ "草"、藤蔓类植物 $ma^{35}\ pla^{35}$ "葡萄"、$qʌ^{31}\ laŋ^{31}$ "蔬菜"等各种植物搭配。例如：

（33）　$tsɿ^{33}$　　　$phɯ^{31}$　　　tin^{31}　　　（34）　$tsɿ^{33}$　　　$phɯ^{31}$　　　$ma^{35}\ pla^{35}$
　　　一　　　CL:PLANT　树　　　　　　　一　　　CL:PLANT　葡萄
　　　'一棵树'（康忠德 2011:121）　　　　　　'一株葡萄'（康忠德 2011:121）

狗场稿方言植物名词分类词为 pha^{13}，主要用来与树搭配，例（35）pha^{13} 和 $tai^{33}\ la^{21}$ "柳树"一起使用。草、花等植物名词则着眼于其排列或形状等特征选择分类词。比工阿欧方言没有专门的植物名词分类词，借用通用分类词 ma^{55} 搭配植物名词，如例（36）。

（35）　$sɿ^{33}$　　　pha^{13}　　　$tai^{33}\ la^{21}$　（36）　ua^{13}　　　ma^{55}　　　ta^{33}　　　liu^{33}
　　　一　　　CL:PLANT　柳树　　　　　　几　　　CL:GENERAL　树　　大
　　　'一棵柳树'　　　　　　　　　　　　　'几棵大树'（李霞 2009:109）

2.1.5　无生名词分类词

Aikhenvald（forthcoming:chapter 3）认为从跨语言角度来看，无生名词分类词的区分主要基于名词所指维度、形状、连续性、质料和功能等特征。Bisang（1999:125）提出维度主要包括一维（长）、二维（平面）和三维（立体）的事物。我们根据仡佬语无生名词分类词的表现，认为仡佬语无生名词分类词符合这一类型学共性，即基于上述本质特征给名词所指分类，同时在维度上也区分一维、二维和三维事物。另外，仡佬语在形状方面主要区分"长"和"圆"这两个特征，连续性参数区分线性和弯曲特征。

狗场稿方言基于维度、形状和连续性特征的无生物品分类词较为丰富。在表达一维的分类词中，qan^{13} 着眼于物品的维度特征和形状，$tsəɯ^{44}$ 包含维度、形状和方向性三个特征，$kuei^{33}$

包含维度、形状和连续性的特征。二维的分类词 $ntei^{33}$ 还包含薄的特征，vu^{44} 则包含了方向性的特征。三维分类词通常还与物品的形状、连续性互动，例如 $nən^{33}$ 包含物品为球状物的特征，$qəu^{55}$ 则包含物品在连续性方面是可变形的，详见表2。

表2　狗场稿方言[−有生]属性物品分类词（基于维度、形状和连续性特征）

分类词	语　义		典型例词
	维度	形状和连续性	
qan^{13}	一维	长的、有两点	路、绳、桥、歌
qau^{44}		组成线的部分	线
$tsəu^{44}$		长的、直立的	香、水稻
$kuei^{33}$		长的、绕成圈的	绳子
lau^{55}		向上飘的	炊烟
$phai^{33}$	二维	平的	田、地、毛巾、肉
$ntaŋ^{21}$		平面的	地、田
$ntei^{33}$		薄的	树叶、纸张
vu^{44}		平的、直立的	墙
$qən^{33}$	三维	团状	花、云、帽子
$nən^{33}$		球状	枇杷、药丸、米、豆子、鸡蛋、碗、杯子
$qəu^{55}$		柔软、易塑形	泥巴、面团

比工阿欧方言无生物品分类词在维度上的区分度为一维＞二维＞三维。一维经常与形状、方向性等特征一起给名词分类，二维经常与形状一起给名词分类，三维与形状、连续性互动较为明显，详见表3。

表3　比工阿欧方言[−有生]属性物品分类词（基于维度、形状和连续性特征）

分类词	语　义		典型例词
	维度	形状和连续性	
$ʁei^{31}$	一维	长的	绳子
$ləɯ^{13}$		直立	蜡烛、香
ku^{55}		向上飘的	炊烟
$ɭa^{31}$		组成线的部分	线
pa^{13}	二维	平面	田
ple^{33}		平面、薄的	布、肉
$huəɯ^{33}$		平面	脸、纸张、手表

续表

分类词	语　义		典型例词
	维度	形状和连续性	
wua^{13}	三维	团状	云、花、蘑菇
ʔləɯ^{55}		柔软、易塑形	糯米饭、团子

三冲哈给方言无生物品分类词的维度特征可与形状互动,例如 mo^{31} 和 ke^{31},可与连续性互动,如 $pəu^{33}$,详见表 4。

表 4　三冲哈给方言[−有生]属性物品分类词(基于维度、形状和连续性特征)

分类词	语　义		典型例词
	维度	形状和连续性	
mo^{31}	一维	细长的	木头、笔、炊烟、槽
ke^{31}		长的	绳子、河
pəu^{33}		绕成圈的	绳子
li^{31}	二维	平面	镜子、书
di^{31}		平面、薄的	纸张、叶子
pli^{53}	三维	团状	石头、肉

在仡佬语四种方言中,居都多罗方言无生属性物品分类词较少。名词所指的划分基本基于维度特征,详见表 5。

表 5　居都多罗方言[−有生]属性物品分类词(基于维度、形状和连续性特征)

分类词	语　义		典型例词
	维度	形状和连续性	
dəɯ^{35}	一维	条状	房梁、龙、布、尾巴
bja^{35}	二维	片状	木板、砖、冰、纸、药、云
dʑau^{33}/duŋ^{31}	三维	球状	星星、鸡蛋、洞、果子、杯子、帽子

无生属性物品分类词除了基于维度、形状、连续性等语言普遍性特征外,还有些特殊的分类词基于物品的质料和功能,详见表 6。狗场稿方言、贞丰哈给方言和居都多罗方言都有专门表示纺织品或衣物的分类词,如狗场的 lan^{55}、贞丰的 tso^{31},居都多罗方言在衣物上通过分类词有更细的分类,使用分类词 dzu^{31}、tha^{55} 和 ko^{35} 分别表示所修饰的是裹衣、衣服还是裤子。狗场稿方言和比工阿欧方言都有专门的分类词表示"针"。这些衣物类和纺织工具类分类词的存在反映了长久以来纺织在仡佬族生活中的重要性。狗场稿方言有专门用于种子的分类词 $piɛ^{13}$,体现仡佬族一直以来依赖农业的生产方式。

表 6　仡佬语分类词(基于质料和功能特征)

分类词	语义	搭配名词	方言点
lan^{55}	纺织品	衣服、裤子、裙子、被子	狗场稿方言
tso^{31}	衣服	衣服、裤子、裙子	贞丰哈给方言
dzu^{31}	张	蓑衣	居都多罗方言
tha^{35}	件	衣服	居都多罗方言
ko^{35}	条	裤子	居都多罗方言
ŋku^{55}	根	针	狗场稿方言
le^{33}	根	针	比工阿欧方言
pie^{13}	种子	种子	狗场稿方言

2.2　度量分类词

　　度量分类词(mensural classifier)对名词所指的排列和结构进行分类。度量分类词的选用由两个因素决定:名词所指的数量和度量及其长期或短暂的物理属性,一般与所指的内在属性相关,选择使用哪个度量分类词的自由度高于个体分类词(Aikhenvald 2000:115, Aikhenvald forthcoming:chapter 3)。

　　Chao(1968)将汉语普通话度量分类词分为四个类别:容器(container)、体积(volume)、群体(group)、形状(shape)等。基于 Chao(1968)的分类,我们结合仡佬语度量分类词表义情况,将仡佬语度量分类词分为容器类、群体类、局部类和短时类四类。

　　仡佬语容器分类词一般从名词而来,任何指称容器的名词均可用作容器类分类词,如"筐""瓶""杯""碗""勺"等,因此容器分类词组成的是开放性系统。它们与数词和名词一起表达计数义。度量分类词的格式一般为[NUM+CL]+N,如狗场仡佬语 $sɿ^{33}$ $lɔ^{44}$ $mpəɯ^{31}$ "一碗饭"。仡佬语四种方言均包含丰富的容器类度量分类词,以"碗""桌""盆"三个分类词为例,详见表 7。

表 7　仡佬语部分度量分类词(容器类)

分类词	狗场稿方言	比工阿欧方言	三冲哈给方言	居都多罗方言
碗	lɔ^{44}	la^{31}	di^{13}	san^{33}
桌	tsu^{33}	tei^{55}	bi^{31} dzo^{13}	lʌ^{31} dzaŋ^{31}
盆	sau^{55} tai^{33}	χau^{55}	ho^{31}	lʌ^{33} qʌ^{33}

　　群体分类词表达个体事物的群或组。仡佬语四种方言也均包含丰富的群体分类词,可根据群体事物的特征选择不同的群体分类词。例如狗场仡佬语分类词 $tsəɯ^{21}$ 表达一群人, lau^{33} 表达一群动物, $mpəŋ^{33}$ 表达一蓬草, $tshəɯ^{21}$ 表达成串的果子等。表 8 为仡佬语四种方言部分群体类分类词。

表 8　仡佬语部分度量分类词(群体类)

分类词	狗场稿方言	比工阿欧方言	三冲哈给方言	居都多罗方言
双/对	qaŋ¹³	χei¹³	kaŋ³¹	qɛ³⁵
堆	lɔ¹³	pəɯ³¹	pluŋ³¹	eŋ³³
群	tsəɯ²¹(人) lau³³(动物)	tsha⁵⁵	pho³¹	bjau³¹
蓬	mpəŋ³³	kaŋ³¹	vi³⁵	plo³³
家	qe³³	ʁəɯ³¹	ki³⁵	ʔlen³¹

局部分类词表达"整体−局部"关系,例如例(37)狗场稿方言的 *sɿ³³ tsei³³ sɔŋ³³* "一节竹子",其中物品 *sɔŋ³³* "竹子"为整体,使用分类词 *tsei³³* 表示将整体划为几个部分,短语表达的意思是"竹子"整体的一部分。例(38)比工阿欧方言的 *pu³³* 、例(39)居都多罗方言的 *tsa³¹* 、例(40)三冲哈给方言的 *bu¹³* 均表达了"整体−局部"关系。

(37)　sɿ³³　　tsei³³　　　　sɔŋ³³　　　　(38)　ʅa³¹　　pu³³　　　　　zaŋ³³　　na¹³
　　　　一　　　CL:PATITIVE 竹子　　　　　　　小　　　CL:PATITIVE 竹　　　DET
　　　　'一节竹子'　　　　　　　　　　　　　　'这一小段竹子'(李霞 2009:303)

(39)　tsʅ³³　　tsa³¹　　　　tin³¹　　　　(40)　ʃ¹³¹　　bu¹³　　　　　m³¹　zau³¹
　　　　一　　　CL:PATITIVE 木头　　　　　　　一　　　CL:PATITIVE 竹子
　　　　'一截木头'(康忠德 2011:128)　　　　　'一节竹子'(王怀榕 2007:32)

短时分类词一般为身体部位或事物,表达覆盖范围,例如"脸""嘴"和"地"。以狗场稿方言为例,例(41)和(42)表示事物 *ta¹³* "灰"和 *əɯ⁵⁵* "水"覆盖整个"脸"和"嘴"的范围,表示"全部、所有"之义。

(41)　sɿ³³　　lau³¹　　　　ta¹³　　　　　(42)　sɿ³³　　ŋku⁴⁴　　　　əɯ⁵⁵
　　　　一　　　CL:FACE　　灰　　　　　　　　一　　　CL:MOUTH　水
　　　　'满脸灰'　　　　　　　　　　　　　　'满嘴水'

仡佬语四种方言均有短时分类词,以"嘴""手""肚子"为例,详见表 9。

表 9　仡佬语部分度量分类词(短时类)

分类词	狗场稿方言	比工阿欧方言	三冲哈给方言	居都多罗方言
嘴	ŋku⁴⁴	su¹³	ʃaŋ⁵³	tso³⁵
手	mpau⁴⁴	pha¹³ wəɯ³³	mei³¹	min³¹
肚子	lɔŋ³³	laŋ³¹	ɬuŋ³⁵	vu³¹ ɬaŋ³¹

3. 数分类词的结构

数词必须要与分类词一起才有数数的功能,但分类词不一定需要与数词一起共现。在仡佬语中,数分类词为自由语素,可组成[NUM+CL]+N 结构,可独立充当句子成分在语境中起回指作用,还能和指示词组合搭配。

3.1　典型结构

由数分类词组成的名词短语最典型的是由数词、分类词和名词组成。逻辑上数词、分类词和名词组合而成的结构有六种词序。目前只有五种语序在世界语言中得到验证,即(1)[NUM+CL]+N;(2)N+[NUM+CL];(3)[CL+NUM]+N;(4)N+[CL+NUM];(5)CL+N+NUM(Aikhenvald forthcoming:chapter 3)。词序(1)和(2)在世界语言中得到最多验证,东亚和东南亚语言也是如此,其中汉语、越南语、韩语、苗语等为词序(1),泰语、高棉语等为词序(2)(Bisang 1999:118;Aikhenvald forthcoming:chapter 3)。

仡佬语分类词短语词序根据方言不同呈现差异。稿、哈给和多罗方言只能为词序(1),符合 Lu(2012:65—68)提出的壮侗语族北部语言类型语序。比工阿欧方言既可以为词序(1),也可以为词序(2)。同时拥有两种分类词短语词序的语言并不鲜见,如侗语同时拥有词序(1)和(5),只有当数词数值为一时,才使用词序(5)(Luo 2022)。仡佬语比工阿欧方言数词、分类词和名词组成的名词短语词序一般情况为词序(1),如例(43),但在两个由数词、分类词和名词结构对举且强调名词核心的数量时,也可为词序(2),如例(44)中存在两个名词短语,为了强调 $wɔ^{31}$ tia^{33}“丫鬟”和 ta^{55} $qəɯ^{31}$“帮工”数目多,采用对举的方式呈现,使用 N+[NUM+CL]词序。

(43)　i¹³　　　tɕhi³¹　　　pai¹³　　　hui¹³　　　təɯ³³　　　zai³³　　　qua³¹.

　　　1SG　　买　　　　PFV　　　十　　　　CL:GENERAL　蛋　　　鸡

　　　'我买了十个鸡蛋。'(李霞 2009:105)

(44)　ie³¹　　　wɔ³¹ tia³³　　　pɔ¹³　　　　hui¹³　　　təɯ³³,

　　　有　　　丫鬟　　　　　四　　　　　十　　　　CL:GENERAL

　　　ie³¹　　　ta⁵⁵ qəɯ³¹　　　nai³¹　　　hui¹³　　　təɯ³³.

　　　有　　　帮工　　　　　六　　　　十　　　　CL:GENERAL

　　　'有四十个丫鬟','有六十个帮工。'(李霞 2009:105)

数分类词经常与指示词一起出现,表示定指义。在有指示词的情况下,大多数壮侗语族语言,比如壮语、毛南语和中国的一些其他壮侗语族语言,指示代词占据数词的位置(Lu 2012:69;Aikhenvald forthcoming:chapter 3)。但是在仡佬语中并非如此。四种方言最常见的均为[CL+N]+DET 格式,以居都多罗方言为例,详见例(45)。

(45)　i⁵⁵　　　tshuŋ³¹　　　ka³¹　　　ma³³ khe⁵⁵　　　vu³³ tai³³ pau³¹　　　au³⁵　　　ȵi³⁵…

　　　1SG　　能　　　　　吃　　　CL:POT　　　豆腐　　　　　　　DET:NEAR

　　　'我能吃这锅豆腐……'(李锦芳等 2009:390)

阿欧和哈给方言中还存在[N+CL]+DET 格式表达定指,例(46)为比工阿欧方言,la^{31} $təɯ^{33}$ na^{13}“这个孩子”指前文提到的孩子。例(47)为坡帽哈给方言,例(48)为三冲哈给方言,lau^{24} we^{24} nai^{42}“这块地”、lau^{24} we^{24} fu^{42}“那块地”和 pan^{13} fa^{31} $daŋ^{31}$ nai^{31}“这个办法”在句中均有所指。

(46)　zei³¹　　　tu³¹　　　za¹³　　　waŋ³¹　　　i⁵⁵　　　vəɯ¹³　　　ie¹³

　　　去　　　到　　　边　　　塘　　　水　　　DET:DISTAL　有

　　　ŋɤu⁵⁵　　　ŋɤu⁵⁵ ta³³,　　la³¹　　　təɯ³³　　　na¹³　　　la¹³…

　　CL:FLOWER 花　　　　孩子 CL:GENERAL DET:NEAR　要
　　'去到那水塘边有朵花,这个孩子要……'(李霞 2009:299)

(47)　lau²⁴　we²⁴　　　nai⁴²　　　o⁴²,　lau²⁴　we²⁴　　　fu⁴²　　　o⁴²　an⁴².
　　地　CL:2D.FLAT DET:NEAR　好　地　　　CL:2D.FLAT DET:DISTAL　好　NEG
　　'这块地好,那块地不好。'(阳柳艳和李锦芳 2016:116)

(48)　pan¹³ fa³¹ daŋ³¹　　　nai³¹　　　o⁵⁵.
　　办法　　CL:GENERAL　　DET:NEAR　好
　　'这个办法好。'(李锦芳等 2009:532)

　　当分类词、数词、指示词和名词一起出现构成名词短语时,四种方言的语序均为 NUM + CL + N + DET。以比工阿欧方言为例,例(49)中 tɔ³¹ təɯ³³ ŋɔ³¹ vəɯ¹³"那三只猪"表达定指义。

(49)　tɔ³¹　　　təɯ³³　　　ŋɔ³¹　　　vəɯ¹³
　　三　　　CL:GENERAL 猪　　　DET:DISTAL
　　'那三只猪'(李霞 2009:106)

　　[CLF + DET]在仡佬语四种方言均存在,这种格式也可表达定指。例(50)为狗场仡佬语,qən¹³ ni²¹"这个"指上文语境中"咬开柜子"的任务。

(50)　qən¹³　　　mpei⁴⁴　ni²¹　　　tɕiəɯ²¹　　　ju³¹
　　CL:GENERAL 猫　　　DET:NEAR　就　　　说
　　qən¹³　　　ni²¹　　　təɯ³¹　　　i³³　　　　ni³³.
　　CL:GENERAL DET:NEAR 算　　　1SG　　　NMLZ
　　'这个(任务)算我的。'

3.2　特殊结构

　　除了上述典型结构外,仡佬语还有特殊的分类词结构。本节我们将聚焦五种较为特殊的结构:[CL + N]、[NUM + CL]、[CL]、[CL + N + Noun]以及[CL + CL]结构。

3.2.1　[CL+N]结构

　　仡佬语分类词可以不与数词结合而自己单独修饰名词构成[CL + N]结构。[CL + N]结构在世界语言中并不少见。赣语中同时拥有[CL + N]和[一 + CL + N],第一种格式表达非特无定指(nonspecific indefinite),第二种格式表达无定指(specific indefinite)(Li 2018:82),普通话中的[CL + N]结构被认为是[一 + CL + N]格式省略数词"一"而来(吕叔湘 1944,朱德熙 1982),吴语和粤语中的[CL + N]可以解读为定指义(Li 和 Bisang 2012)。

　　仡佬语四种方言的[CL + N]结构在语境中起回指作用。例(51)为狗场稿方言,有三处[CL + N]结构,qən¹³ mpau⁴⁴"(这)只狗"、qən¹³ mpei⁴⁴"(这)只猫"和 qən¹³ jin¹³ pan²¹"(这)个印版",它们并不是指任意的"狗""猫"和"印版",而是回指前文出现的"狗""猫"和"印版"。例(52)为比工阿欧方言,təɯ³³ ma⁵⁵ vləɯ¹³"(那)个柴刀"在话题位置,回指前文中出现的柴刀。

(51)　jan¹³ uai¹³　tɕhiau⁴⁴　qən¹³　　　mpau⁴⁴　　　tsha³³　qən¹³　　　mpei⁴⁴
　　员外　　喊　　　CL:GENERAL 狗　　　和　　　CL:GENERAL 猫
　　vu³¹　　　pa³³　　　qən¹³　　　jin¹³ pan²¹ lai³¹　　　mu³³.
　　去　　　PA　　　CL:GENERAL 印版　　找　　　来

'员外喊(这)条狗和(这)只猫去把(这)个印版找来。'

(52)　təɯ³³　　　　ma⁵⁵ vləɯ¹³　tu¹³　　　θəu¹³　　ʔləɯ⁵⁵　pɔ³¹　　　zei³¹…

　　　　CL:GENERAL　柴刀　　　　落　　　进　　　里　　潭　　　去

'(那)个柴刀落进潭里去……'(李霞 2009:286)

3.2.2 ［NUM＋CL］结构

数分类词的回指功能指数分类词可以不与名词共现,指称语境中已被理解的事物(Aikhenvald forthcoming:chapter 3)。数分类词的回指功能在世界语言中并不罕见,如在 Minangkabau 语(Marnita 2016:93)、日语(Downing 1986:160)、扎坝语(Huang 2022)等语言中,分类词均有此种用法。

仡佬语四种方言的数分类词[NUM＋CL]结构均可以起回指作用。以狗场稿方言为例,例(53)上半句提到了牛和虎,后半句用 su³³ san³³ "两只"回指上文的两只动物。

(53)　qən¹³　ntai⁴⁴　ni²¹　　tsha³³　thai⁵⁵　ni²¹　　　ni³³,

　　　　CL:GENERAL　牛　　DET:NEAR　COOR　虎　　DET:NEAR　MOD

　　　　su³³　　　san³³　　　vu³¹　　tsɹ³³　mu³³　　phei³³.

　　　　二　　　CL:ANIMAL　去　　就　　来　　比

'这个牛和这个虎呢,两只(动物)就来比(谁是大哥)。'

3.2.3 ［CL］

仡佬语阿欧方言、哈给方言和多罗方言分类词均可以单独作为句子成分。例(54)为三冲哈给方言,在对举的情况下分类词提前至小句句首位置,作为小句话题,含定指义,第一次出现的分类词ɕe³⁵指"那头睡着的牛",第二次出现的分类词ɕe³⁵指"那头站着的牛"。

(54)　ɕe³⁵　　　　ŋau⁵³　pu³¹　ŋai³³,　　ɕe³⁵　　　　dʐaŋ¹³　mo³¹　ŋai³³.

　　　　CL:ANIMAL　睡　　公　　牛　　CL:ANIMAL　站　　母　　牛

'躺着的(那)头(牛)是公牛,站着的(那)头(牛)是母牛。'

　　　　(王怀榕 2007:45)

例(55)和(56)分别是居都多罗方言和比工阿欧方言。分类词 kan³¹ 和 khuai³³ 在两个例子中均起无定指作用。

(55)　səɯ³¹　qə⁰ pi³⁵　tsɹ³³　kan³¹　　lai³³　kan³¹　　　ŋəɯ³⁵ qu³¹…

　　　　两　　兄弟　　一　　CL:HUMAN　叫　　CL:HUMAN　在前

'两兄弟一个叫(另一)个在前面……'(李锦芳等 2009:387)

(56)　ve¹³ na³³　səɯ³¹　khuai³³　əɯ⁵⁵　khuai³³　　ŋe³¹　khuai³³.

　　　　3PL　　两　　CL:HUMAN　一　　CL:HUMAN　爱　　CL:HUMAN

'他们两个一个爱(另一)个。'(李霞 2009:110)

3.2.4 表领属关系的分类词结构

当[CL＋N]结构被领属结构中的领有者修饰时构成[CL＋N]＋Noun 结构,表达定指义,其中 Noun 为领有者,N 为被领有者。Biang(1999)认为分类词的这种功能为分类的关系化功能(relationalization function),在被领有者修饰之前,与名词核心的识别(identification)相关联。仡佬语四种方言中,比工阿欧方言和居都多罗方言有表领属关系的分类词结构,领有者可为代名词、有生名词以及无生名词,可表达的领属关系包含整体-部分关系、关联关系以及空间位置关系等。

例(57)为比工阿欧方言,领有者为代名词,领有者 *ve¹³*"他"和被领有者 *na³³*"名字"之间为关联关系。分类词 *tau³¹* 为二者间的领属标记。

(57)	tau³¹	na³³	ve¹³	ŋɤu⁵⁵	tio³¹	mu⁵⁵	sau¹³	vəu³¹	pu⁵⁵	ʔla³¹.
	CL:GNERAL	名字	3SG	叫	做	谷子		鬼	先生	

'他的名字叫做鬼谷子先生。'(李霞 2009:269)

例(58)为居都多罗方言,领有者 *ma³³ dʑa³³*"变婆"为专有名词,领有者和被领有者 *vu³¹ tso³⁵*"嘴"之间为整体-部分关系,*dʑau³³ vu³¹ tso³⁵ ma³³ dʑa³³* 意思是"变婆的嘴"。

(58)	de³⁵	daŋ³³	tsʅ³⁵	luan³¹	na³⁵	paŋ³⁵	laŋ³³
	镖	就	杀	到		里面	
	dʑau³³		vu³¹ tso³⁵	ma³³ dʑa³³	vu³³	a³⁵.	
	CL:LUMP		嘴	变婆	去	CSM	

'镖就杀到变婆的嘴里面去了。'(李锦芳等 2009:332)

例(59)是居都多罗方言,领有者 *ŋei³¹*"猫"是有生名词,分类词 *ʑa³¹* 标记领有者和被领有者 *vu³¹ tso³⁵*"嘴"之间的整体-部分关系。

(59)	pu³¹	pa³⁵	ko³⁵	ŋei³¹	vu³¹ tsei³⁵	pu³¹	dəu³⁵,
	四	脚	猫	抓起		四	CL
	ʑa³¹	vu³¹ tso³⁵	ŋei³¹	tsaŋ³¹	tsʅ³³	dəu³⁵...	
	CL	嘴	猫	含	一	CL	

'四脚猫抓起四只(鼠),猫嘴含一只(鼠)……'(李锦芳等 2009:377)

例(60)是比工阿欧方言,分类词 *tau³¹* 标记的是被领有者 *ʑa¹³*"奶奶"的空间位置。

(60)	na³¹	i¹³	vəu¹³	zaŋ³¹	tau³¹	ʑa¹³	pha¹³ na³³.
	CAUS	1SG	去	问	CL:GENERAL	奶	隔壁

'让我去问隔壁的奶奶。'(李霞 2009:274)

3.2.5　表分配义的分类词结构

在世界语言中,通过分类词重叠表达分配义十分普遍(Dixon 2010:253,Aikhenvald forthcoming:chapter 3),如粤语(Mattews & Yip 1994:96)、拉祜语(Matisoff 1973:93)、汉语普通话(Li and Thompson 1981:34—35)。

稿方言、阿欧方言和哈给方言的分类词均可以通过重叠表达分配义。以狗场稿方言为例,例(61)分类词 *səu³³* 重叠后表达"每一样"之义。

(61)	mai²¹	lɔŋ⁴⁴	mai²¹	nqa⁴⁴	mai²¹
	要	衣服	要	裤子	要
	çi¹³	səu³³	səu³³	tsʅ³³	mai²¹.
	鞋子	CL:KIND	CL:KIND	都	要

'(土匪们)要衣服,要裤子,要鞋子,样样都要。'

居都多罗方言分类词不能重叠,只能借助 *dʑi³¹*"每"以及使用 tsʅ³³"一" + CL + tsʅ³³"一" + CL 结构表达"分配"义。

(62)	dʑi³¹	kan³¹	tsʅ³³	çin³¹	gu³⁵	ʌ³⁵.
	每	CL:HUMAN	都	说	完	PFV

'每个都说完了。'(李锦芳等 2009:433)

(63)　...tsa³⁵　　dʑau⁵⁵　　tsa³⁵　　dʑau⁵⁵　　gɯ³⁵　lo³¹so³⁵　huan³¹ zin³¹.
　　　　一　　CL:LUMP　　一　　CL:LUMP　　捡　芝麻　　还原
　　　　'……一颗一颗捡芝麻还原。'(李锦芳等 2009:365)

表 10 总结了仡佬语四种方言分类词结构的典型结构和特殊结构的方言分布和功能。

表 10　仡佬语分类词结构的方言分布和功能

结　构	格　式	方　言	功　能
典型结构	[Num + CL] + N	稿、哈给、比工、多罗	计数
	N + [Num + CL]	比工	强调
	[CL + N] + DET	稿、哈给、比工、多罗	定指
	[N + CL] + DET	稿、哈给、比工、多罗	
	NUM + CL + N + DET	稿、哈给、比工、多罗	
	CLF + DET	稿、哈给、比工、多罗	
特殊结构	CL + N	稿、哈给、比工、多罗	回指
	NUM + CL	稿、哈给、比工、多罗	
	CL	哈给	定指
		比工、多罗	无定指
	[CL + N] + Noun	比工、多罗	领属
	CL + CL	稿、哈给、比工	逐指
	dʑi³¹ + CL	多罗	
	tsɿ³³ + CL + tsɿ³³ + CL	多罗	

4. 结　语

　　总体来看,仡佬语分类词系统发达,符合东亚语言和壮侗语言共性。分类词的选择取决于所指名词的本质属性,包括生命度、维度、形状、质料、功能和排列等。基于语义的不同,仡佬语数分类词可以分为个体分类词和度量分类词两类。仡佬语不同方言在个体分类词上的表现有细微区别,四种方言均包含人的分类词,狗场稿方言、三冲哈给方言和比工阿欧方言中人的分类词不论其社会地位、年龄大小等,只使用一个分类词,居都多罗方言指人分类词根据人的年龄大小进行二分。除了比工阿欧方言借助通用分类词表达动物名词外,其他三种方言都有专门的动物分类。三冲哈给方言和居都多罗方言均有专门的植物分类词,狗场根据不同植物的特征使用分类词,阿欧则借助通用分类词表达。无生名词分类词的选择基于维度、形状、质料和功能特征,这些特征一般互相组合限制分类词的选择。这四种方言还有基于质料和功能特征的分类词如纺织物类、针和种子,这些特殊的分类词体现了仡佬族的生产生活方式,极具文化和认知特色。度量分类词可分为容器类、群体类、局部类和短时类四种,四种方言名词所指在度量分类词的选择和使用上差别不大,呈现较强的共性特征。

仡佬语四种方言分类词由数词、分类词和名词组成的典型结构主要语序为[NUM +
CL] + N,在比工阿欧方言中还存在 N + [NUM + CL]语序,仅在需要强调名词所指数量且两
个分类词短语对举的时候才会出现。在包含限定词的分类词结构中,典型结构为[CL + N] +
DET、NUM + CL + N + DET 及 CL + DET。其中比工阿欧方言、坡帽和三冲哈给方言还存在
[N + CL] + DET 格式,关于这两种方言基于何种因素选择[CL + N] + DET 还是[N + CL] +
DET 格式还需进一步探讨。仡佬语还有五种特殊结构,其中 CL + N 和 NUM + CL 结构在四
种方言中均可以起回指功能。分类词在三冲哈给方言中可以单独位于句首作为话题起定指
作用,在居都多罗和比工阿欧方言中可以在句中单独做句子成分,起无定指作用。比工阿欧
方言和居都多罗方言还有表领属关系的分类词结构,领有者可为代名词、有生名词以及无生
名词。跨语言来看,分类词重叠表分配义十分普遍,但居都仡佬语只能通过使用 dzi³¹ "每"以
及使用 tsɿ³³ + CL + tsɿ³³ + CL 结构表达分配义。

附:语法术语缩略

1, 2, 3	人 称	MOD	语气词
CAUS	致使	NEG	否定标记
CL	分类词	NMLZ	名物化标记
COOR	并列连接词	PL	复数
CSM	状态改变标记	PFV	完成体
DET	限定词	SG	单数

参考文献

贵州省地方志编纂委员会.贵州省志.民族志[M].贵阳:贵州民族出版社,2002.

何彦诚.红丰仡佬语概况[J].民族语文,2008(6).

贺嘉善.仡佬语简志[M].北京:民族出版社,1983.

康忠德.居都仡佬语参考语法[D].北京:中央民族大学,2011.

李锦芳.西南地区濒危语言调查研究[M].北京:中央民族大学出版社,2006.

李锦芳.仡佬语布央语语法标注话语材料集[M].北京:中央民族大学出版社,2009.

李锦芳,等.贵州六枝仡佬语[M].北京:商务印书馆,2019.

李锦芳,徐晓丽.比贡仡佬语概况[J].民族语文,2004(3).

李 霞.比工仡佬语参考语法[D].北京:中央民族大学,2009.

吕叔湘."个"字的应用范围、附论单位词前"一"字的脱落[M]//吕叔湘文集(第二卷).北京:商务印书
    馆,2004.

全国政协文史和学习委员会等编.仡佬族百年实录[M].北京:中国文史出版社,2008.

王怀榕.三冲仡佬语句法研究[D].北京:中央民族大学,2007.

王怀榕,李霞.三冲仡佬语概况[J].民族语文,2007(2).

韦名应.仡佬语方言土语再划分[D].北京:中央民族大学,2008.

阳柳艳,李锦芳.2016.贞丰哈给仡佬语语序研究[J].语言研究,2016(10).

张济民.仡佬语研究[M].贵阳:贵州民族出版社,1993.

朱德熙.语法讲义[M].北京:商务印书馆,1982.

Adams，K. L. 1989. *Systems of Numeral Classification in the Mon-Khmer，Nicobarese and Aslian Subfamilies of Austroasiatic*. Canberra：Pacific Linguistics.

Adams，Karen L. & Nancy F. Conklin. 1973. Toward a theory of natural classification. Papers from *the 9th Regional Meeting，Chicago Linguistic Society*，1—10.

Aikhenvald，Alexandra Y. 1998. Palikur and the typology of classifiers. *Anthropological Linguistics* 40.3：429—480.

——2000. *Classifiers*. Oxford：Oxford University Press.

——2017. A Typology of Noun Categorization Devices. In *The Cambridge Handbook of Linguistic Typology*，edited by A. Y. Aikhenvald and R. M. W. Dixon，361—404. Cambridge：Cambridge University Press.

——2019. Noun categorization devices：A cross-linguistic perspective. In Alexandra Aikhenvald and Elena I. Mihas(eds.)，*Genders and Classifiers：A Cross-Linguistic Typology*，1—29. Oxford：Oxford University Press.

——Forthcoming. *A Guide to Gender and Classifier*. Oxford：Oxford University Press.

Allan，Keith. 1977. Classifiers. *Languages* 53：284—310.

Bisang，Walter. 1993. Classifiers，quantifiers and class nouns in Hmong. *Studies in Language* 17.1：1—51.

——1999. Classifiers in East and Southeast Asian languages：Counting and beyond. In Jadranka Gvozdanovié (ed.)，*Numeral Types and Changes Worldwide*，113—186. Berlin and New York：Mouton de Gruyter.

Chao，Y.-R. 1968. *A grammar of spoken Chinese*. The University of California Press，Berkeley.

Croft，William. 1994. Semantic universals in classifier systems. *Word* 45.2：145—171.

Diller，A. V. 1985. High and Low Thai：views from within. In *Papers in Southeast Asian Linguistics No. 9：Language policy，language planning and sociolinguistics in South-East Asia*. Pacific Linguistics.

Dixon，R. M. W. 2010. *Basic linguistic theory. volume 2*. Oxford University Press.

Downing，Pamela. 1986. *The anaphoric use of classifiers in Japanese*. In：Colette Craig(ed.)，345—375.

Dryer，M. S. 2007. Noun phrase structure. *Language typology and syntactic description*，2，151—205.

Enfield，Nicholas James. 2004. *Nominal classification in Lao：a sketch*. STUF—*Language Typology and Universals* 57.2—3：117—143.

Greenberg，Joseph H. 1963. Numeral Classifiers and Substantival Number：Problems in the Genesis Type，*working papers in Language Universals*.

——1972. Numeral classifiers and substantival number：Problems in the genesis type，working papers in languages universals. Reprinted in K. Denning and S. Kemmer (eds.)，*On Language：Selected Writings of Joseph H. Greenberg*，16—93. Stanford：Stanford University Press.

Huang，Yang. 2022. Numeral classifiers in Drapa. *Asian Languages and Linguistics*，3(2)，202—238.

Kemmerer，D. 2017. Categories of object concepts across languages and brains：the relevance of nominal classification systems to cognitive neuroscience. *Language，Cognition and Neuroscience*，32(4)，401—424.

Li，C.，& Thompson，S. 1981. *Mandarin Chinese：A Functional Reference Grammar*. Berkeley，CA：University of California Press.

Li，X. 2018. *A grammar of Gan Chinese：The Yichun language* (Vol. 1). Walter de Gruyter GmbH &

Co KG.

Li，X.，& Bisang，W. 2012. Classifiers in Sinitic languages：From individuation to definiteness-marking. *Lingua*，122(4)，335—355.

Lu，Tian-Qiao. 2012. *Classifiers in Kam-Tai languages：A Cognitive and Cultural Perspective*. Boca Raton：Universal Publishers.

Luo，Yongxian. 2022. Nominal classification in Zhuang. *Asian Languages and Linguistics*，3(2)，268—299.

Lyons，1. 1977. *Semantics*. 2 vols. Cambridge：Cambridge University Press.

Matthews，Stephen & Virginia Yip. 1994. *Cantonese. A comprehensive grammar*. London/New York：Routledge.

Matisoff，James A. 1973. *A Grammar of Lahu*. University of California Press.

Marnita，R. 2016. *Classifiers in Minangkabau：A typological study*. Lincom GmbH.

Ostapirat，W. 2000. *Proto-Kra*. Linguistics of the Tibeto-Burman Area，23(1).

Vittrant，A.，& Allassonnière-Tang，M. 2021. 31 Classifiers in Southeast Asian languages. *The Languages and Linguistics of Mainland Southeast Asia*，733.

塔吉克族汉语双字调习得声学实验研究 *

赵改莲[1]　陈　明[2]

（[1]榆林学院，[2]玉林师范学院文学与传媒学院，陈明为通讯作者）

内容提要　文章利用 Praat 语音分析软件，对塔吉克族汉语双字调进行声学实验研究。实验选取 64 个汉语普通话双音节词，在规定的采样率和采样精度下分别测试普通话发音人和塔吉克族汉语双字调声调格局、调长、调域。研究发现，在汉语双音节词前字中，塔吉克族形成的是三调格局；在双音节词后字中塔吉克族形成的是二调格局。针对塔吉克族发汉语双字调存在的问题，文章提出了相应的教学参考建议。

关键词　塔吉克族；汉语；双音节词；声调；实验

0. 前　　言

中国塔吉克族主要聚居在平均海拔 4 000 米以上的新疆塔什库尔干塔吉克自治县（以下简称"塔县"），少量散居在新疆喀什地区莎车县、叶城县、克孜勒苏柯尔克孜自治州阿克陶县、和田地区皮山县等地。塔吉克族的母语塔吉克语属于印欧语系印度—伊朗语族伊朗语支东伊朗次语支，是无声调语言，塔吉克语只有语言而没有文字。塔吉克族多是双语人或者多语人，他们大部分精通母语塔吉克语和维吾尔语，青少年学生汉语水平较好，还有部分塔吉克族会说柯尔克孜语、波斯语等。

塔县的教育事业起步较晚，长期以维吾尔语为主要教学语言。1992 年，塔吉克族中小学起步开设汉语课程、实施"双语"实验教学（周珊 2011）。2008 年塔县启动"两基"攻坚集中办学项目工程，小学一、二、三年级在乡镇学校就读，小学高段即三年级以上、初中在县城就读，不断推行汉语教学。同时，在政策的支持下，喀什二中、喀什六中专门成立了塔县班，招收部分塔县初高中生。2017 年通过异地办学的形式，由深圳市援建的深塔中学在喀什地区疏附县建成并投入使用，全面招收塔县的初高中生，改变了塔县没有高中的历史。塔县处在常年高寒缺氧的帕米尔高原东南部，年平均气温不足 3℃，在其下辖的 12 个乡镇中，有 5 个乡镇位于距塔县县城 80 公里以外的山谷中。特殊的地理环境造成塔县汉语师资不足，汉语教学长期发展较慢，塔吉克族在习得汉语普通话过程中存在着诸多困难和问题。

目前有关塔吉克族习得汉语的研究较少，仅李素秋在《少数民族学生习得汉语单字调感知实验研究》（李素秋 2016）中有所涉及，而用实验语音的方法对塔吉克族习得汉语展开声学实验的研究尚属空白。汉语词汇以双音节词为主，孤立的单音节词组合成双音节词时，由于

---

　　*　本文为国家社科基金"冷门'绝学'和国别史等研究专项"项目（批准号 19VJX084）、教育部人文社会科学研究规划基金项目"中华民族共同体视域下的回鹘语与汉语接触研究"（22YJA740003）。

语音协同发音作用会对前后音节的发音产生影响,发生语流音变,造成前后音节的发音与孤立的单字音节发音时不完全相同,由于双音节词更能反映语言的实际使用情况,因此本文以塔吉克族为对象进行双字调声学实验研究,以期探寻塔吉克族在习得汉语双字调时的发音规律。

1. 实 验 研 究

1.1 研究方法

在实地调研的基础上,利用实验语音学的方法,通过采录塔吉克族汉语双字调的语音资料,运用语音分析软件 Praat 对采录的语音资料进行数据分析,做出声调格局,整理出各项语音参量数据,同时采录 2 名汉语普通话水平一级甲等人员的双字调语音材料,在对所采录语音材料处理分析的基础上,分别绘制出两组发音人双字调前字和后字的声调基频曲线图,总结出塔吉克族习得汉语双字调的发音规律。

1.2 实验对象

本次实验地点为塔县,共选取 10 名塔吉克族人,其中女性 4 人,男性 6 人。10 名发音人均出生在塔县,母语为塔吉克语,发音人从小学三年级起开始学习汉语,在民语学校完成小学及中学教育,平均年龄 41 岁,普通话水平等级为三级甲等或三级乙等。10 名塔吉克族发音人有着同样的汉语学习背景,毕业后一直在塔县工作,没有离开过当地,能用汉语交流。发音人的发音器官正常,能够完成本次实验。为了进行发音的数据对比分析,本次实验还分别采录了普通话水平一级甲等男、女各一名的双字调语音材料,作为本研究的双字调声学发音样本。

1.3 实验例字

普通话有阴平、阳平、上声、去声 4 个声调,每个声调可以出现在双音节词的前位或后位,进行两两相拼合。如阴平与其他声调的组合包括:阴平 + 阴平、阴平 + 阳平、阴平 + 上声、阴平 + 去声共四种声调组合方式,阳平、上声、去声排列组合方式亦如此,4 个声调总计有 16 种组合形式,从每种组合形式中选出 4 组例字(李素秋 2020),一共得到 16 * 4 = 64 组汉语双音节词,所选取的双音词,主要来源于《中国少数民族汉语水平考试大纲·(二级)》(教育部民族教育司中国少数民族汉语水平等级考试课题组 2003)中的常用词汇。为提高实验数据的准确性,在选取实验例字时,尽量选择韵母为单元音/a/、/i/、/u/的词,同时规避零声母的字。实验例词选取完后,为了排除干扰,把按声调搭配的例词顺序打乱,再进行随机排列,形成字表,字表如下:

出发	时机	及时	袭击	补习	地基	处理	即使
主持	大批	西服	地图	自私	复杂	图书	机器
出席	独自	部署	复习	事故	答复	启发	读者
西部	基地	地址	祖母	实习	夫妻	集体	孤苦
笔记	发达	阻止	初步	大地	企图	不足	组织
读书	直达	指出	地步	祖父	提起	吃苦	打击
似乎	固体	彼此	基础	知足	逐步	主席	其实
地主	司机	实际	出租	七喜	古迹	制度	地图

1.4　实验工具

录音设备采用创新 Sound Blaster Digital Music Premium HD USB 声卡,索尼 ECM-MS907 话筒,语音录入、编辑及绘图采用 ThinkpadX1 笔记本电脑,声学分析软件采用 Praat6.1。

1.5　实验操作步骤

录音地点选在安静、封闭、空间较小的办公室内,采样率设置为 22 050 Hz、采样精度 16 位,单声道录制。录音前,将 64 组例词提前打印在 A4 纸上,然后发给实验对象,要求实验对象熟悉例词。当实验对象做好准备后,依次开始录制语音。提前把例词做成 PPT 文件,每页 PPT 里仅呈现一个双音节词,为了避免出现连续效应,每组词间隔 3 秒,所有的词连读三遍,共采集到样本总量为:12(人) * 64(词) * 2(字) * 3(遍) = 4 608(个)。

将发音人的实验语料存储为".wav"格式文件后,利用语音分析软件对实验语音材料进行分析。掐头去尾后,分别选取起点和终点进行标注,确定声调长度,设置十等份时长,利用 Praat 在设定的等距离点上测量基频的值,获取十等份点上的基频数据(朱晓农 2010),每个样本提取 11 个测试点的数据,共计得出 4 608 * 11 = 50 688(个)点的基频值,再分别计算出两组被测对象各个声调基频的平均值,然后用 Excel 对基频值进行处理,分别算出时长 Ms、Log 值、Log z-score 值,最后根据数据做出声调格局图、调长和调域等。

2. 塔吉克族汉语双字调实验数据分析

2.1　声调格局的对比分析

声调格局的分析方法是从音系学和声学相结合的角度,考察声调系统的思路和方法(易斌 2011)。"每一种声调语言都具有一个特定的声调格局。声调格局是由该语言中全部单字调所构成的格局,是声调系统的共时初始状态,是各种声调变化的基本判别标准。因而它是进行声调研究的起点"(石锋 1992)。从塔吉克族汉语双字调前字和后字的声调格局中,可以得出塔吉克族汉语声调发音的系统性特征。

2.1.1　前字声调格局的对比分析

塔吉克族汉语双字调前字的声调格局与普通话发音人双字调前字的声调格局分别如图 1、图 2 所示。图中的横轴是绝对时长,纵轴是 Lz 归一化数值。纵轴 -3 到 -2 相当于五度值中的 1 度,-2 到 -1 相当于五度值中的 2 度,-1 到 0 相当于五度值中的 3 度,0 到 1 相当于五度值中的 4 度,1 到 2 相当于五度值中的 5 度。在汉语普通话中,上声连读会发生变调现象,即上声与非上声相连,上声的调值变成半上,记作"上声$_1$";上声与上声相连,前字上声变成阳平,记作"上声$_2$"。

由图 1 可知,阴平起点在 4 度区域,从起点到 40% 处,阴平曲线保持水平态势。从 40% 处开始基频曲线缓缓下降,但下降的幅度较小,终点落在了 3 度区域,整个阴平曲线的 95% 以上都在 4 度区域,在 3 度区域的范围较少,不足 5%,根据整体情况,阴平调值可记作 44。阳平起点在 3 度区域,整个基频曲线的前 30% 部分保持水平,从 30% 处缓慢下降,从 90% 处开始,下降幅度略大,终点依旧落在 3 度区域,根据整体情况,阳平调值可记作 33。上声$_1$ 起点在 3 度

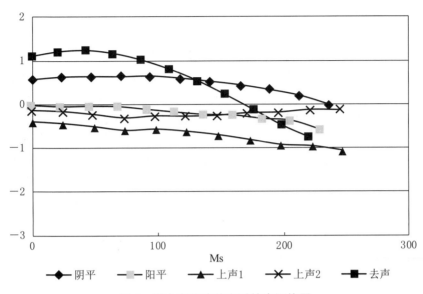

图 1　塔吉克族读前字时的声调格局

区域,从起点开始下降,在 30% 到 40% 之间微微上扬,从 40% 处继续下降,终点落在 2 度区域,但在 2 度区域的范围较少,根据整体情况,上声$_1$ 调值可记作 33。上声$_2$ 的基频曲线起点在 3 度区域,从起点到 70% 处与上声$_1$ 基本保持平行,且在 70% 处与阳平相交,然后微微上扬,终点落在了 3 度区域,整个上声$_2$ 的基频曲线都在 3 度区域,根据整体情况,上声$_2$ 调值可记作 33。去声起点在 5 度区域,从起点到 20% 处呈微升态势,从 20% 处后开始微降,从 40% 处起下降幅度逐渐增大,终点落在了 3 度区域,去声调值可记作 53。

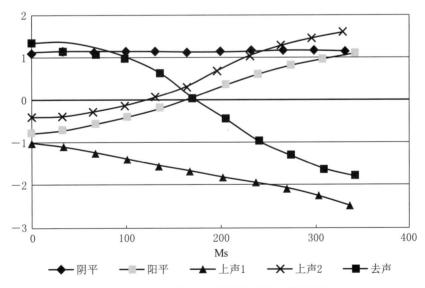

图 2　普通话发音人读前字时的声调格局

从图 2 可知,普通话发音人读前字时整个阴平曲线都位于 5 度区域,虽然不是一个绝对水平的调型,但整个声调的音高范围都在 5 度区间内,因此阴平调值可记作 55;普通话发音人的阳平,起点在 3 度区域,终点落在了 5 度区域,阳平调值可记为 35。普通话发音人的上声$_1$起点在 2 度区域,从起点到终点平滑下降,终点落在了 1 度区域,上声$_1$调值可记作 21;上声$_2$起点在 3 度区域,从起点到终点呈上扬趋势,终点落在了 5 度区域,上声$_2$整个基频曲线和阳平曲线呈平行状态,上声$_2$调值可记作 35。普通话发音人的去声起点在 5 度区域,从起点到10%处保持水平,从 10%处开始倾斜下降,终点落在 2 度区域,去声调值可记作 52。

通过图 1、图 2 可以看出,在普通话发音人的前字中,阴平是平调,阳平是升调,上声分两类,上声$_1$是低降调,上声$_2$是升调,去声是降调。从整体上看,在双字调前字中,塔吉克族发音人的阴平基本是平调,但起点较低,调值为 44。阳平、上声$_1$、上声$_2$基频曲线的起点和终点基本在 3 度区域,调值可记作 33,阳平、上声$_1$、上声$_2$各个点 Hz 值相差在 7~19 Hz 之间,因此可以把阳平、上声$_1$、上声$_2$归为一调,去声调值为 53,因此塔吉克族读汉语双字调前字时形成的是三调格局。

2.1.2　后字声调格局的对比分析

塔吉克族汉语后字的声调格局及普通话发音人后字的声调格局分别如图 3、图 4 所示。

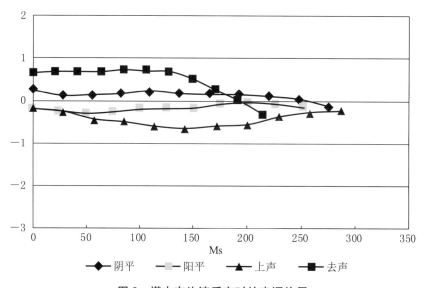

图 3　塔吉克族读后字时的声调格局

通过图 3 可知,在塔吉克族习得汉语双字调后字中,阴平基频曲线起点在 4 度区域,从起点到80%处基本保持水平态势,从 90%处开始下降,终点落在了 3 度区域,在 3 度区域的范围不足 10%,根据整体情况,阴平调值可记作 44。阳平起点在 3 度区域,从起点开始微微下降,然后从 20%处开始缓缓上扬,且上扬的幅度越来越小,从 90%处微微下降,终点落在了 3 度区域,根据整体情况,阳平调值可记为 33。上声起点与阳平起点相当,都在 3 度区域,上声基频曲线的前 10%与阳平基频线重合,从 10%处开始上声基频线逐渐下降,在 50%处到达上声曲线的拐点,然后从 50%处开始上扬,终点落在 3 度区域,基频曲线呈微凹状,整个上声基频曲线均分布在 3 度区域，调值可记作 33。去声的起点在 4 度区域，从起点到 60％处基频曲线趋于水平，从 60％处开始下降，终点落在了 3 度区域，从整体情况来看，去声基频曲线表现为"角拱型"，且后段下降趋势较为明显，根据整体情况，去声调值可记作 43。

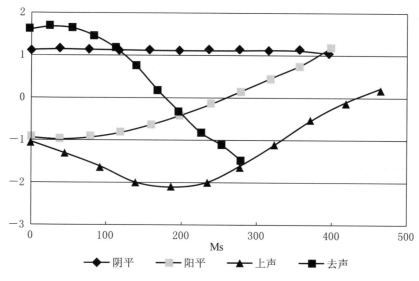

图 4　普通话发音人读后字的声调格局

由图 4 可以看出，普通话发音人整个阴平基频曲线都在 5 度区域，从起点开始一直保持水平，从 90％处开始有些下落，但幅度很小，基本保持了水平调型，根据整体情况，阴平调值可记作 55。阳平起点在 3 度区域，终点落在了 5 度区域，根据整体情况，阳平调值可记作 35。上声的起点在 2 度区域，从起点开始呈下降趋势，在 40％处达到拐点，拐点落在了 1 度区域，基频曲线从拐点后继续上扬，终点落在了 4 度区域，根据整体情况，上声调值可记作 214。去声起点在 5 度区域，从起点到 20％处变化不大，从 20％处开始迅速下降，终点落在 2 度区域，调值可记作 52。

在双字调的后字中，普通话发音人的阴平是平调，阳平是升调，上声有明显的拐点，是曲折调，去声是降调。在双字调后字中，塔吉克族阴平基频曲线基本在 4 度区域，记作 44，阳平与上声调值相同都是 33，从阴平、阳平、上声的基频曲线图可以看出，三者所占的区间位置比较接近，通过进一步计算，阴平、阳平、上声各个点的 Hz 值相差均未超过 20 Hz，鉴于此，塔吉克族汉语双字调后字阴平、阳平、上声可归为一调。去声基频曲线图下降的趋势明显，去声调值可记作 43，为一调，因此塔吉克族汉语双字调后字形成的是二调格局。

2.2　调长的对比分析

调长是声调持续的时长，声调的时长因调类的不同而有所差异。本文进一步对比了塔吉克族和普通话发音人汉语双字调前、后字声调的时长。

2.2.1　前字调长的对比分析

在发音过程中，发音的实际声学表现，既要受到发音人年龄、性别、情绪状态、语言场合、语言内容等因素的影响,又要受各种语音成分联合发音时发音器官各部分肌肉协同动作的影响,用绝对音长值在不同发音人之间进行音长比较有一定困难(廖荣容 1983)。为了让两组测试人员的实验结果在对比分析中有最大限度的可比性,这里采用游汝杰、杨剑桥(游汝杰、杨剑桥 2001)对绝对调长的标准化处理方法,按照调类分别统计出塔吉克族和普通话发音人的绝对调长和相对调长数据,如表 1、表 2 所示。

表 1　不同人群前字的绝对调长(单位:毫秒)

发音人	阴平	阳平	上声₁	上声₂	去声
塔吉克族	129	126	136	135	121
普通话(发音人)	182	188	185	181	189

表 2　不同人群前字的相对调长(单位:毫秒)

发音人	阴平	阳平	上声₁	上声₂	去声
塔吉克族	1.00	1.00	1.05	1.04	1.00
普通话(发音人)	0.99	1.02	1.00	0.98	1.01

实验表明,塔吉克族习得汉语双字调前字的相对调长顺序是:上声₁>上声₂>阴平/阳平/去声,而普通话发音人读前字的相对调长顺序是:阳平>去声>上声₁>阴平>上声₂。具体来说,塔吉克族在读汉语双字调前字时,阴平、上声₁、上声₂ 时比普通话发音人读得长;但是阳平和去声比普通话发音人读得短。

2.2.2　后字调长的对比分析

为了科学地进行比较,同时统计了塔吉克族汉语双字调后字和普通话发音人后字的绝对调长和相对调长的数据,如表 3、表 4 所示。

塔吉克族汉语双字调后字相对调长的顺序是:上声>阴平>阳平>去声,而普通话发音人后字的调长顺序是:上声>阳平>阴平>去声。

从相对调长来看,塔吉克族读后字时阴平和去声比普通话发音人读得长,但是阳平、上声比普通话发音人读得短。

表 3　不同人群后字的绝对调长(单位:毫秒)

发音人	阴平	阳平	上声	去声
塔吉克族	152	139	158	118
普通话	218	220	256	156

表 4　不同人群后字的相对调长(单位:毫秒)

发音人	阴平	阳平	上声	去声
塔吉克族	1.07	0.98	1.12	0.83
普通话	1.02	1.04	1.20	0.73

通过前、后字调长的比较可以得出，不论是前字还是后字，塔吉克族阴平的调长都读得比普通话发音人的长，阳平调长读得都比普通话发音人短，前字去声调长比普通话发音人的短，后字去声调长比普通话发音人读得长。

2.3　调域的对比分析

调域是指一个具体声调的音高变化幅度。调域的测量方法为声音基频值的最高点减去最低点的差。发音人声音基频值的最高点和最低点，反映的是发音人因年龄、性别、音高特点、情绪状态等原因而出现的差别（廖荣容 1983）。为保证实验的准确性，进一步对比了普通话发音人和塔吉克族汉语双字调前字和后字的调域。

2.3.1　前字调域的对比分析

如表 5 所示，塔吉克族汉语双字调前字调域的宽窄顺序为：去声＞上声$_1$＞阴平/阳平＞上声$_2$，塔吉克族汉语双字调前字基频值的最高点减去最低点的差是 52 Hz，跨度较小。

表 5　塔吉克族前字声调调域（单位：赫兹）

发音人	阴平	阳平	上声$_1$	上声$_2$	去声
最高点	190	174	165	174	206
最低点	183	167	154	168	162
调域	7	7	11	6	44
总调域			206 − 154 = 52		

表 6　普通话发音人前字声调调域（单位：赫兹）

发音人	阴平	阳平	上声$_1$	上声$_2$	去声
最高点	302	311	188	355	352
最低点	293	167	129	179	133
调域	9	144	59	176	219
总调域			355 − 129 = 226		

如表 6 所示，普通话发音人双音节词前字调域宽窄顺序为：去声＞上声$_2$＞阳平＞上声$_1$＞阴平。普通话发音人基频值最高点减去最低点的差是 226 Hz，跨度较大。

2.3.2　后字调域的对比分析

如表 7 所示，塔吉克族汉语双字调后字声调调域的宽窄顺序为：去声＞上声＞阴平＞阳平，整个调域最高点到最低点的差是 50 Hz，跨度较小。

表 7　塔吉克族后字声调调域（单位：赫兹）

发音人	阴平	阳平	上声	去声
最高点	172	162	159	197
最低点	163	158	147	157
各声调调域	9	4	12	40
总调域		197 − 147 = 50		

如表 8 所示,普通话发音人双音节词后字调域的宽窄顺序为:去声＞阳平＞上声＞阴平,整个调域最高点到最低点的差是 228 Hz,跨度较宽。

表 8　普通话发音人后字声调调域(单位:赫兹)

发音人	阴平	阳平	上声	去声
最高点	263	245	184	341
最低点	245	140	113	117
各声调调域	18	105	71	224
总调域	341－113＝228			

通过表 5、表 6、表 7、表 8 可知,塔吉克族汉语双字调前字和后字的声调调域比普通话发音人前字和后字的调域要窄很多。在调域的对比分析中,塔吉克族前字和后字的阴平、阳平、上声、去声的调域都比普通话发音人的窄。不论是普通话发音人还是塔吉克族发音人,两者后字的调域最高点和调域最低点分别是去声和上声,但是塔吉克族去声调域比普通话发音人窄很多,塔吉克族发后字时,后字去声下降幅度较小。总的来说,塔吉克族汉语双字调前字和后字的调域,普遍情况是最高点偏低,最低点偏高,调域范围整体较窄。

3. 结　论

在声调格局方面:塔吉克族发汉语双字调前字阴平和后字阴平时保持了平调,但调值未达到规范的高度,在终点调型降得比较厉害。前、后字阳平起点正确,当前字是阳平时,基频线没有上扬,反而呈现了微降,当后字是阳平时,基频线微升,前、后字阳平基频线都在 3 度区域。前字上声和后字上声基频曲线也在 3 度区域。前字去声,调型正确,调值终点不到位,后字去声表现为"角拱型"。从声调的基频曲线图和数据来看,阴平和去声习得情况较好。塔吉克族汉语双字调前字形成的是三调格局。阴平调值为 44,阳平、上声$_1$、上声$_2$的调值为 33,去声调值为 53。塔吉克族发汉语双字调后字形成的是二调格局:阴平、阳平、上声为平调,各点基频值相差在 20 Hz 内,归为一调;去声是降调,为一调。

在调长方面:塔吉克族发汉语双字调前字时,阴平、上声$_1$、上声$_2$的调长均超过普通话发音人,而阳平和去声的调长则比普通话发音人短。在后字中,塔吉克族发汉语阴平和去声的调长均比普通话发音人长,而阳平、上声的调长则比普通话发音人短。也就是说不论前字还是后字,塔吉克族发阴平都比普通话发音人长,而发阳平则短于普通话发音人。塔吉克族发去声时调长也和普通话发音人存在差异,总体来说,塔吉克族发前字去声的调长比普通话发音人短,发后字去声的调长则比普通话发音人长。

在调域方面:实验结果显示,塔吉克族发汉语双字调时,调域较窄。这主要是因为汉语属于汉藏语系语言,是一种声调语言;而塔吉克语属于印欧语系语言,是一种无声调语言,塔吉克语的重音一般落在最后一个音节,所以塔吉克族在读声调语言时,习惯性地语调后重,造成声调曲折幅度不大、调域所占面积狭窄。

声调是构成汉语语音结构的三要素之一,声调在汉语中具有区别意义的作用,因此在汉语教学中,声调教学占据着举足轻重的作用。升降曲折是汉语声调最显著的特点,塔吉克语是无声调语言,对于塔吉克族来说,很难区分汉语声调高低升降的变化,因此声调的发音成了一个突出的难题。

针对塔吉克族习得汉语双字调声调格局的特点,提出以下解决策略:

(1)为汉语教学配备优质的师资。汉语教学特别是声调教学,汉语教师发音标准是教好声调的前提条件,也是学生掌握正确发音的关键因素。因此在塔吉克族学生汉语声调入门阶段,应该配备普通话发音标准的教师来教授。通过教师教,学生反复模仿,教师纠正学生的错误发音,可以为后续的声调教学打下坚实的基础。

(2)进一步强化声调教学。在世界语言中,汉语是一种声调语言。声调是汉语教学中最重要的语音单元,声调的准确性是提高汉语学习者语音"可懂度"的主要因素之一(李智强、林茂灿 2018)。因此要把声调教学贯彻到整个汉语教学中。加强汉语双音节词的声调训练,突出语言的交际功能。由双音节词不断扩充,层层递进,滚雪球式扩大语句,并把学到的词、词组、句子运用到口语交际中,真正做到学以致用,在语言交际中不断深化对词、词组、句子的把握。从塔吉克族汉语双字调发音特点可以看出,塔吉克族在发汉语双字调时,阴平为平调、去声基本为降调,阴平和去声掌握情况相对较好,但阴平的起点较低,去声下降幅度较小,而阳平、上声的发音情况相对较差。针对其存在的发音偏误,在进行声调训练中,发阴平时教师要有意让学生提高起点,并保持平直状态。发去声时注意在终点继续下落,发阳平时声音要由低到高,发成升调。在上声的训练中,要注重上声变调的教学,即上声与上声连读时,前字上声要读为 35,上声与非上声连读,前字上声要读为 21。把阳平、上声作为重难点进行教学,在设计练习环节时,尽量选取交际中常用的阳平词和上声词,激发学生学习汉语的热情,提高塔吉克族汉语学习者的交际能力,结合诵读韵律性较强的古诗词、举办朗诵比赛等活动,调动学生学习汉语的积极性,提高汉语水平。

(3)运用实验语音软件,进行可视化声调教学。教学方法和教学手段的改进是提高声调教学的关键所在(关键 2000)。声调教学中如果用"五度标记法"进行教学,配合头部、手势等,方式单一,而利用教育信息化现代科技手段进行声调教学,特别是双字调的可视化教学,能把声调的学习转换成可视的声调曲线图片,通过直观的感受,引导学生把个人声调的发音语图与标准语音语图进行对比,让学习者主动调整发音方法,从而提高对双字调的掌握。

参考文献

关键.声调教学改革初探[J].语言教学与研究,2000(4).

教育部民族教育司中国少数民族汉语水平等级考试课题组编.中国少数民族汉语水平等级考试大纲·二级[M].北京:北京语言大学出版社,2003.

李素秋.柯尔克孜族学生汉语双音节词声调声学实验研究[J].声学技术,2020(3).

李素秋.2016.少数民族学生习得汉语单字调感知实验研究[J].中南民族大学学报,2016(3).

李智强,林茂灿.对外汉语声调和语调教学中的语音学问题[J].国际汉语教学研究,2018(3).

廖荣容.苏州话单字调,双字调的实验研究[J].语言研究,1983(2).

石锋.吴江方言声调格局的分析[J].方言,1992(3).

易斌.维吾尔族学习者习得汉语单字调的感知实验研究[J].语言教学与究,2011(1).

游汝杰,杨剑桥.吴语声调的实验研究[M].上海:复旦大学出版社,2001.

周珊.中国塔吉克族语言教育选择历史与现状调查[J].民族教育研究,2011(3).

朱晓农.语音学[M].北京:商务印书馆,2010.

《西藏见闻录》所见 18 世纪藏语的语音词汇特征*

许仕波

（上海师范大学人文学院）

内容提要　《西藏见闻录》是清代乾隆年间重要的西藏方志著作，其中下卷《方语》篇用汉字记录了 453 条藏语词汇（部分为短语），是 18 世纪不可多得的藏语词汇材料，对藏汉对音、藏语方言史和藏语词汇史的研究具有重要的参考价值。该材料综合了昌都地区方言和拉萨地区方言，并非单一语言点的词汇。文章将结合现代藏语方言，对其语音和词汇特征进行梳理和探讨，同时指出前人相关研究中值得商榷的解读，以期有裨于后续相关研究。

关键词　西藏见闻录；藏汉对音；藏语方言；语音特征；词汇特征

0. 引　　言

《西藏见闻录》①由清代驻西藏察木多（今西藏自治区昌都市）官员萧腾麟（江西峡江人）据亲历见闻和档册记载编著而成，大约成书于乾隆八年（1743 年）。全书分上、下卷，共 20 目，分别为事迹、疆圉、山川、贡赋、时节、物产、居室、经营、兵戎、刑法、服制、饮食、宴会、嫁娶、医卜、丧葬、梵刹、喇嘛、方语、程途。其中下卷十八《方语》为汉藏对照词汇集，共收词 453 条②："先列出汉语的词，再按藏语的发音在汉语中找到发音相同或类似音的汉字与之对译，用小一号的字体标注。"③如图 1 所示④。

由于原文不注藏文，王宝红（2016：90—105）首次为《方语》所载词条加注藏文转写，具有重要的参考意义，然而其不少转写形式及解读仍待商榷。王宝红（2013，2016：89—107）主要针对汉语条目进行了研究，并且指出《方语》所见藏语为今昌都一带的发音，然而并未过多就藏语的语言特征展开讨论。胡书津等（1999）指出"藏语方言的差别主要表现在词汇和语音

---

* 本研究得到上海市教委科研创新计划人文社会科学重大项目"基于地理信息平台的藏语方言语音研究及数据库建设"（2021-01-07-00-02-E00135）的支持。

①　本文主要采用 1978 年中央民族学院图书馆油印本，同时结合双鉴楼抄本。

②　何金文（1985：29）指出"方语"中共收 452 个常用词；王宝红（2013）和王宝红（2016：89）的统计不相一致，后者条目"帽匣"重复出现，误作"收词 454 条"。

③　参见王宝红（2013：153；2016：89）。

④　图片源于中国国家数字图书馆"中华古籍资源库"（http://read.nlc.cn/thematDataSearch/toGujiIndex），登录时间为 2023 年 3 月 1 日。

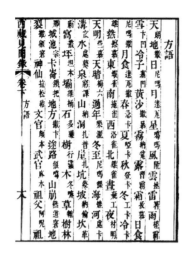

图1 1978年中央民族学院图书馆油印本(左)和双鉴楼抄本(右)

上"。本文结合现代藏语方言材料①,根据《方语》的语音词汇特征,认为其记录的并非单一的昌都方言,其中吸收了大量拉萨话的词汇。

下文将对《方语》材料的语音和词汇特征进行梳理:语音特征主要涉及历时音变和语音表现方面(第二节);词汇特征主要涉及词源、词义和构词方式(第三节)。

1.《方语》所见藏语的语音特征

根据金鹏(1958:43—57)的调查,昌都地区②使用的藏语今属康方言,昌都城厢话共有43个辅音音位和10个元音音位以及5个声调。主要的语音特点有:声母方面,有带声的塞音、塞擦音和擦音声母(b d ɟ③g dʑ dʐ z ʐ ɦ)以及不带声的鼻音声母(m̥ n̥ n̥ ŋ̊);韵母方面,有鼻化元音、长短元音且韵尾较少。

由于采用汉字记音,藏语许多重要的语音信息,诸如辅音清浊特征、元音具体音值以及声调等很难忠实地体现。此外,《方语》中用于标注藏语读音的汉语也具有一定的时代特征和方言色彩,这为汉藏对应关系的判定增加了难度。因而,本文着重选取声韵母方面较为突出的特征进行讨论。

1.1 声母方面

其一,古藏语*sl-声母读齿龈塞擦音ts-。如表1所示:

---

① 材料来源于金鹏(1958)、《藏缅语语音和词汇》编写组(1991)、黄布凡(1992)、邓戈(2013、2020)、《中国语言资源保护工程采录展示平台》(https://zhongguoyuyan.cn/,登录时间为2023年3月1日)以及笔者调查所得。

② 本文所谓"昌都方言"不仅限于昌都市卡若区(原昌都县)的"昌都话",还涵盖昌都下辖县区在内的藏语方言,由于资料有限,本文涉及的县区主要是丁青、江达、八宿和贡觉。

③ 原文写作[ɖ]。

表 1　古 *sl-声母词汇读音对照表

释词	音译	藏文转写①	声母推测形式	方言实例②
锅	杂安	**sla**.nga	*ts- ——	tsa⁵⁵ŋa⁵³八宿
簸箕	左吗	**slo**.ma	*ts- ——	tso⁵⁵ma⁵³丁青、江达
毯	资母	**sle**.mo	*ts- ——	/

古藏语*sl-声母在现代藏语方言中对应多种语音形式。在卫藏方言中,大多读作高调的边音 l-;在康方言和安多方言中,往往读作清边音声母 l̥-或塞擦音 ts-。格桑居冕、格桑央京(2002:75)对藏语康方言概况的描述中提到"sl-有的地方读作[ts],有的地方读作[ɬ]"③。

以上 3 例释词首音节皆采用精母字(*ts-声母)记录。王宝红(2016:95, 97)推测其藏文形式分别为 rdza.nga、khrol.ma 和 rtse.mo。其中,rdza.nga 和 rtse.mo 语音上分别接近于汉语音译"杂安"和"资母",然而语义上并不对应;khrol.ma 虽指"筛子",同"簸箕"较为接近,但声母 khr-的藏语读音应为卷舌送气塞擦音 tʂʰ-(如《方语》中"粟米 khre"用汉字"扯"记录),同汉字"左"的声母 ts-在发音部位和发音方法上都不一致,有进一步讨论的空间。

本文认为,以上三例释词对应的藏文应分别为 sla.nga、slo.ma 和 sle.mo,词根声母均为*sl-,在该方言中读齿龈塞擦音 ts-。前两例也得到现代方言的印证;第三例虽未找到方言实例,但《藏汉大辞典》中"sle.mo"一词具有如下义项:【方言】牛毛毯,粗厚毛毯。这与《方语》词条"毯"无疑是吻合的。《方语》中还有"贵贱:噶木杂木"一条无法轻易确定与汉义匹配的藏语形式。我们推测"噶木杂木"应该是藏语 dkav.mo.sla.mo 的音译,只不过在藏语中是"难"和"易"的意思,并非"贵"和"贱"。如八宿话中"困难的"说[kʌ⁴⁴mo³¹],"容易的"说[tsa⁴⁴mo³¹]。可能由于"贵贱"一词语义较为抽象,作者在理解时出现偏差也在情理之中。

张济川(2009:291—292)提到藏文的*sl-和*zl-在一些藏语方言中读齿龈塞擦音或包含齿龈塞擦音的复辅音的情况,如"乞讨 slong""学 slob""皮裘 slog.pa""容易 sla.po"等词在甘孜、丁青、玉树、卓尼等地藏语方言中声母读塞擦音 ts-。显然,王文忽视了藏语方言中*sl->ts-这一语音对应特征。

其二,古藏语*sr-声母读齿龈擦音 s-。如下表所示:

表 2　古 *sr-声母词汇读音对照表

释词	音译	藏文转写	声母推测形式	方言实例
薄	撒暮	**srab**.mo	*s- ——	sa⁴⁴mo³¹八宿
辔马嚼	打扫	rta.**srab**	—— *s-	ta⁵⁵sɛp⁵⁵丁青
冰豆扁豆	先工	**sran**.kang?	*s- ——	tsɿ⁵⁵kuŋ⁵⁵丁青

---

①　本文采用 Wylie 方案标写藏文(音节间采用"."间隔),具体形式根据词汇条目、汉字记音以及现代藏语昌都方言推测得出,部分本字不详的口语词,采用与汉字音译接近的发音形式标写,并前加" *"。

②　本文结合昌都市及其下辖县区的方言实例作为参考(不普遍的发音后标明方言点),列举与《方语》记音对应的方言发音(采用国际音标标注);未发现相应实例的,标注"/"。

③　[ɬ]是对藏语清边音习惯性的标法。

古藏语*sr-声母在现代藏语方言中的读音也十分多样,既有单辅音形式如[s]、[tʂ]、[ʂ]/[r]、[ɕ]、[ɬ]等,也有复辅音形式如[ʂs]、[ʂtʂ]、[rʂ]等,且在同一方言中常常也不唯一。如藏语拉萨话中,存在[tʂ]和[s]两类读音。

以上3例释词相关音节均采用心母字(*s-声母)记录。根据前2例的记音字"撒"和"扫",基本可以推断藏语声母应为齿龈擦音s-;第3例中,"先"是细音字,在汉语史上存在腭化(*s->*ɕ-)的可能(详见下文2.1.3),但从藏语整体性角度出发,此处代表的也应是擦音s-。

此外,释词"两重量单位"记为"中贡"——对应藏文srang.gang(实际意义为"一两")。其中srang记为"中",推测声母应为卷舌塞擦音tʂ-。金鹏(1958:68)提到*sr-声母在昌都话少数变为tʂ-,如"棉花srin.bal"为[tʂiŋ⁵⁵pie⁵⁵];而"两srang"在现代昌都地区方言中声母普遍读为s-(丁青[saŋ⁵⁵]、八宿[saŋ⁵³]),即便在普遍存在读tʂ音的拉萨话中也读作[saŋ⁵⁵]。因此,此条记音较为可疑,无法判断其代表的藏语读音。

其三,古藏语*sky-、*spy-和*by-声母读龈腭擦音ɕ-,而*sky-和*by-另有龈腭塞擦音tɕ-的读法。如表3和表4所示:

表3　古*sky-声母词汇读音对照表

释词	音译	藏文转写	声母推测形式	方言实例
酸	许暮	**skyur**.mo	*ɕ——	ɕu⁵⁵mo⁵³江达
铁勺	加学	lcags.**skyogs**	——*ɕ-	tɕɔ⁵⁵ɕɤu⁵⁵江达
喜雀喜鹊	霞噶加格	**skya**.ka	*ɕ——/*tɕ-	ɕa⁵⁵ka⁵³/tɕa⁵⁵ka⁵³江达
骑马	打甲	rta.**skya**	——*tɕ-	ta⁵³tɕa⁵³丁青
粪	夹罢冬	**skyag**.pa.gtong	*tɕ——	tɕaʔ⁵⁵pa⁵³tuŋ⁵³丁青

古藏语*sky-声母在现代康方言中多读为ɕ或tɕ。金鹏(1958:75)也指出古藏语*sky-在昌都话中多数变为ɕ-,少量变为tɕ-。上述相关音节采用的记音汉字均为见系(喉牙音)声母字:晓/匣母字("许""学""霞")记录的是龈腭擦音ɕ-;见母字("加""甲""夹")记录的是龈腭塞擦音tɕ-。除"许"字外,其余均为二等字,由此可发现当时该汉语的二等喉牙音声母已腭化。

王宝红(2013)认为"铁勺"为半音译半意译词:"'学'音近'勺',为汉语借音"。此说不可信。"勺"对应的藏文形式为skyogs,声母读龈腭擦音ɕ在康方言中十分常见:德格话和巴塘话中"瓢、勺"均读为[ɕoʔ⁵³],昌都江达县农区话中读[ɕɤuʔ⁵⁵]。因而,用"学"字记录在情理之中,并非所谓的"半音译半意译词"。

"喜鹊skya.ka"一词记为"霞噶加格"。王宝红(2016:107)认为"可能是昌都某一方言点的方音"。我们猜想,此处作者实际记录了两种读音,"霞噶加格"应拆分为"霞噶"和"加格"。藏语skya.ka一词在昌都江达县便有两种发音,农区话说[ɕa⁵⁵ka⁵³],而牧区话说[tɕa⁵⁵ka⁵³]。由此看来,"霞"和"加"正是分别记录了声母为ɕ-和tɕ-的读音形式。书中"箱子sgam"一词记为"缸工","神仙"一词记为"拉松结"可能与此同理。前者也记录了两种发音:[gã]和[gũ],而后者则是记录了lha和sangs.rgyas两个词。可见,由于古书不标句读,这种记录两种读音的情况容易被错误解读。上述例子也说明《方语》中的记音可能是作者采纳多地藏语发音的结果。

表 4 古 *by-声母词汇读音对照表

释词	音译	藏文转写	声母推测形式	方言实例
北	雄雀	**byang**.phyogs	$^*\varphi$——	$\varphi o\eta^{13}$卡若区
白糖	习骂噶拉	**bye**.ma.ka.ra	$^*\varphi$——	$\varphi e^{11}ma^{53}ka^{55}ra^{55}$卡若区
鸡	甲	**bya**	$^*t\varphi$——	$t\varphi a^{31}$贡觉
珊瑚	局类	**byu**.ru	$^*t\varphi$——	$t\varphi u^{11}ru^{53}$贡觉

古藏语*by-在现代康方言中的形式比较多样,在昌都地区就有 φ、$t\varphi$、s-、ts-等形式①。昌都卡若区主要表现为龈腭擦音 φ-,其他县区如贡觉县存在龈腭塞擦音 $t\varphi$-,这同样也是卫藏地区主流的形式。上述释词除第二例"白糖"采用精组邪母字($^*z$-声母)"习"记录外,其余均采用见系声母字,推测分别表示藏语中的龈腭声母 φ-和 $t\varphi$-。

其中"习"字声母的音值值得探讨。该书中"习"字被用来记录"白糖 bye.ma.ka.ra"首音节 bye 的同时,也用来记"露 zil.pa"(今读[$si^{11}pa^{53}$])的词根 zil。因此,单独来看很难判断当时汉语中以"习"字为代表精组细音字的声母是否腭化。

结合其他记音来看,《方语》中采用精组细音字记录齿龈音和龈腭/硬腭②音声母的情况都不在少数。如下表所示:

表 5 精组细音字记录的藏语声母对照表

释词	音译	藏文	声母推测形式	汉字声母形式
金	些	**gser**	$^*s$-	$^*s$-~φ-
露	习霸	**zil**.pa	$^*s$-	$^*s$-~φ-
行善	雀歪	**tshogs**.byed	$^*ts^h$-	$^*ts^h$-~$t\varphi^h$-
舌	姐	**lce**	$^*t\varphi$-~φ-	$^*t\varphi$-
肝	迁巴	**mchin**.pa	$^*t\varphi^h$-~φ^h-	$^*t\varphi^h$-
重	疾	**ljid**	$^*dz$-~$\textdyogh$-	$^*t\varphi$-

从对音角度来看,既然汉语音系中存在龈腭音(由软腭音腭化而来,如上文提到的见系字),却舍近求远采用齿龈音(假设精组细音字未腭化)来记录藏语中的龈腭/硬腭音,是不合常理的。因此,只能说明精组细音字也已普遍发生腭化③(即所谓的"尖团合流")。而在汉语音系尖团合流的情况下,采用龈腭音($t\varphi$-/$t\varphi^h$-/φ-)记录藏语的齿龈音(ts-/ts^h-/dz-/s-/z-)是合乎情理的。比如"染色 tshos.btso"一词记为"区作",在音系受限的情况下,用"区"($^*t\varphi^h$-)记录齿龈音声母是合理的。

此外,古藏语*spy-复辅音在现代藏语方言中多读 $t\varphi$ 或 φ。《方语》中*spy-声母的词仅"狼

---

① 古藏语*by-在丁青县一带读齿龈塞擦音 ts-。
② 在现代昌都方言中,来源于藏文 c-、ch-、j-的声母读硬腭音。
③ 不排除个别字声母存在 s 和 φ 自由变读的情况。

spyang.khu"一例,记为"香口",推测该词的读音为 *cõ^{55}k^{h}u^{53},其中 *spy-声母读为擦音 ɕ-。

其四,古藏语 *phy-声母有三种语音形式:分别读龈腭擦音 ɕ-、龈腭塞擦音 tɕ^h-和双唇送气塞音 p^h-。

表 6　古 *phy-声母词汇读音对照表

释词	音译	藏文转写	声母推测形式	方言实例
手巾 毛帕	勒西	lag.**phyis**	*ɕ-	lə^{11}ɕi^{53} 江达
袍 藏袍、长袍	褚巴	**phyu**.pa	*tɕ^h- ——	/
开门	各起	sgo.**phye**	—— *tɕ^h-	go^{53}ɕ^{h}e^{53}
蝴蝶	普烈	**phye**.leb	*p^h-	/

古藏语 *phy-在康方言中多读为擦音 ɕ-或 ɕ^h-,在卫藏方言中多读为塞擦音 tɕ^h-。根据金鹏(1958:65)记载,昌都城厢话中 phy-声母多读为龈腭擦音 ɕ-,有少数读为双唇塞音 p^h-。从记音材料来看,该声母在当地不乏读作塞擦音 tɕ^h-的情况,而读作龈腭擦音 ɕ-仅发现"手巾"一例,这与现代昌都话不相一致。更为可疑的是"袍"一词说"褚巴"(phyu.pa)常见于卫藏地区,在康方言中比较少见。我们发现《西藏见闻录》下卷《服制》篇中有如下记载:

"手戴戒指曰**慈姑**,左手戴金银镯曰**则隆**……燕居衣大领齐袖无岔之服名曰**褚巴**……左耳垂金镶绿松石坠约盅口大形似菊花名曰**瑸珰**,右耳垂金镶大珊瑚两颗名曰**工纳**。"

以上描写的藏族服饰和首饰常见于卫藏地区,所采用的也是卫藏地区的发音。这部分词汇也被作者萧腾麟整合记录在《方语》篇中:"耳环**兵当**,一名**工纳**,手镯**则隆**,戒指**慈姑**"。

其五,鼻冠声母。

鼻冠声母即鼻冠塞音声母(鼻音和塞/塞擦音的组合),是藏语乃至藏缅语中十分常见的一类辅音。国内多数藏语方言仍有保留,而卫藏方言中拉萨城厢话、山南泽当话以及大部分后藏话中鼻冠声母已经消失。由于音系以及文字的差异,汉语母语者一般较难忠实地记录这类辅音。在一些文献中,往往采用专门的汉字来记录此类前置鼻音成分,如乙种本《西番译语》中:"龙 vbrug"记为"**恩**卜路耳"、"犏牛 mdzod"记为"**母**作"、"夜 mtshan.mo"记为"**木**参磨",其中"恩""母"和"木"分别用表示前置鼻音的发音。《方语》中虽未着重地标注这一语音特征,但部分记音提供了鼻冠声母的线索。如下表所示:

表 7　鼻冠声母词汇读音对照表

释词	音译	藏文转写	声母推测形式	方言实例
虫	木	**vbu**	*^{m}b-	^{m}bu^{21} 贡觉
喊叫	麦把	**vbod**.pa	*^{m}b- ——	^{m}bø^{132}pa^0 丁青、江达
头	俄	**mgo**	*^{ŋ}g-	^{ŋ}go^{21} 丁青
铁匠	额哇	**mgar**.ba	*^{ŋ}g- ——	^{ŋ}ga^{44}ra^{53} 八宿
勤谨 勤快	额扬	**vgul**.jang	*^{ŋ}g- ——	^{ŋ}gu^{44}jaŋ^{31} 八宿
蝇	章木	sbrang.**bu**	—— *^{m}b-	/

表 7 中,除最后一例的鼻冠声母出现与词中位置,且来源于前一音节韵尾的顺同化(b->ᵐb-)外,其余 5 例的鼻冠声母均出现于词首。王双成(2016)提到藏语"卫藏方言、康方言的鼻冠音声母一般都是前面的鼻音和后面的辅音发音部位相同"。以上例词的鼻音成分与作为基本辅音的塞音相同,实际音值应分别为ᵐb-和ᵑg-。由于汉语母语者听感中分别与双唇鼻音 m 和软腭鼻音 ŋ 较为接近,故采用"木、麦"和"俄、额"①来记录。在晚些年出版的丁种本《西番译语》(也称为《川番译语》)的《打箭炉译语》中,词条"头 mgo"也用汉字"俄"记录。

其六,清鼻音声母。

单独做声母的清鼻音主要出现于藏语康方言及部分安多方言中,来源于古藏语中带前置辅音 s-(即藏文带上加字 s-)的鼻音声母。同样由于音系差异,通过汉字较难体现此类声母。书中仅"竹 smyug.ma"一例记为"吽马","吽"为晓母字(*h-)。由于清鼻音声母往往带有送气特征,因而采用听感上较为接近的喉擦音声母字记录。《打箭炉译语》中,词条"青 sngon.po"记为"烘布"也是同样的道理。而在云南德钦、维西等地藏语方言和不丹藏语宗卡话中,甚至出现了清鼻音声母演变成清喉擦音 h-的现象。

其七,特殊读音。

古藏语 *sbr-声母在康方言中多读为卷舌浊塞擦音 dʐ-。《方语》中"蜂 sbrang.ma"和"蝇 sbrang.bu"分别记录为"著吗"和"章木"("着"和"章"在汉语中为卷舌清塞擦音 tʂ-),符合一般的音变规律。然而,"蛇 sbrul"一词记为"虑",由此推测其声母应为卷舌近音 ɻ(或卷舌浊擦音 ʐ-)。同为康方言的德格话和甘孜话中"蛇"的读音均为[ʐɿ⁵³]。

动词"做 byed"声母为近音 w-,采用汉字"歪"记录,不符合 *by-声母的一般音变规律。如"行善 tshogs.byed"记作"雀歪","作恶 sdig.pa.byed"记为"的巴歪"。这一点可以得到现代昌都话的印证,金鹏(1958:66)提到昌都话中"byed"一词读作[we¹³]的现象。

1.2　韵母方面

其一,古藏语 *-ang 韵母读 oŋ(或 ō)。如下表所示:

表 8　古藏语 *-ang 韵母词汇读音对照表

释词	音译	藏文转写	韵母推测形式
房	空巴	**khang**.pa	*-oŋ—
轻	容	**yang**	*-oŋ
胸脖_{胸脯}	中	**brang**	*-oŋ
请安	尢冗	khams.**bzang**	—*-oŋ

以上释词皆采用通摄汉字(*-uŋ)记录,推测古藏语 *-ang 韵母在该藏语方言中读为 oŋ(或ō)。这一现象常见于藏语康方言(格桑居冕、格桑央京,2002:78;邓戈,2013)及部分安多方言中。

其二,元音-i 和-u 不合流。

古藏语的-i 和-u 合流为央元音 ə 是安多藏语中最典型的音变特点,康方言中也有不同

①　"俄"和"额"均为疑母字,当时应保留软腭鼻音声母 ŋ。

程度的合流情况。而《方语》记录的藏语音系中-i 和-u 保持分明的对立,根据对音的汉字,推测-u 还保持了原本的圆唇特征。如下表所示:

表 9　古藏语 *-i、*-u 韵母词汇读音对照表

释词	音译	藏文转写	韵母推测形式
刀	直	gri	*-i
四	日	bzhi	*-i
猞猁狲	倚	g-yi	*-i
九	谷	dgu	*-u
弓	舆	gzhu	*-u
松尔石	育	g-yu	*-u

上述单音节例词中,前 4 例采用齐齿呼字,后 4 例均采用合口呼的字,可见藏语中也整齐地保持了舌位前后和唇形圆展两组对立特征。现代昌都地区部分方言如贡觉话中保留了唇形圆展的这对区别对立特征;而昌都话中古藏语-i 元音央化为[ə],古藏语-u 元音变成不圆唇元音[ɯ]。

其三,鼻音韵尾有鼻化甚至脱落的趋势。

格桑居冕、格桑央京(2002:77)提到"凡古代藏语带 m、n、ŋ 尾的韵母在现代(康)方言里一般变为鼻化元音"。金鹏(1958:46)提到昌都话"常失去"鼻音韵尾,"尤其在一个双音节词的第二个音节里"。从《方语》的记音中也可窥见这一现象。如下表所示:

表 10　古藏语 *-i、*-u 韵母词汇读音对照表

释词	音译	藏文转写	韵母推测形式
天暗	梅六	mun.rub	*-e~-ẽ
围裙	班代	pang.gdan	*-e~-ẽ
捆肚	诺勒	glo.len	*-e~-ẽ
青金石	莫麦	mu.men	*-e~-ẽ
阿魏	辛固	shing.gun	*-u~-ũ
熊	折暮	dred.mong	*-o~-õ
少①	牛牛	nyung.nyung	*-u~-ũ

以上释词除第 1 例外,其余鼻音脱落(采用阴声韵汉字记录)均出现在词末位置。相比词首和词尾,词中位置有利于语音成分的保持。藏语中普遍存在前一音节的韵母受后一音节辅

---

① 原词条为"多少:忙布牛牛"。

音成分影响产生逆同化的现象。如《方语》中"泉 chu.mgo"记为"穷课","中指 dkyil.mdzub"记为"京宗","短袄 vog.vjug"记为"文肘"都是这一原因：前一音节原为开音节，受到后音节前置鼻音影响，元音鼻化(-u>-ũ, -i>-ĩ, -o>-õ)，因而分别采用阳声韵汉字"穷""京""文"记录前一音节。

2.《方语》所见藏语的词汇特征

格桑居冕、格桑央京(2002:79)指出"康方言的基本词汇大多数与卫藏方言有共同的来源，派生的构词方式也大体相同"，但总体而言，康方言"有不少的带地方色彩的特征"。下文试从词源差异、词义差异和构词差异，来分析《方语》所载词条的词汇特征。

2.1 词源差异

本小节罗列出《方语》中同拉萨话词源不同的词条，并与康方言德格话进行比较。词汇主要涉及动物、人体、称谓、器物等方面的常用词。如表 11 和表 12 所示：

表 11 《方语》词汇与德格话、拉萨话词汇对照表(一)

释词	音译	藏文转写	德格话及藏文转写		拉萨话及藏文转写	
驴	姑六	ku.ru	ku^{13}ru^{53}	ku.ru	pʰuŋ^{11}ku^{53}	bong.bu
妇人	那慕	nag.mo	na^{13}mo^{53}	nag.mo	pʰy^{11}meʔ^{53}	bud.med
额	托巴	thod.pa	the^{55}pa^{53}	thod.pa	pɛ^{55}koʔ^{53}	dpral.khog
胡须	卡布	kha.spu	kha^{53}pu^{53}	kha.spu	a^{55}ra^{53}	a.ra
肩	擦巴	phrag.pa	tsha^{55}pa^{53}	phrag.pa	puŋ^{55}pa^{53}	dpung.pa
锅盖	卡奈①	kha.leb	kha^{53}le^{53}	kha.leb	kʰap^{55}tɕøʔ^{53}	kha.gcod
骑马	打甲	rta.skya	ta^{53}tɕa^{53}	rta.skya	ta^{53}ɕõ^{13}	rta bzhon
直	些播	bshan.po	ɕen^{55}bo^{53}	bshan.po	tʂoŋ^{11}ko^{53}	vdrong.po
猫	里哥	li.gu	le^{13}le^{53}	li.li	ɕi^{11}mi^{53}	zhi.mi
朋友	杀呢	sha.nye	xʰa^{55}po^{53}	sha.po	tʂʰok^{11}po^{53}	grogs.po
筲帚扫帚	夺打	rdul.rdar	du^{31}ɣa^{53}	rdul.rdar	tɕʰa:^{55}ma^{53}	phags.ma

上述《方语》词条在词源上同德格话较为一致，而不同于卫藏方言。其中，前 8 例词条的记音与现代德格话中的发音完全对应，后 3 例("猫 li.gu""朋友 sha.nye"和"筲帚 rudl.rdar")的记音与现代德格话略有出入，但不难看出其语素之间的相关性。

---

① 对音的汉语存在明显的泥来母相混的情况。文中还有"天 gnam"—"朗"，"墨 snag.tsha"—"拉杂"，"山 la"—"纳"，"回来 log.shog"—"诺学"等例子。

表 12　《方语》词汇与德格话、拉萨话词汇对照表(二)

释词	音译	藏文转写	德格话及藏文转写		拉萨话及藏文转写	
祖母	阿歪	ˀa.wu	ʔa⁵³je⁵³	a.sbyi	moː⁵⁵	rmo.bo
锁	色马	gzer.ma	kʰo⁵⁵xu⁵³	vkhor.shu	kõ¹¹tɕaʔ⁵³	sgo.lcags
孩童	压牛	a.nyog	tʂi¹³ji⁵⁵	bri.bzhig	pu⁵⁵ku⁵³	phru.gu
雾	纳瓮	na.bun	m̥u⁵⁵pa⁵³	smug.pa	muk⁵⁵pa⁵³	smug.pa
脚	速盖	sug.ge	kuŋ⁵⁵ba⁵³	rkang.pa	kaŋ⁵⁵pa⁵³	rkang.pa
髀股屁股	汪多	ong.do	ku⁵³	rkub	kup⁵³	rkub
喉	窝革	dbugs.ske	ŋi⁵⁵pa⁵³	mid.pa	mik¹¹pa⁵³	mid.pa
钥匙	口	ˀkhovu	de¹³ŋi⁵³	lde.mig	ti¹¹mi²⁵³	lde.mig

表 12 所示《方语》词条与德格话和拉萨话均无对应关系,为昌都一带的方言特征词:

(1)"祖母"在德格话中称为[ʔa⁵³je⁵³],在拉萨话中称为[moː⁵⁵](或[moː⁵⁵laʰ]),而《方语》中记为"阿歪"。昌都及邻近地区具有这一词汇现象,如索县话①称为[a³¹wə³³],八宿话称为[a⁵³wiʔ⁴⁴],丁青话称为[a⁵⁵wə⁵⁵],芒康县如美镇"芒话"中也称为[ɛ¹¹wi⁵³]。

(2)"脚"在大多数藏语方言中称为 rkang.pa,《方语》中记为"速盖"。这一现象在昌都及邻近地区也十分普遍:八宿话称为[sə⁵³ɣe⁴⁴],丁青话称为[su⁵⁵ge⁵³]。

(3)"锁"在德格话中称为[kʰo⁵⁵xu⁵³],在拉萨话中称为[kõ¹¹tɕaʔ⁵³],《方语》中记为"色马"(对应藏文 gzer.ma)。丁青话称为[ze⁵⁵ma⁵³]。

(4)"钥匙"在德格话和拉萨话中均对应藏文 lde.mig,《方语》中记为"口"。根据《昌都地区志》记载,昌都县(今卡若区)农区话和牧区话里的读音均对应藏文 ˀkhovu。

2.2　词义差异

表 13　《方语》和拉萨话同形异义词表

释词	音译	转写	拉萨话语义
坐	独	vdug	在,有
桩	噶瓦	ka.ba	柱子
泉	穷课	chu.vgo	源头

以上释词的词形在拉萨话中同样存在,但词义存在差别。如"vdug"在拉萨话中作为存在动词使用,而在昌都话中是"坐"的意思;"ka.ba"在拉萨话中是"柱子"的意思,在昌都话中用来表示"桩";"chu.vgo"在拉萨话中为"源头"的意思,在昌都话中表示"泉"。

---

①　索县荣布镇。材料来源于邓戈(2020:3)。

2.3　构词差异

《方语》中部分词条同卫藏方言有着相同的词根,但构词上不尽相同,主要表现为构词语素以及构词方式的差别。

其一,构词语素不同。

表 14　《方语》和拉萨话词汇对照表(一)

释词	音译	藏文转写	拉萨话及藏文转写	
热	擦慕	tsha.mo	tsʰa⁵⁵po⁵³	tsha.po
近	尼暮	nye.mo	ȵe¹¹po⁵³	nye.po
薄	撒暮	srab.mo	tʂ̥ɐ̝⁵⁵po⁵³	srab.po
好①	押慕	yag.mo	jaː¹¹ko⁵³	yag.po
棍	遥届	dbyug.gu	juk⁵⁵pa⁵³	dbyug.pa
膊项_{脖子}	革多	ske.do	ke⁵³	ske
灶	他噶	thab.ka	tʰəp⁵³	thab
中	及呼	dkyil.khug	ciːⁿ⁵⁵	dkyil
树	行蜂	shing.phung	ɕiŋ⁵⁵toŋ⁵⁵	shing.sdong

前 3 例均为形容词,由词根添加词缀派生而成。在拉萨话中词缀为 po,而在《方语》中的词缀形式为 mo;"棍"一词在拉萨话中带词缀 pa,而在《方语》中对音为"遥届",八宿话称为[jo⁴⁴ɤe⁵³],我们认为其对应的藏文形式为 dbyug.gu;"膊项_{脖子}"在拉萨话中以单音节形式出现,在《方语》中为双音节;"树"在拉萨话和《方语》中均为复合词,但第二个语素不同。

其二,构词方式不同。

表 15　《方语》和拉萨话词汇对照表(二)

释词	音译	藏文转写	拉萨话及藏文转写	
黄	色色	ser.ser	seː⁵⁵po⁵³	ser.po
红	妈妈	dmar.dmar	maː⁵⁵po⁵³	dmar.po
白	各各	dkar.dkar	kaː⁵⁵po⁵³	dkar.po
黑	纳纳	nag.nag	nak¹¹po⁵³	nag.po

以上释词均为颜色词,在拉萨话中是词根加缀的派生形式,而在《方语》中为重叠形式。颜色词采用重叠形式一般出现在藏语康方言中,是康方言特征之一。

---

① 原词条为"好歹:押慕阿噶",其中"好"对应"押慕"。

3. 结　　语

　　本文考察了清代西藏方志《西藏见闻录》中《方语》篇所载的藏语词汇材料。作为"清代西藏地方志中最早设置的藏语篇目"①，《方语》为我们呈现了 18 世纪昌都地区的藏语方言面貌。虽然部分词条记录的为拉萨话，但不难看出其中 18 世纪康方言昌都话的语音特征，对藏语语音史和藏语方言史的研究具有极大的参考价值；相比同时期官方出版的《西番译语》和《御制五体清文鉴》，词汇方面保留了许多具有地域色彩和口语化的方言词，为藏语词汇史的研究提供了重要的资料。

　　不过，记音中也不乏同现代藏语方言无法对应或对应不系统的例子。我们推测可能有以下几方面的原因：

　　（1）作者未能忠实记录真实的语音面貌。由于音系差异、汉字表音的局限以及作者对藏语熟悉程度等因素，许多语音信息难以通过汉字的形式体现出来。

　　（2）文献在传抄印刻过程中存在一定的讹误。比如，"笼头 mthur"一词记为"免鲁"，根据藏语发音，实际接近于"兔鲁"；"硌头 phyag.vbul"一词记为"摺披"，实际应为"掐披"。

　　（3）语言系统的发展变化。该材料距今已有两百多年的历史，语言系统尤其是词汇系统的变化是合情合理的。

　　此外，目前有关昌都地区方言的研究成果相对较少，有待于进一步调查研究。鲁国尧（2003）针对汉语方言学史的研究提出"新二重证据法"，提倡把现代的汉语方言学描写与古代的方言学文献记载结合起来研究。这一做法同样适用于藏语方言史的研究。在今后研究中，应更加注重藏汉古籍材料的整理，从中挖掘出具有参考价值的文献记载。

参考文献

邓戈.康方言昌都话的元音变迁[J].西藏研究,2013(2).

邓戈.藏语康方言词汇集(第一册)[M].拉萨:西藏人民出版社,2020.

格桑居冕,格桑央金.藏语方言概论[M].北京:民族出版社,2002.

何金文.西藏志书述略[M].长春:吉林省地方志编纂委员会、吉林省图书馆学会,1985.

胡书津,王诗文,娜么塔.藏语卫藏方言与康方言、安多方言词汇比较研究[J].西南民族大学学报(人文社会科学版),1999(1).

黄布凡.藏缅语族语言词汇[M].北京:中央民族学院出版社,1992.

鲁国尧.论"历史文献考证法"与"历史比较法"的结合—兼议汉语研究中的"犬马鬼魅法则"[J].古汉语研究,2003(1).

金鹏.藏语拉萨日喀则昌都话的比较研究[M].北京:科学出版社,1958.

王宝红.清代藏学汉文文献中的汉藏对照词汇资料初探[J].西北民族大学学报(哲学社会科学版),2013(5).

王宝红.清代藏学汉文文献词汇研究[M].北京:中国社会科学出版社,2016.

王双成.藏语鼻冠音声母的特点及其来源[J].语言研究,2016(3).

萧腾麟.西藏见闻录[M].北京:中国藏学出版社,1995.

————————————————

①　参见赵心愚(2020:188)。

张济川.藏语词族研究[M].北京：社会科学文献出版社,2009.

张怡荪.藏汉大辞典[M].北京：民族出版社,1993.

赵心愚.清代西藏方志研究[M].北京：商务印书馆,2016.

赵心愚.清代藏汉文化接触日趋频繁的反映与见证—乾隆《卫藏图识》对藏语资料的收集、整理与研究[J].
西南民族大学学报（人文社会科学版）,2020(9).

《藏缅语语音和词汇》编写组.藏缅语语音和词汇[M].北京：中国社会科学出版社,1991.

古藏语言说动词的行为动词来源
——以 mchi(s)和 bya(s)为例*

王鸣华

（上海师范大学人文学院）

内容提要 本文讨论了古藏语言说动词 mchi(s)和 bya(s)的来源、语法化过程及动因,强调了语义概括性在语法化过程中的重要地位。据考察,古藏语的言说动词 mchi 和 mchis 的直接来源分别为表位移的行为动词 mchi 和由存在动词 mchis 语法化而来的体貌—示证标记,而存在动词 mchis 也有可能来自表位移的 mchi;言说动词 byas 和 bya 尽管均来自泛义行为动词 byed,但二者因来源的时态不同出现了语义和语法上的明确分工。此外,受语法化过程中句法环境的影响,言说动词 mchi 还发展出了引用标记的功能。

关键词 藏语;言说动词;行为动词;语法化;语义泛化

1. 引　　言

行为动词与言说动词都是根据语义特征对动词做出的分类。行为动词一般具有自主的语义特征,它陈述的动作能够由行为主体自由支配,主要包括行为主体对物质世界的改造及行为主体自身的移动两类,前者一般具有较高的及物性,而后者的及物性往往很低。言说动词指具有"说、讲"等义的动词,藏语中以 zer、bzlas、bshad、gsungs 等较为常见,这些动词的基本义均为"说",因此并不涉及复杂的来源问题,已有研究的讨论也主要集中在言说动词的进一步语法化上,如 Saxena(1988)对包括拉萨藏语在内的大量藏缅语言说动词的语法化进行了考察,江荻(2007)对藏语拉萨话由述说动词管控的句子性小句宾语及述说动词 zer 的语法化进行了详细讨论,邵明园(2015)则详细介绍了安多藏语阿柔话言说动词 zer 和 bzlas 的语法化情况。

但是,藏语的言说动词并非都是"原生"的,比如我们发现古藏语中还存在两个由行为动词发展而来的言说动词 mchi(s)和 bya(s),二者的发展路径既有共性,又有个性:言说动词 mchi(s)的两种形式 mchi 和 mchis 的直接来源分别是位移行为动词 mchi 和由存在动词 mchis 语法化而来的体貌—示证标记,前者还因其语法化的句法环境进一步发展出了引用标

---

* 本文使用的语法缩略符号包括:1sg:第一人称单数;2sg:第二人称单数;ABL:从格/来源格;ADM:状语/副词性修饰语标记;AG:施事;ALL:向格/目的格;COM:伴随格;CONJ:连词;COP:系词;COR:平列连词;CONV:副动词;DAT:与格;DEM:指示词;DUL:双数;EGO:自源示证;EXI:存在动词;FUT:未来时;GEN:属格;H:敬语;IND:直陈语气;INVE:非直接示证;INS:工具格;LOC:位格;NEG:否定;NMZ:名词化标记;OBJ:对象格;PFT:完成体;POS:领有格;QUOT:引用标记;QP:疑问语气;PST:过去时;TOP:话题标记。本研究得到上海市教委科研创新计划人文社会科学重大项目"基于地理信息平台的藏语方言语音研究及数据库建设"(2021-01-07-00-02-E00135)的支持。

记的功能；言说动词 bya(s)的两种形式 byas 和 bya 虽然均来自泛义行为动词 byed,但却因来源的时态不同而出现了语义和语法上的明确分工。

本文使用的古藏文材料主要包括吐蕃时期的写卷和碑刻（约 7—9 世纪）、《拔协》（约 9—11 世纪）、《西藏王统记》（14 世纪）和《米拉日巴传及其道歌》（15 世纪），其中吐蕃写卷碑刻和个别现代藏语材料随文标明来源，源自《拔协》（B）、《西藏王统记》（X）和《米拉日巴传及其道歌》（R）的例句分别标明其所在藏文原文的页码和行数，具体书籍及参考翻译的版本详见文末参考文献。文中所有材料仅作转写和标注，翻译参考相应译本据实适当调整。

2. 古藏语言说动词 mchi(s)的来源

2.1　古藏语中 mchi(s)的多功能性

2.1.1　mchi(s)从位移行为动词到趋向助动词

在古藏语中，动词 mchi(三时 mchi-mchi-mchis)的意义与 vgro 类似，表示"去、到达"，用作表行为主体位移的行为动词，这种用法自敦煌古藏文文献一直保留到了今天，例如：

(2-1) ཕོ་ཉ་མཆིས་ནས། གསོད་བྱ་མྱི་དགོས་པར། (P.T.1287,王尧、陈践 2008:26)

pho.nya	mchis	nas/	gsod.bya myi	dgos-pa = r/
使者	到达:PST	COR	杀牲 NEG	需要-NMZ = COR

使者至后，遂不需刑牲备礼。

(B92-03) ཕོ་ཉ་ལྔ་སླར་བོད་ཡུལ་དུ་མཆི་བའི་ལམ་ན།

pho.nya	lnga	slar	bod	yul = du	mchi-ba = vi	lam = na/
使者	五	又	吐蕃	地区 = LOC	去-NMZ = GEN	路 = LOC

五位使者在返回吐蕃的路上。

以上两例中，mchi(s)的意义实在，表达行为主体自身的移动，是典型的行为动词。此时行为主体移动的终点存在于客观世界中（例(2-1)隐去，例(B92-03)为"bod yul 吐蕃地区"），在小句中带用作位格标记的 ladon①。在此基础上，mchi(s)还可以用于表达行为主体抽象的行为目的或方向，此时 mchi(s)的意义比较空泛，结构的语义重心落在行为主体"移动"的"抽象终点"上，该抽象终点在小句中带有用作目的格标记的 ladon。例如：

(2-2) རྒྱལ་པོ་ལ་གྲོས་དྲག་དུ་གསོལ་དུ་མཆི། (P.T.1291,陈践、王尧 1983:131)

rgyal.po = la	gros	drag = du	gsol = du	mchi
国王 = DAT	商议	强力 = ADM	请求(H) = ALL	去

去向国王大力提倡。

(B91-08) སླར་བོད་དུ་མཆི་ལ་ཕ་དང་གྲོས་བྱས་ཏེ་ཐབས་ཀྱིས་འབངས་སུ་འཆི་འོ།

slar	bod = du	mchi = la	pha = dang	gros:byas	te	thabs = kyis	vbangs = su	mchi = vo
又	吐蕃 = LOC	去 = COR	父亲 = COM	商议:PST	COR	方法 = INS	百姓 = ALL	去 = IND

---

①　ladon 即 ལ་དོན་གྱི་སྒྲ (la don gyi sgra)，在传统文法中，根据所附成分后加字的不同有 la, na, su, tu, du, ru/-r 六种形式，其中 la, na 是自由的，也即不受所附成分后加字类型的影响。格桑居冕、格桑央京(2004:44)虽统称 ladon 为"位格助词"，但也指出 ladon 具有多功能性。除表位格外，ladon 还可以用作与格、目的格、领格、状语标记甚至短语或复句内的关联成分，只不过有些语法功能对形式有一定的要求。

返回吐蕃与父亲商议，再设法来做圣上的臣民。

例(2-2)中，行为主体(略去)"移动"的"终点"不再是实际地点，而是"向国王大力提倡"这个抽象的事件；类似地，例(B91-08)中，行为主体(略去)既在物理世界向实际地点"bod 吐蕃"移动，又向概念空间中的抽象地点"vbangs 百姓"移动。相比之下，"实际地点 = ladon + mchi"结构的语义重心落在行为动词 mchi 上，而"抽象地点 = ladon + mchi"结构的语义重心则落在行为主体抽象的行为目的或方向上，此时 mchi 仅表示一种动作趋向，整个结构出现了语义重心的左移。

在此基础上，随着 mchi 语义概括性的增强，"抽象地点 = ladon + mchi"结构内的 ladon 也出现了脱落，此时 mchi 用作趋向助词，直接附加在主要动词后表示动作的趋向，例如：
(B117-12) ཆུ་བྲག་དམར་འོམ་བུ་ཚལ་ནས་ལེན་མཆི/

chu　　brag.dmar　　vom.bu.tshal = nas　　len　　mchi/
水　　扎马尔　　　　翁布园 = ABL　　　　取　　去
水从扎马尔翁布园取。

上例中，作为行为主体(略去)移动"目的"的"chu len 取水"并没有带目的格标记 ladon，趋向动词 mchi 直接附在主要动词"len 取"之后。这种用法在现代藏语的 vgro 等表位移的行为动词中也有体现，例如：
(2-3) ང་དཔེ་ཆ་འདི་ཁྱེར་འགྲོ་གི་ཡིན་ད/ (周季文、谢后芳 2003：159)

nga　dpe.cha　vdi　khyer vgro　gi.yin　　　　da/
我　　书　　这　拿：PST　走　IMD-EGO　　[强调语气]
我把这本书带走了啊！

2.1.2　mchis 用作存在动词

存在动词是 mchis 的另一个重要用法，多见于《拔协》，现代藏语书面语中并不常用。Beyer(1992)认为 mchis 是 yod 的雅言形式(elegant equivalent)，而 mchi 则是 vgro 的雅言形式。不过，存在动词 mchis 和行为动词 mchi(s)的关系是一个很难判断的问题，不少学者认为二者似乎没有关系，只是行为动词 mchi 的过去时形式 mchis 与存在动词 mchis 偶合(如安世兴(2001：158，161)和张怡荪(1993：845，848)均将二者分列两个词条)，龙从军(2022a)则认为需要根据上下文判断 mchis 的具体含义。就我们的考察来看，至少自吐蕃藏文时期起 mchis 就有存在动词的用法了，例如《工布永仲赞石刻》①(恰嘎·旦正 2012：88)：
(2-4) གནམ་ཀོལ་དུ་གནང་བའང་ཅིས་བས་ཞིག་མཆིས་ན/

gnam　kol = du　　gnang-ba-vang　　c·is.bas　　zh·ig　　mchis　　na/
天　　奴隶 = OBJ　赐(H)-NMZ-也　　无尽　　　一　　　EXI　　条件
天赐奴婢如此众多。

而据龙从军(2022)的统计，在《拔协》中，存在动词 mchis 多用于否定句，例如：
(B162-09) བོད་ལ་སྐལ་བ་མ་མཆིས/

bod = la　　skal.ba　　ma　　mchis/
吐蕃 = LOC　福分　　　NEG　EXI
吐蕃没有福分。

---

①　也称"第穆萨摩崖刻石"，位于西藏林芝工布第穆萨，石刻时间大约为公元 800—815 年。

我们认为,至少从语义的联系上看,存在动词 mchis 和行为动词 mchi(s) 是有密切关系的,因为"存在"本就是"移动"的结果,当"移动"完成,行为主体就"存在"于移动的"终点"上了。同时,这种联系也可以在句法层面的编码模式上找到佐证:表位移的行为动词 mchi(s) 在句法上的编码模式为"行为主体＋实际地点＝ladon＋mchi(s)";而存在动词 mchis 在句法上的编码模式为"存在主体＋存在处所＝ladon＋mchis",可以看到,二者在实际形式上并无不同,而且存在动词 mchis 也刚好和行为动词 mchi 表移动完成的过去时形式 mchis 一致。

整体而言,在言说动词 mchi(s) 的来源判断问题上,无论存在动词 mchis 和行为动词 mchi(s) 有无渊源,二者编码形式的一致性和语义上的关联性都为我们带来了不小的麻烦,下面我们对 mchi 和 mchis 两种形式分别进行讨论。

2.2　言说动词 mchi 的位移行为动词来源

比起 mchis,mchi 这一形式用作言说动词的来源更好确认,它显然只可能来自表位移的行为动词 mchi。这种从行为主体身体动作/物理行为发展至行为主体口部动作/言语行为的模式在汉语中并不鲜见(如董正存 2009;马云霞 2010;张雁 2012)。与汉语相比,藏语具有丰富的格标记,因此我们可以直接地观察到言说动词 mchi 形成过程中形态句法特征的变化:

(B88-06) ནང་པར་ཕོ་ཉ་བྱུང་སྟེ། འོང་ཇོ་ལ་སྲས་བལྟམས་པར་མཆི།

nang.par	pho.nya	byung	ste/	ong.jo = la	sras	ltam-pa = r	mchi/
清晨	使者	来:PST	COR	公主 = POS	儿子(H)	诞生-NMZ = ALL	去＞说

次日清晨,有使者前来,说公主生了一位王子。

该例很好地反映了 mchi 从表位移的行为动词向言说动词发展的过程:告知受话人"公主生子"这一事件既是使者前去的目的,也是使者要告知受话人的具体内容。此时由于 mchi 还未完全发展出言说动词的用法,完整的小句"ong.jo = la sras ltam 公主产子"还需名物化后带目的格标记"r"才能与 mchi 组合。在此基础上,目的格标记率先发生脱落,仅留下了名物化标记"-pa/ba",如:

(B91-14) བུམ་སངས་དབང་པོ་ན་རེ། ཁྱོད་བོ་དྷི་ས་ཏྭ་འི་སྤྲུལ་པ་འོང་བ་མཆི།

bum.sangs.dbang.po	na.re/	khyod	bo.dhi.sa.twa = vi	sprul.pa	vong-ba	mchi/
布桑旺保	说	2sg	菩提萨埵 = GEN	化身	来-NMZ	说

布桑旺保说你是菩提萨埵的化身。

此时,mchi 开始与放置在说话人后表言说的"na.re"对举,二者一前一后形成了一个句法槽,表示对他人话语的直接引述。此时作为直接引述内容的完整小句"khyod bo.dhi.sa.twa = vi sprul.pa vong 你由菩提萨埵化身而来"仍旧需要名物化后才可进入该句法槽。随后,这个名物化标记也发生脱落,此时的言说动词 mchi 可以直接出现在完整的小句后面,例如:

(B90-09) རྩ་ཁག་མཁས་པ་གཅིག་ན་རེ། ད་སྟེ་ཟླ་བ་གསུམ་ན་ནུབ་ཕྱོགས་ནས་བྱང་ཆུབ་སེམས་དཔའ་གཅིག་འདི་ར་ཕོ་ཉ་ར་འོང་མཆི། དེ་འདྲ་ཟྲས་པ།

ju.zhag	mkhas.pa	gcig	na.re/	da.ste	zla.ba gsum = na	nub.phyogs = nas	byang.chub.sems.dpav
星算学	专家	一	说	此后	月 三 = LOC	西方 = ABL	菩萨

gcig	vdi = r	pho.nya = r	vong	mchi/
一	DEM = ALL	使者 = LOC	来	说

一位精通占卜的人说:"从现在算起,三个月内,将有一位菩萨化身的使者从西方来到这里。"

比起"na.ri...mchi"这个新形成的直接引述句法槽,由本义即言说的"zer"参与构成的"na.

re…zer"直接引述句法槽更为常用,这就使得"新晋"言说动词 mchi 的地位比较尴尬,于是在两个句法槽的竞争与混并中被迫快速发展出了引用标记(quotative)的功能,例如:

(B94-09) དེ་ན་རེ་ད་རུང་ཆོས་མེ་སྟག་ཚམ་གཅིག་མྱུར་འོང་མཆི་ཟེར།

de	na.re	da.rung	chos	me.stag	tsam	gcig	myur	vong	mchi	zer/
DEM	说	仍然	法	火星	稍	一	迅速	来	QUOT	说

他说:"(这预示着)佛法还会像星星之火一样,迅速燃烧兴旺起来!"

上例中,句法槽"na.ri…mchi"和"na.re…zer"出现了以 na.re 为轴心的混并现象,这就使得刚刚获得言说动词用法的 mchi 被"排挤"和"边缘化",只得充作引用标记。在此基础上,mchi 不再必须与 na.re 对举,此时可以认为它已经彻底语法化为引用标记了,例如:

(B89-17) རྒྱ་ཕྲུག་གི་སྐད་ནས་རྒྱ་བིའི་ཧུར་བྱའི་གཙུག་ལག་ལས། འདི་ལྟ་བུ་སྐུམ་ན་ཏེ་བོར་སྡིག་པ་ཆེ་མཆི་ཟེར།

rgya.phrug = gi	skad = nas	rgya = vi	hur.bya = vi	gtsug.lag = las/	vdi	lta.bu	skum na	te.bor
甲楚 = GEN	话 = ABL	汉 = GEN	乎尔加 = GEN	经典 = ABL	DEM	如同	杀 假设	非常

sdig.pa;che	mchi	zer/
罪孽深重	QUOT	说

甲楚说:"汉地一部叫《乎尔加》的经典说,如果杀死这些虫子,罪孽非常大。"

Heine & Kuteva(2002:366)曾从跨语言的角度指出"言说动词＞引用标记"是言说动词常见的语法化路径之一;大量语言类型学的研究也表明,言说动词"说"经常语法化为引述示证标记(quotative evidential marker)和传闻示证标记(hear say evidential marker)(如 Willett 1988;Klamer 2000;Hopper & Traugott 2003;Aikhenvald 2004:23—66);邵明园(2015)也指出目前安多藏语阿柔话言说动词 zer 和 bzlas 已经发展出了引述示证的功能。与它们相比,mchi 语法化为引用标记显得既普通又特殊:普通之处在于,mchi 语法化为引用标记符合语言演变的类型共性;特殊之处在于,作为从位移行为动词语法化而来的言说动词,它却先于本就是言说动词的 zer 在《拔协》成书年代就发展出了引用标记功能,已有句法槽"na.re…zer"对新形成句法槽"na.ri…mchi"的竞争和挤压可谓是功不可没。

2.3　言说动词 mchis 的存在动词来源

与 mchi 相比,mchis 形式用作言说动词的来源要难判断许多,因为它不仅是位移行为动词 mchi(s)和存在动词 mchis 均具有的形式,而且进入句子的它们在形态句法上还具有完全一致的编码形式。但在我们的考察中,言说动词 mchis 的存在动词来源也并非无迹可寻。

与藏语其他常见存在动词(如 yod、vdug 等)的功能扩展路径类似(如胡坦 2002;江荻 2005;曲世峰 2015),《拔协》中的存在动词 mchis 也可以直接附在主要动词之后充当体貌—示证标记,表达"具有现实相关性的过去行为(完成体,perfects)"以及对该行为的"亲身经历(自源示证,egophoric)",例如:

(B100-16) ལན་དུ་ཁོ་བོ་མང་ཡུལ་གྱི་ཁ་དོད་ན་མཆིས་བཞུགས་པ་དང་ཡང་འདྲ་མཆིས་ཞེས་གསུངས།

lan = du	kho.bo	mang.yul = gyi	kha.dod = na	mchis	bzhugs-pa = dang	yang	vdra	mchis
回答 = LOC	1sg	芒域 = GEN	卡夺 = LOC	去:PST	乞讨-NMZ = COM	也	像	PFT-EGO

zhes	gsungs/
QUOT	说(H):PST

回答道:"我在芒域的卡夺处,已经如同被放逐一般!"

我们认为,对此时的 mchis 而言,已经形成了一个具有"完成—亲历"这一体貌—示证特征的句法槽"V + mchis"。而如果与此同时前文 2.2 中提及的"na. re...mchi"句法槽已然形成,由于 mchi 和 mchis 之间存在的天然联系,很容易再次出现句法槽之间的竞争与混并,例如:

(B113-15) བོལ་པོ་རྡོ་མཁན་ན་རེ་བོད་ཀྱི་རྡོ་ལ་བཟོ་བཏུག་སམ་བལྟས་མཆིས་ནས།

bol.po	rdo.mkhan	na.re	bod = kyi	rdo = la	bzo	btug sam	bltas	mchis
尼泊尔 石匠		说	吐蕃 = GEN	石头 = LOC	雕刻:PST	可以 QP	看:PST	PFT-EGO/说:PST

nas/
COR

尼泊尔石匠说:吐蕃的石头能否雕刻? 我先试试看。

(B147-16) ཕྱྭ་མཁན་པ་ན་རེ་ཁྱོད་ཀྱི་བྱ་དགའ་འདི་ལ་བགྱིས་མཆིས་ནས་གསེར་གྱི་ཡ་ལད་གཅིག་བྱིན།

phywa.mkhan.pa	na.re	khyod = kyi	bya.dgav	vdi = la	bgyis	mchis		nas
占卜者	说	2sg = GEN	奖赏	DEM = OBJ	做:PST	PFT-EGO/说:PST		COR

gser = gi	ya.lad	gcig	byin/
金 = GEN	甲胄	一	给:PST

占卜者说:"给你这个作为奖赏吧!"说完赐给我一副黄金铠甲。

以上两例中,具有"完成—亲历"体貌—示证特征的句法槽"V + mchis"与表言说的"na. re"相遇,加上 mchi 与 mchis 恰好具有从语义到形态句法的密切联系,导致了"V + mchis"和"na. re...mchi"这两个句法槽出现了以"mchis"为轴心的混并,由此 mchis 具有了体貌—示证标记和言说动词的双重功能。慢慢地,mchis 也可以独立用在完整的小句之后了,例如:

(B102-06) ནུབ་ཕྱོགས་ཀྱི་རྒན་མོ་གཅིག་གིས་སྙུན་ཆེན་པོ་ཐེབས་ཟེར་བ་བདེན་ནམ་མཆིས་པས།

nub.phyogs = kyi	rgan.mo	gcig = gis	snyun	chen.po	thebs	zer-ba	bden nam	mchis = pas
西方 = GEN	老妪	一 = AG	病	大	患	说-NMZ	真实 QP	说:PST = CONV

一位来自西部地区的老婆婆说:"听说(尚伦)得了大病,是真的吗?"

(B117-11) ད་རིང་བཙན་པོ་དབུ་འཁྲུ་བོ་མཆིས།

da.ring	btsan.po	dbu	vkhru = vo	mchis/
今天	赞普	头	洗 = IND	说:PST

说今天要给赞普洗头。

需要强调的是,我们并不认为以上两例中的言说动词 mchis 来自位移行为动词 mchi(s),因为凡来自位移行为动词 mchi(s)的言说动词,无论其所处小句的时态和语境,均只使用 mchi 这一种形式。比如 2.2 中的例(B88-06),前一小句表"来到"义的位移行为动词"byung(<vbyung)"使用了过去时形式,而正处在由位移行为动词向言说动词发展的 mchi 却没有使用相应的过去时形式 mchis,这从侧面说明,即使同为言说动词,mchi 和 mchis 也具有并不相同的直接来源。

3. 古藏语言说动词 bya(s)的来源

从古至今,byed(三时一式 bya-byed-byas-byo)都是典型的行为动词,自主性和及物性都

很强,但它的本义很难考证,似乎从吐蕃藏文时期起就只有空泛的"做"义,如《雪碑》①(恰噶·旦正 2012:8):

(3-1) བོད་མགོ་ནག་པོ་ཡི་སྲིད་ན་ི་འཁྲུག་ཏུ་བྱེད་པ་ལས།

bod　mgo.nag.po＝vi　srid　n·i　vkhrug＝tu　byed-pa＝las/
吐蕃　黔首＝GEN　　政权　TOP　混乱＝标记　做-NMZ＝COR
吐蕃致使平民的政体大乱。

　　随着藏语的发展演变,泛义行为动词 byed 不仅语义更加空泛化,句法功能也不断多样化,言说动词用法的出现就是其功能扩展的结果,这种用法即便在现代藏语中也有所保留。本部分将以 byed 在 9—15 世纪文献中的多功能性为切入点,考察言说动词 bya(s)的来源。

3.1　古藏语中 byed(byas/bya)的多功能性

3.1.1　从代指具体肢体动作到描述抽象动程

　　在 9—15 世纪的文献中,我们可以清晰地观察到泛义行为动词 byed(byas/bya)从代指具体肢体动作向描述抽象动程发展的过程,byed 的语义概括性也因此有所提升。此处所谓对具体肢体动作的"代指"要同时满足两个条件:(1)在由 byed(byas/bya)充任谓语的小句中,人们对该句描述的具体肢体动作的识别基本依赖于 byed(byas/bya)句法上的宾语或补语 N;(2)由 byed(byas/bya)代指的具体肢体动作在同时代的藏语动词词库中有对应且常用的单音节实义动词,而该实义动词并没有泛义行为动词用法。例如《拔协》和《西藏王统记》:

(B87-04) དེ་ཀུན་ཏུ་མཆོད་པ་རེ་བྱེད་ཅིང་བཙལ་ཡང་མ་རྙེད་ནས།

de　kun＝tu　<u>mchod.pa　re　byed</u>　cing　btsal　yang　ma　rnyed　nas/
DEM　全部＝DAT　供养　[每]　做　COR　找:PST　也　NEG　获得　COR
向每尊佛都献了供养也没有找到。

(B90-17) ཕོ་ཉ་ས་རྒྱ་རྗེ་ལ་བཙན་པོ་ཡི་སྒྲོམ་བུ་ཕུལ།

pho.nya＝s　rgya.rje＝la　<u>btsan.po＝vi　sgrom.bu　phul</u>/
使者＝AG　汉皇＝DAT　赞普＝GEN　匣子　　献:PST
使者向唐皇献上赞普的信函。

(X102-05) ཙན་དན་དེ་ལ་ཚལ་པ་བརྒྱ་རྩ་བརྒྱད་བྱས།　སྐུ་བརྒྱ་རྩ་བརྒྱད་བཞེངས་ཏེ།　ལྷ་ཁང་བརྒྱ་རྩ་བརྒྱད་དུ་བཞུགས་སོ།

tsandan　de＝la　<u>tshal.pa　brgya.rtsa.brgyad　byas</u>/　sku　brgya.rtsa.brgyad　bzhengs　te/
旃檀　　DEM＝OBJ　碎片　　八百零八　　　　做:PST　佛像　八百零八　　　　修建:PST COR
lha.khang　brgya.rtsa.brgyad＝du　bzhugs＝so/
佛堂　　　八百零八＝LOC　　　　坐(H)＝IND
将此旃檀断为百零八份,造百零八尊佛像,迎住于百零八座佛庙中。

(X101-18) དེ＝r　bye.ma＝vi　vog＝nas　sdong.po　de　bton　nas/　yal.ga　rnams　bcad/

de＝r　　　　bye.ma＝vi　vog＝nas　sdong.po　de　　bton　nas/　<u>yal.ga　rnams</u>　bcad/
DEM＝LOC　沙子＝GEN　下面＝ABL　树　　　　DEM　挖掘:PST COR　树枝　[所有]　砍:PST

---

　　① 《雪碑》即《恩兰·达札路恭纪功碑》,立于公元 763 年,是现存最早的吐蕃碑刻。

乃由沙土下掘出此树,截断树枝。

在例(B87-04)中,泛义行为动词 byed 充任小句谓语,通过联系在句法上充任 byed 受事宾语的 N"mchod.pa re 每份供养",我们知道它实际上代指了具体的肢体动作"献",而同时代藏语表示"献"的实义动词"vbul(三时一式 dbul-vbul-phul-phul)"仅在《拔协》全书中就出现了 73 次(参龙从军 2022b 的相关统计),可以算得上是常用。对比(B90-17)也可以发现,例(B87-04)中的 byed 与例(B90-17)中的"phul 献$_{PST}$"具有一致的论元配置模式,只不过人们对 byed 词义的解读需要依赖于其外带的受事宾语 N,而对实义动词 phul 的解读就不必有此过程。

相比之下,例(X102-05)的情况更有趣些:充任小句谓语的泛义行为动词 byas 代指了具体的肢体动作"砍",而我们对该语义的识别同时依赖于其语义上的受事宾语 N$_1$"tsandan de 那个旃檀"和结果补语 N$_2$"tshal.pa brgya.rtsa.brgyad 一百零八块碎片";并且同时代藏语表示"砍"的实义动词"gcod(三时一式 gcad-gcod-bcad-chod)"也非常常用,仅在我们考察的《西藏王统记》第十一章中就出现了 7 次。需要强调的是,在该小句的论元配置中,受事论元 N$_1$ 采用了有标记形式进行强调,而结果补语 N$_2$ 极大可能缺失了相应的结果格标记 ladon①。并且对比例(X101-18),实义动词"bcad 砍$_{PST}$"的无标记宾语"yal.ga rnams 所有树枝"其实是与 N$_1$ 相对应的。从另一个角度来看,这也可以说明例(X102-05)中的 N$_2$ 与 byas 之间的关系比 byas 与其语义上的受事关系更紧密,这是使用其所替代的实义动词不能做到的。

除代指具体的肢体动作外,《拔协》和《西藏王统记》中的 byed(byas/bya)也已经可以用于描述较为抽象的动程了,例如:

(B102-07) རང་གི་ཁྱིམ་དུ་ནུབ་ཉལ་བྱས་ནས་བཤུམས།

rang = gi	khyim = du	nub.nyal	byas	nas	bshums/
自己 = GEN	家 = LOC	睡眠(H)	做:PST	COR	哭泣:PST(H)

在自己家中卧床痛哭。

(X103-17) ཙནྡན་ཧ་རིའི་སྡོང་པོ་འོད་ཟེར་ཕྱོགས་བཅུར་འཕྲོ་བ་ཞིག་འདུག་པ་ལ་བསྐོར་བ་བྱེད་ཅིང་ནུ་མ་གཏོར་བས།

tsandan	ha.ri = vi	sdong.po	vod.zer	phyogs.bcu = r	vphro-ba	cig	vdug-pa = la
旃檀	诃利 = GEN	树	光芒	十方 = ALL	散布-NMZ	一	EXI-NMZ = LOC

bskor-ba	byed	cing	nu.ma	gtor = bas
巡行:PST-NMZ	做	COR	乳汁	放 = CONV

绕一十方放光之诃利旃檀宝树而行,旋放其乳。

例(B102-07)中,泛义行为动词 byas 与其句法上的受事宾语 N"nub.nyal 睡眠$_H$"组合,描述"睡觉"这一较为抽象的动程,只不过此时 byas 语义的抽象程度依旧有限,仍保留着较强的动作性,因此该句中的"nub.nyal byas"解释为"卧床"或"扑倒在床"更为合适。类似的,例(X103-17)中泛义行为动词 byed 与其句法上的受事宾语 N"bskor-ba 巡行"组合,描述"转圈"这一较抽象的动程。

---

① 格桑居冕、格桑央京(2004:52)指出,在特定情况下,如需突出和强调宾语的作用时可以为涉事宾语添加 ladon;王志敬(2012:115)则指出,述补结构表现动作行为及其结果,在敦煌藏文中除后置谓词补语和时间补语外,述补结构几乎都带格标记,因此本文认为此处大概率涉及了格标记的缺失。

与 9—14 世纪文献不同,在本文考察的《米拉日巴传及其道歌》卷二第一章中我们并没有发现任何一例 byed(byas/bya)明确用于代指具体的肢体动作,但用于描述抽象动程的例子却不胜枚举,且抽象程度较之前更甚,这在一定程度上可以说明 byed(byas/bya)语义概括性与功能性的进一步增强,例如:

(R54-15) རི་རྩེ་ཀུན་གང་བའི་དཀོན་གཉེར་བུད་མེད་དེ་གཉིས་ཀྱིས་བྱེད་ཅིང་འདུག་པ་ཞིག་རྨིས།　ཅི་ཡིན་ནམ་ཞུས་པས།

ri.rtse	kun	gang-ba = vi	dkon.gnyer	bud.med	de-gnyis = kyis	byed	cing	vdug-pa
山顶	全部	满-NMZ = GEN	香灯师	女人	DEM-DUL = AG	做	COR	EXI-NMZ

zhig	rmis/	ci	yin	nam	zhus = pas/
一	做梦:PST	何	COP-EGO	QP	禀:PST(H) = CONV

那两个妇女就作为守塔的香灯师。这奇怪的梦不知是何意思?

(R57-02) ཞིང་དེས་ང་བླ་མ་དང་མཇལ་བའི་མཐུན་རྐྱེན་བྱས་པས།

zhing	de = s	nga	bla.ma = dang	mjal-ba = vi	mthun.rkyen	byas = pas/
田地	DEM = AG	1sg	上师 = COM	相遇(H)-NMZ = GEN	顺缘	做:PST = CONV

这块地就成为我和上师相遇的助缘。

在例(R54-15)内由 byed 充任谓语的小句中,受事宾语 N"ri.rtse kun gang-ba = vi dkon.gnyer 遍布山顶(之塔)的香灯师"是表职位的名词短语,此时 byed 表现出"担任"义,所描述的动程抽象程度高、动作性低、持续性强。而在例(R57-02)中,泛义行为动词 byas 的发出者已然是生命度等级极低的无生物,其与受事宾语 N(下画双横线)的组合用于描述"成为我与上师相遇的顺缘"这一抽象程度高且动作性低的事件。

3.1.2 　在动量结构[①]中复指行为事件

在用于代指具体肢体动作及描述抽象动程的基础上,泛义行为动词 byed 的过去时形式 byas 和未来时形式 bya 还可以在"(N + V) + 不定标记/程度副词 + bya(s)"这类动量结构中复指由述宾结构"N + V"描述的、相对完整的行为事件,这类结构在《拔协》《西藏王统记》和《米拉日巴传及其道歌》中均有体现。如:

(B113-14) འདི་ལ་འདུལ་བྱེད་ཅིག་བྱ་གསུངས་ནས་བྲག་ལ་བཅོམ་ལྡན་སེམས་དཔའ་ཡི་སྐུ་གཅིག་མཛད།

vdi = la	vdul	byed	cig	bya	gsungs	nas	brag = la	bcom.ldan.sems.dpa = vi
DEM = OBJ	驯服	做	一	做:FUT	说:PST(H)	COR	岩石 = LOC	金刚菩萨 = GEN

sku	gcig	mdzad/
佛像(H)	一	做(H)

要驯服它,就得在岩石上雕刻一尊金刚菩萨像。

(X98-01) ལྷའི་བུ་དང་བུ་མོ་རྣམས་ཀྱིས་སྤྲིན་གྱི་གསེབ་ནས་ལུས་ཕྱེད་ཐོན་ཙམ་བྱས་ནས་ལྷ་ཡི་རོལ་མོ་སྣ་ཚོགས་ཀྱིས་མཆོད་པ་བྱེད་ཅིང་མེ་ཏོག་གི་ཆར་ཕབ་བོ།

lha = vi	bu	dang	bu.mo	rnams = kyis	sprin = gyi gseb = nas	lus phyed thon tsam byas
神 = GEN	儿子	CONJ	女儿	[所有] = AG	云 = GEN 中间 = ABL	身体半个　显露　稍　做:PST

nas/	lha = vi	rol.mo sna.tshogs = kyis mchod.pa byed cing	me.tog = gi char phab = bo/
COR	神 = GEN	音乐　各种 = INS　供养　做　COR	花 = GEN　雨　降落:PST = IND

诸天神天女,由云隙中,显露半身奏诸天使伎乐,并雨妙花。

---

①　传统上的"动量结构"往往涉及一个行为动词和一个动量词。藏语的量词直至现代都并不发达,本部分所谓的"动量结构",指的是那些被不定标记 cig/zhig/shig 或程度副词"量化"的动词性结构。

(R57-07) ཕ་ནས་ཀྱི་བན་དེ་དེས ……སྣུམ་ཕྱིས་ཤིག་བྱས་པ་ལ།① ①

snga＝nas＝kyi	ban.de	de＝s	snum	phyis	shig	byas-pa	la
过去＝ABL＝GEN	僧人	DEM＝AG	油	擦拭:PST	一	做:PST-NMZ	COR

刚才那个僧人(脸上)用油擦得光光的。

　　例(B113-14)与 3.1.1 中的例(X102-05)比较类似:泛义行为动词 byed 的受事宾语 N₁ 为带有强调标记 la 的指示词 vdi,结果补语 N₂ 为由单音节动词"vdul 驯服"自指而来的名词,此时也没有使用结果格标记。对动量结构"vdi＝la vdul byed cig bya"而言,bya 复指"vdi＝la vdul byed 驯服它"这个完整的行为事件,因为该事件在语境中只是一个未发生的假设,具有非实然性,所以使用了 byed 的未来时形式 bya。

　　不过,一般而言这类动量结构末尾的 byed 都会使用过去时形式 byas,这是因为凡是能够被复指的行为事件一般都已然发生,具有情态上的实然性。比如例(X98-01)中,泛义行为动词 byas 复指由实义动词"thon 显露"及其受事宾语"lus phyed 半个身体"描述的相对完整的行为事件"露出半个身子",程度副词"tsam 稍微"放置于 byas 前进行"量化"。同样的,在例(R57-07)中,泛义行为动词 byas 复指由实义动词"phyis 擦拭ₚₛₜ"及其受事宾语"snum 油"描述的行为事件"擦油",不定标记 shig 放在 byas 前进行"量化"。

　　在此基础上,这种对完整行为事件的复指有时还可以进一步扩展到对某种状态的复指,此时的 byas 类似于状语标记,例如:

(R50-15) བླ་མ་ཞལ་འཛུམ་ནག་རོག་གེ་བ་ཞིག་བྱས་བྱོན་བྱུང་བ་ལ།

bla.ma	zhal.vdzum	nag.rog.ge.ba	zhig	byas	byon	byung-ba＝la/
上师	表情(H)	黑黝黝	一	做:PST＞ADM	来:PST	INVE-EGO-NMZ＝LOC

师父面容现出不悦之色回来了。

　　此时的泛义行为动词 byas 复指名词性成分"zhal.vdzum nag.rog.ge.ba zhig 一副黑黝黝的表情",尽管做出某种表情也可以算是一种完整的行为事件,但其动态性实在太低,此时的 byas 更像是概括描述一种状态以修饰其后的主要动词"byon 来ₚₛₜ"。

　　总体而言,从指代具体的肢体动作到描述抽象的动程,再到复指完整的行为事件乃至描述某种状态,byed(byas/bya)自身语义的高度概括性与多功能性都意味着它具有发展为引述他人言语的言说动词的可能性。

3.2　泛义行为动词 bya(s)用作言说动词

　　在 3.1 所涉用法的基础上,泛义行为动词 byed 的过去时形式 byas 和未来时形式 bya 在古藏语中还发展出了言说动词用法,现代藏语书面语中除了表"称为"义的 bya(常与引用标记 zhes/ces 连用)外,相应的用法可以说是十分稀少。我们认为,古藏语中该类用法的产生与行为动词 bya(s)自身语义的空泛化及其可用于复指完整的行为事件或状态有关,因为从概括物质世界的可观察变化到概括具体的言语行为内容这一功能扩展是十分常见的,沈家煊(2003)也指出,语词的行域义是基本的,知域义和言域义都是由此引申出来的。

　　相比于 bya,源自泛义行为动词 byed 过去时形式的 byas 更常用作言说动词,因为除特殊情

---

　　① 该例的原文中在 དེས 和 སྣུམ 之间还存在两个以位格标记 na 标明的地点状语,由于内容过长且与此处讨论问题无关,在文中暂时略去,并在略去处使用"……"表示。

况外，凡需引述的言语均已"话从口出"，具有实然性。据我们的考察，早在《拔协》中，byas 就已经有了言说动词用法：

(B90-05) བཀའ་བཞིན་དུ་གྲུབ་ན་བྱ་དགའ་བྱིན་ནོ། མ་གྲུབ་ན་སྐུམ་མོ་བྱས་ཏེ་བཏང༌།

bkav	bzhin = du	grub	na	bya.dgav	byin = no/	ma	grub	na
命令(H)	依照 = ADM	完成:PST	假设	赏赐	给予:PST = IND	NEG	完成:PST	假设

skum = mo	byas	te	btang/
杀 = IND	说:PST	COR	派遣:PST

如果依照命令完成任务，就给予赏赐；如果没能完成，就要处死。说完便派出(使者)。

上例中，言说动词 byas 与行为动词"btang 派遣PST"通过平列连词 te 连接，其前为两个完整的、句末使用了相应终结词 no 和 mo 的句子。

除此之外，作为以热穹巴发问、米拉日巴尊者回答这一方式写成的人物传记，《米拉日巴传及其道歌》中更是存在大量 byas 用作言说动词的例子，例如：

(R55-10) འོ་ན་གྲོ་བོ་ལུང་གང་ན་ཡོད་བྱས་པས། གྲོ་བོ་ལུང་ཕ་གི་ཡིན་ཟེར་བསྟན་བྱུང༌། ཕ་གི་ན་སུ་བཞུགས་བྱས་པས། མར་པ་ཟེར་བ་དེ་ག་ཡོད་ཟེར།

vo.na	gro.bo.lung gang = na	yod	byas = pas/	gro.bo.lung pha.gi	yin	zer	bstan
那么	卓阿隆	何处 = LOC EXI	说 = CONV	卓阿隆	DEM[远指] COP-EGO	说	指:PST

byung/	pha.gi = na	su bzhugs	byas = pas/	mar.pa zer-ba	de.ga yod	zer/
INVE-EGO	DEM[远指] = LOC	谁 住(H)	说 = CONV	马尔巴 叫-NMZ	即彼 EXI	说

我问：那么，卓阿隆在什么地方？他用手指着说：卓阿隆就在那边。我问：谁住在那里？他答说：就是刚才说的马尔巴嘛。

该例由两组一问一答的对话构成，凡问者均使用了 byas 作言说动词，凡答者均使用了本义即为"说"的言说动词 zer，二者对仗工整，功能一致。需要补充的是，这些情况下的 byas 并不能简单地看作直接引语标记，因为其仍具备动词的形态句法特征，如可以与实义动词并列、可以后接副动词或时态语尾等，因此我们仍视为言说动词。除此之外，我们还发现在现代藏语中存在用于间接转述的言说动词 byas(Melvyn C. Goldstein et al. 2001:733)：

(3-2) ཁོས་ཤེས་མ་བྱུང་བྱས་པ་རེད།

kho = s	shes	ma	byung	byas-pa.red/
3sg = AG	知道	NEG	INVE-EGO	说:PST-INE

He said that he did not know.(他说他不知道。)

与 byas 相比，源自泛义行为动词 byed 未来时形式的 bya 用作言说动词时往往具有情态上的非实然性，因此与 byas 在用法上并不完全相同。例如：

(X104-07) སྟོད་ཀྱི་དེ་ན་རེ། དལ་བུས་ཆོད་ལ་ང་མང་ཡུལ་གྱི་གྲོང་དུ་ཞོག་ཅིག་བྱ་བའི་སྒྲ་ཐོས།

stod = kyi	de na.re/	dal.bu = s	chod la	nga mang.yul = gyi grong = du	zhog	cig
上面 = GEN	DEM 说	渐渐 = ADM 断	COR	1sg 孟域 = GEN 城镇 = LOC	放置:IMP	一

bya-ba = vi	sgra	thos/
说:FUT-NMZ = GEN	声音	听见

其上方者出语云："缓徐伐之，置我于孟域城中。"

上例中的言说动词 bya 与 byas 的情态特征不同：尽管都是用在完整的小句之后直接引述相应对话，使用 bya 会使其所引述的言语具有情态上的非实然性，而该例中言语的发出者在文中也恰好为超自然之物(神木)。不过，以上情况其实是比较罕见的，它需要语境的支持和配合。我们认为古藏语中的言说动词 byas 和 bya 基本具备了语义和语法上的分工:byas 用于直接引述他人言语,表现为"说"义,除特殊情况外基本不具备时态变化;bya 用于交代人或物的称谓,表现为"叫做、所谓"义,常与引用标记"zhes/ces"连用,完全不具备时态变化。例如:

(B83-11) བདེ་དཔོན་སྲས་ཀྱི་རིང་ལ་རྒྱལ་པོ་ལྡེ་ཞེས་བྱ་བའི་རིང་ལ་དམ་པའི་ལྷ་ཆོས་འབྱུང་།

nga = vi	dbon. sras = kyi ring = la	rgyal.po lde	zhes	bya-ba = vi	ring = la
1sg = GEN	子孙 = GEN 期间 = LOC	国王	德	QUOT 叫做-NMZ = GEN	期间 = LOC

dam.pa = vi lha.chos vbyung/

真 = GEN　佛法　　产生:FUT

在我的子孙后代中,有一个叫"德"的赞普,在他(执政)期间,将传来佛教圣法。

(X99-06) གྲོང་ཁྱེར་དབུས་འགྱུར་བྱ་བར་སླེབས་ཏེ།

grong.khyer	dbus.vgyur	bya-ba = r	slebs	te/
城市	卫足	称为-NMZ = ALL	到达:PST	COR

复次,此化身比丘,以神变力,来天竺南方至卫足城。

　　无论是对人的称呼还是对物的称呼,多少都有些"人云亦云"的意味,具有非实然的情态特点,而金鹏(1988)在谈及藏语动词的形态问题时也提及,辅助动词 byed 的时态形式与动作的施受关系有关,byed 表主方现在而 bya 表宾方未来,而此处 bya 的"称呼"义恰好就是与动作的受事相联系的,也即"所称"。

4. mchi(s)和 bya(s)语法化为言说动词的内在动因

　　言说动词 mchi(s)和 bya(s)的来源与发展既有共性,又有个性。二者的共性主要表现在它们的语法化均与其所处结构(也即句法环境)语义重心的前置以及自身语义概括性的增强密切相关。我们在 2.1.1 中提到,从表达行为主体的实际位移到表达行为主体的行为目的或方向,"NP = ladon + mchi"结构的语义重心出现了自后向前的转移,这种转移就伴随着 mchi 自身语义的空泛化(也即概括性的增强);而对本身语义就比较空泛的 bya(s)来说,其功能从指代具体的肢体动作到描述抽象的动程,再到复指完整的行为事件乃至描述某种状态,"X + bya(s)"结构的语义重心一直处在前方的 X 处,并随着 bya(s)语义的进一步空泛化也有逐渐增强的趋势。这种语义重心的不断前置和语法标记词的后置恰好与其他言说动词的句法语义表现一致,因此在隐喻性扩展(metaphorical extension)的帮助下,mchi(s)和 bya(s)的语义很容易就完成了从"行为域"到"言说域"的投射,最终语法化为言说动词。需要强调的是,在 mchi(s)和 bya(s)的语法化过程中起到重要作用的语义空泛化并没有导致 mchi(s)和 bya(s) 丧失各自原有的具体行为义,相反,直至现代藏语,无论是 mchi(s)的"去、到"义、mchis的"存在"义还是 bya(s)较实在的肢体行为动作义都得到了完好的保留。对此,Bybee et al.(1994:281)曾指出,意义是实体,某一意义实体在一种语境中被磨损(erosion),并不一定导致其在所有语境中的意义都丧失。

　　除此之外,mchi(s)和 bya(s)从行为动词语法化为言说动词的过程可以促使我们重新思考语法化理论中长期存在的"窄化观—扩展观"争端(彭睿　2016):语法化的"窄化观"以 Le-hmman(1995[1982])的影响最为深远,他认为语法化程度的加深往往伴随着势域(weight)、内聚(cohesion)和变异性(variability)三类特征在组合和聚合方面的减量(即窄化);语法化的

"扩展观"则始于 Bybee(1985；1994:4—9)，他指出语义概括性(lexical generality)是形成屈折范畴的重要因素，语义概括性越强，能适应的环境就越多。纵观 mchi(s)和 bya(s)的语法化过程，它们不仅涉及了处于语法化"扩展观"下的语义概括性的增强，还涉及了处于语法化"窄化观"下的组合势紧缩(与之相结合成分的复杂性降低)、组合变异性降低(在小句中可出现的位置固定化)和聚合变异性的降低(不可被其他近义行为动词替换)等，这恰好从不同的视角说明了语法化的变化特点。Traugott & Trousdale(2013:123)也认为这两种观点关注的是语法化变化的不同效应，二者是互补的；Heine(2018)则明确指出了语法化的"窄化观"和"扩展观"并没有本质区别。

　　与共性相对，言说动词 mchi(s)和 bya(s)来源及发展的个性表现在比较细微的方面。首先，言说动词 mchi 和 mchis 具有不同的直接来源：前者直接来自位移行为动词 mchi，而后者直接来自发展为体貌—示证标记的存在动词 mchis(尽管我们在 2.1.2 中也谈到，无论从语义联系还是句法编码形式的一致性，存在动词 mchis 和行为动词 mchi(s)极有可能存在源流关系，但我们目前掌握的材料仍无法给出确切的答案)。其次，言说动词 mchi 发展为引用标记以及言说动词 mchis 的形成均涉及了句法槽的竞争与混并，这意味着"语境(context)"的考察对语法化来说至关重要。最后，言说动词 byas 和 bya 在情态上的实然—非实然分工及其与施动者—受动者的对应关系显示了藏语动词的时范畴也可能会在语法化过程中扮演重要角色。

参考文献

安世兴.古藏文词典[M].北京:中国藏学出版社,2001.

佟锦华,黄布凡译注.拔协(增补本)译注[M].成都:四川民族出版社,1990.

陈践,王尧.敦煌本藏文文献(藏文)[M].北京:民族出版社,1983.

董正存.词义演变中手部动作到口部动作的转移[J].中国语文,2009(2).

格桑居冕,格桑央京.实用藏文文法教程(修订本)[M].成都:四川民族出版社,2004.

胡坦.藏语研究文论[M].北京:中国藏学出版社,2002.

江荻.藏语拉萨话的体貌、示证及自我中心范畴[J].语言科学,2005(1).

江荻.藏语述说动词小句及其标记[J].中文信息学报,2007(4).

金鹏.藏语动词屈折形态向粘着形态的转变[J].中国藏学,1988(1).

龙从军.藏文古文献《拔协》中的存在动词[J].民族语文,2022a(1).

龙从军.藏文古文献《拔协》文本标注与语法研究[M].北京:中国社会科学出版社,2022b.

马云霞.从身体行为到言说行为——修辞动因下言说动词的扩展[J].当代修辞学,2010(5).

彭睿.语法化·历时构式语法·构式化——历时形态句法理论方法的演进[J].语言教学与研究 2016(2).

恰噶·旦正.藏文碑文研究[M].拉萨:西藏人民出版社,2012.

曲世锋.藏语动词情态范畴的历史演变研究[D].北京:中国社会科学院,2015.

桑杰坚赞.米拉日巴传[M].刘立千,译.北京:民族出版社,2000.

索南坚赞.西藏王统记[M].刘立千,译注.北京:民族出版社,2000.

邵明园.安多藏语言说动词 zer 和 bzlas 的语法化[J].语言研究,2015(1).

沈家煊.复句三域"行""知""言"[J].中国语文,2003(5).

王尧,陈践.敦煌古藏文文献探索集[M].上海:上海古籍出版社,2008.

王志敬.敦煌藏文语法研究[M].北京:中国藏学出版社,2012.

张雁.从物理行为到言语行为:嘱咐类动词的产生[J].中国语文,2012(1).

张怡荪.藏汉大辞典[M].北京:民族出版社,1993.

周季文,谢后芳.藏语拉萨话语法[M].北京:民族出版社,2003.

རུས་པའི་རྒྱན་ཅན(乳毕坚瑾 rus bavi rgyan can). 2004. རྣལ་འབྱོར་གྱི་དབང་ཕྱུག་ཆེན་པོ་མི་ལ་རས་པའི་རྣམ་མགུར།(米拉日巴传及其道歌 rnal vbyor gyi dbang phyug chen po mi la ras pavi rnam mgur). མཚོ་སྔོན་མི་རིགས་དཔེ་སྐྲུན་ཁང(青海人民出版社 mtsho sngon mi rigs dpe skrun khang).

ས་སྐྱ་བསོད་ནམས་རྒྱལ་མཚན(萨迦·索南坚赞 sa skya bsod nams rgyal mtshan). 1981. རྒྱལ་རབས་གསལ་བའི་མེ་ལོང(西藏王统记 rgyal rabs gsal bavi me long). མི་རིགས་དཔེ་སྐྲུན་ཁང(民族出版社 mi rigs dpe skrun khang).

Aikhenvald, Alexandra Y. 2004. *Evidentiality*. Oxford: Oxford University Press.

Beyer, Stephan V. 1992. *The Classical Tibetan Language*. SUNY Series in Buddhist Studies. Albany: State University of New York Press.

Bybee, Joan L. 1985. *Morphology: A Study of the Relation between Meaning and Form*. Amsterdam/Phildelphia: John Benjamins.

Bybee, Joan L, Rever Perkins & William Pagliuca. 1994. *The evolution of grammar: tense, aspect, and modality in the languages of the world*. Chicago: The University of Chicago Press.

Heine, Bernd. 2018. Are there two different ways of approaching grammaticalization? In Sylvie Hancil, Tine Breban & José Vicente Lozano (eds.), *New Trends in Grammaticalization and Language Change*, 23—54. Amsterdam/Phildelphia: John Benjamins.

Heine, Bernd & Tania Kuteva. 2002. *World Lexicon of Grammaticalization*. Cambridge: Cambridge University Press.

Hopper, Paul J. & Elizabeth C. Traugott. 2003. *Grammaticalization (2nd edition)*. Cambridge: Cambridge University Press.

Klamer, Marian. 2000. How report verbs become quote markers and complementizers. *Lingua*. (110): 69—98.

Lehmann, Christian. 1995[1982]. *Thoughts on Grammaticalization* (LINCOM Studies in Theoretical Linguistics 1). Munich/Newcastle: Lingcom Europa.

Melvyn C. Goldstein, editor; T. N. Shelling and J. T. Surkhang, assistant editors; with the help of Pierre Robillard. 2001. *The new Tibetan-English Dictionary of Modern Tibetan*. University of California Press.

Saxena, Anju. 1988. On syntactic convergence: The case of the verb "say" in Tibeto-Burman. *Proceedings of the fourteenth annual meeting of the Berkeley Linguistic Society*, ed. by Shelley Axmaker et al., 375—388.

Traugott E. C. and Trousdale G. 2013. *Constructionalization and Constructional Changes*. Oxford: Oxford University Press.

Willett, Thomas. 1988. A cross-linguistic survey of the grammaticalization of evidentiality. *Studies in Language*. (1):51—97.

同源词与上古音构拟(下)

龚煌城　著,王鹏远[1]　译,沈奇石[1]、李　豪[2]　校

([1] 清华大学出土文献研究与保护中心,[1] 华东师范大学中国文字研究与应用中心,
[2] 韩山师范学院文学与新闻传播学院)

内容提要　该文为《同源词与上古音构拟》的下半部分。第三章讨论了上古汉语的声母系统。作者认为上古汉语中存在 * s-前缀和 * -r/l-介音。对于同一谐声系列或词族中存在喉牙音和舌音交替的现象,作者用圆唇化软腭音作了解释。中古照三组声母的谐声关系比较复杂,作者认为该组声母在上古音阶段存在三种复辅音来源。和照三组平行,日母同样存在三种复辅音来源。鉴于喻四和邪母的密切关系,作者主张将喻四构拟为 * dj-,将邪母构拟为 * sdj-。第四章作者对全文作了总结,重申了同源词对于上古汉语构拟的重要作用。

关键词　同源词;上古音;声母;复辅音

3. 上古漢語的前綴及複輔音聲母構擬

3.1　上古漢語的前綴

通過漢藏語的比較研究可以推斷上古漢語中是存在前綴的。在 G.馮・卡布倫茨(G. von der Gablentz)、克虜伯(Grube)和 E・庫恩(E. Kuhn)的啟發下,孔好古(Conrady)在 1896 年就以藏語爲比較研究的起點,根據藏語中依然保留前綴的現象來論證上古漢語中前綴的存在。他論證了藏語中的清輔音前綴 s-對應於其他語言的清輔音,並將送氣音追溯到早期前綴 s-。通過對一些詞的研究,他得出 h-來源於 hm-並和藏語的 sm-同源。[①]例如:

黑	h'mek>h'ek	'黑'	比較:藏語的 smag(黑暗)	
墨	mek	'墨水'		

馬伯樂(Maspéro)(1930)利用諧聲關係分離出前綴成分和詞幹,並將他的分析拓展到沒有諧聲關係以資判斷的情況。

廩	löm>liə̂m	擄	lu>lu	
稟	p-löm>p'iə̂m	俘	p'-liu>p'iu	

通過這種方法得到的前綴有 p-、p'-、m-、k-、x-、s-等[②]。

---

①　August Conrady: *Eine Indochinesische Causativ-Denominativ-Bildung*, Leipzig, 1896, S.156ff.

②　Henri Maspéro: *Préfixes et Dérivation en Chinois Archaique*. Mémoires de la Société de Linguistique de Paris. Paris, 1930, S.313ff.

　　雅洪托夫(Jachontov)(1963)認爲在同一諧聲序列中經常出現的音變是由前綴 s-引發的，由此他得出一個系統的處理方法。他在書中説："只有建立在普適的語音規律基礎上，並且能找出大量相似的而非孤立的例證，我們才能説某個構擬是可靠的。"①

　　李方桂(1971)構擬了許多含有 s-的複輔音。他構擬複輔音是爲了解決上古漢語中一組聲母的音值問題，這組聲母在傳統語文學中稱作照三組，高本漢(Karlgren)將其構擬爲 t, t', d 等等。上古漢語的前綴啟發我們從一個新的角度來考察複輔音的構擬。

　　一般認爲，上古漢語聲母的構擬主要依託於諧聲材料、假借字、異體字和聲訓。同源詞對於語音構擬的作用常被忽略，儘管有時候我們在漢語語言學研究文獻中能找到零星的例子。例如西門華德(Walter Simon)(1938)在對高本漢《漢語詞類》(*Word Families in Chinese*)的評論中寫道"全新的，但在我看是十分合理的，是對於上古複輔音聲母的構擬不僅依據漢字，還依據詞源關係，例如將'昏（xuən）'的上古音構擬爲 xmwən。（New, but to my mind entirely justified, is the reconstruction of ancient double initials not only from the script but also from etymological relaitionship, as the referring back of 昏 xuən to xmwən)。"②

　　雖然我們從《漢文典》可知，高本漢(Karlgren)把"昏"構擬爲 xmwən 也許並不是從詞源角度考慮的，而更多的是依據"昏（＝昬）"和"民"諧聲關係③。西門華德(Walter Simon)本人卻曾利用詞源關係來確定上古漢語的輔音韻尾。

　　雅洪托夫(Jachontov)(1959)也强調過古音構擬中同源詞比較的重要性。事實上，在他的討論中，詞源關係和諧聲關係是同等重要的。

　　同源關係很少用於古音構擬，這是因爲對同源詞的分組歸類本身就依賴於構擬的工作。這是一個進退兩難的困境。如果依據現有的古音體系來劃分同源詞組，那麽就不能反過來再用這些同源詞組修訂原有的古音體系，因爲這不會有什麽新的發現。司禮義(Serruys)(1958)曾指出在選擇同源詞時存在主觀性的危險，並進一步説："如果僅把目光嚴格局限於某一的諧聲序列中的音變範圍，那麽除了和該諧聲序列中的音變範圍相同的情況之外，就不可能建立任何其他種類的同源詞。（If one remains strictly within the same range of variation in phonetism as found in the phonetic series, it is impossible to establish any other sort of cognates but those that show the same range of variation in phonetism as found in the phonetic series.)"。此外他還説："當語義聯繫和語音相似的應用不限於可能是同源詞的詞時，就像高本漢(Karlgren)在《漢語詞類》(*Word Families in Chinese*)中所作的那樣，那麽主觀印象對同源詞研究的影響的程度就會變得更大。（When the application of semantic connection and phonetic similarity is not limited to the words that may be possible cognates, as was done by Karlgren in *Word Families in Chinese*, the degree to which subjective impressions may in-

---

　　① S.E. Jachontov：*Sočetanija soglasnych v drevnekitajskom jazyke*，trudy dvadcat' pjatogo mezdunarodnogo kongressa vostokovredov，Moskva 1963，S.90.

　　② Walter Simon：*The Reconstruction of Archaic Chinese Bulletin of the School of Oriental Studies*，London Institution，Vol IX，Part 2，1938，S.285.

　　③ 譯者注：高本漢在《漢文典》中將"昏"歸入 457 號，與民、泯、珉、眠等字並列。

fluence the study of the cognates becomes stil greater.)"①。

　　爲了排除那些選擇同源詞時的主觀因素,我們排除了那些僅有間接聯繫的詞,而只選擇普遍認爲是近義詞的詞彙。在語音方面,應該采取一種控制方法,即在有爭議的一點上,這些詞是不同的,但除了這一點之前其他方面它們必須是完全相同的,或者至少有共同的來源。下面我們將會證明這一點。

　　這些詞在研究語音關係方面有著巨大的價值,當聲母有規律地在兩個輔音之間交替出現時,還可以藉此來分析前綴成分。例如(數字表示《漢文典》中諧聲序列的編號,語音構擬依據高本漢(Karlgren)的體系):

1. a	975，g	吏	*	li̯əg/lji	'官員'
b	n	使	*	sli̯əg/si̯	'使者'

2. a	502，c	律	*	bli̯wət/liuět	'法律,遵循規定'
b	498，a	率	*	sli̯wət/siuět	'率領,遵循'
c	499，a	帥	*	sli̯wət/siuět	'率領,遵循'

3. a	562，a	履	*	li̯ər/lji	'鞋子,行走'
b	878，j	躧	*	sli̯ĕg/sie̯	'草鞋'
c	871，j	屣	*	si̯ĕg/sie̯	'鞋子'

4. a	123，f	屢	*	gli̯u/liu	'經常'
b	r	數	*	su̯k/sȧk	'經常'
c			*	sli̯u/siu	'數字'

5. a	655，a	林	*	gli̯əm/li̯əm	'森林,大'
b	664，a	森	*	si̯əm/si̯əm	'樹木茂密,大'

6. a	655，e	淋	*	gli̯əm/li̯əm	'傾瀉,注'
b		渗②		/si̯əm	'注'

　　根據諧聲關係,高本漢(Karlgren)爲1.b、2.b和3.b構擬了sl-。他爲2.c也構擬了sl-,理由是它和2.b同源。但他卻沒有給3.c構擬sl-,儘管它也和3.b同源。他也沒有給4.b構擬複輔音聲母,儘管他給這個字表示的另一個詞構擬了sl-。

　　白保羅(Benedict)(1948)提出中古漢語的s來源於漢藏語的sr-③。藤堂明保(Tōdō)(1957)爲每個中古捲舌音聲母的上古音都構擬了介音-r-,其中包括高本漢(Karlgren)構擬爲

---

　　① S.E. Jachontov: *Fonetika kitajskogo jazyka i tysjaceletija* do n. e.（sistema finalej）. Problemy Vostokovedeni ja 1959，2，S.138.

　　② "渗"雖見於《説文》,卻不見於《漢文典》。

　　③ Paul K. Benedict: *Archaic Chinese * g and * d*，HJAS，Vol.11，1948，S.199.

s 的審_①。雅洪托夫(Jachontov)(1963)提議爲所有二等字都構擬含-l-的複輔音，其中也包括sl-。只有承認 s-來源於 sl-，其中 s-是前綴，上表所示的詞組的詞源關係才能得到令人滿意的解釋。如果這些詞都是以 s-前綴的有無爲特點，那麼高本漢(Karlgren)從諧聲關係出發構擬的 bl-(見 2.a)和 gl-(見 4.a、5.a、6.a)的可靠性就值得懷疑了，因爲就算我們認爲 2.a 中沒有b-，4.a、5.a 和 6.a 中沒有 g-，它們的諧聲現象也能得到解釋。例如根據馬伯樂(Maspéro)(1930)，上面幾組字可以作如下構擬：

聿	* hljət	林	* ljəm	婁	* lug
					* ljug
律	* ljət	淋	* ljəm	屢	* ljug
筆	* pljiət	禁	* kljəm	履	* kljug
		森	* sljəm	數	* s-ljug
					* s-luk

把"筆"構擬爲 * pljiət，把"禁"構擬爲 * kljəm，除了諧聲關係外，還能找到其他證據。這兩個字都是重紐三等字，根據藤堂明保(Tōdō)(1957)，它們都含有-r-介音②。在沒有看到藤堂明保(Tōdō)研究成果的情況下，蒲立本(Pulleyblank)(1962)獨立證明了重紐三等字都帶有含-l-的複輔音聲母。藤堂明保(Tōdō)(1957)把純三等韻和重紐三等韻歸爲一類，理由是它們經常發生聯繫，而且在日語、漢越語、韓語中它們和重紐四等韻存在對立。根據這個解釋，"味"可以構擬爲 mrjəd，"胃"可以構擬爲 hrjəd，"友"可以構擬爲 hrjəg。這可以和西門華德(Walter Simon)(1930)的漢藏語詞彙對比相印證。③

漢語：	味	mrjəd＞mjwĕi	
藏語：		brod	'味道'
漢語：	胃	ĥrjəd＞jwĕi	
藏語：		grod	'胃'
漢語：	友	ĥrjəg＞jiə̆u	
藏語：		grogs	'朋友'

根據上述觀點，我們現在可以不受諧聲證據約束地爲所有音節系統地構擬含-l-(或-r-)的複輔音聲母，其中既包括喻化的音節，也包括非喻化的音節。也就是説，不止存在 pra-、kra-、tra-、tsra-這樣的音節和 pa-、ka-、ta-、tsa-構成對立，而且還存在 prja-、krja-、trja-、tsrja-和pja-、kja-、tja-、tsja-構成對立。給所有二等字都構擬含-r-(或-l-)的複輔音聲母最早由雅洪托夫(Jachontov)(1960)通過諧聲證據提出。他的構擬一方面簡化了上古漢語的元音系統，另一方面不再需要另外爲喻化音節構擬兩套不同的介音(前-i-和央-i-)，從而使上古漢語的輔音結構更加系統化④。

這樣的構擬帶來一個問題：在爲 l-聲母字構擬早期階段的複輔音聲母時，我們能否完全

①　藤堂明保：《中國語音韻論》，頁 167ff。

②　藤堂明保：《中國語音韻論》，頁 199f。

③　Walter Simon：*Tibetisch-Chinesische Wortgleichungen*，Berlin 1950，Nr. 188，181 und 24。

④　Vgl. E.G.. Pulleyblank：*The Consonantal System of Old Chinese*，AM，NS，Vol.IX，1962，S.70f und S.111。

依靠諧聲證據,而不與此處提出的前提矛盾呢？答案是:如果我們假設複輔音中第二個成分是-l-(或者實際上是-r-,但後來漢語中-l-和-r-的對立消失了),那麼 l 前面除了 g 就不可能出現其他輔音(g 從不在一等字和二等字中出現),因爲上述構擬蘊含這樣的情況:-l-(或-r-)在所有輔音(除了 g)之後都會失落,這導致了二等韻的形成和重組韻的分立。出於系統構擬的考量,我們不同意像 (lj t)和 (ljug)那樣在 l 前構擬某種唇音的做法①。例如:

婁　* lug
　　* ljug

屨　* ljug
履　* kljug
數　* sljug
　　* sluk

這樣的解釋同樣可以應用於聲訓。例如《釋名》中有"膠,尻也",還有"寥,疏也","膠"和"寥"聲符相同。"膠"和"寥"在中古都讀 lieu("膠"此外還有 liäu 一讀)。高本漢(Karlgren)將"寥"的上古音構擬爲 gliog("膠"不見於《漢文典》,Bodman 將其構擬爲 * gliôg 和 * gliog②)。

Bodman　　　Nr.459　　尻　　* k'ôg/k'âu
　　　　　　　　　　　膠　　* gliôg/lieu
　　　　　　　　　　　　　　* gliog/liäu
　　　　　　　Nr.128　　疏　　* sio/siwo
　　　　　　　　　　　寥　　* gliôg/lieu

對於第一組同源詞來說,g-的構擬是必須的,但第二組的構擬卻不甚理想。

爲了照顧到這個以及其他的語音關係,司禮義(Serruys)(1958)爲聲符"寥"構擬了全諧聲值(den vollen hsieh-sheng-Wert)√ * blýlog∼blýôg③。

此外他還爲"尻"和"疏"構擬了和説文諧聲系統相應的讀音。

/ * lk'ôg∼nk'ôg
/ * sýo∼slýo(g)

他説:"我們把共時層面多種多樣的語音聯繫全都納入了考慮。"但是由於他把所涉及的所有複輔音都按同一套公式來處理,實際上並沒有得出什麼確切的結論。因爲不管諧聲關係多麼複雜,一個詞並不必然包含其所在諧聲系列中可能出現的所有音素。在上述情況中,有着最複雜的諧聲關係的字也許只有一個單輔音聲母 l。第二組可以作如下構擬:

疏　　* sljag＞siwo
寥　　* liəgʷ＞lieu

爲了和前面提到的原則相符,我們只需要把 s 改爲 sl。但對第一組字,我們必須接受一個附加的 g-。

尻　* k'əgʷ
膠　* gliəgʷ　　　（又讀: * ljagʷ）

————————————

① 　譯者注:原文有脱漏,疑" (lj t)和 (ljug)"應當補充作"律(ljət)和婁(ljug)",但是"婁"諧聲系列中沒有唇音字。此處可能有筆誤。

② 　Nicholas Cleaveland Bodman: *A Linguistic Study of the Shih Ming*, S.87 und 74.

③ 　Paul L.M. Serruys: *Notes on the study of the Shih Ming*. Am, Vol.VI, 1958, S.150.

它們的諧聲關係如下所示：

廖	*liəgʷ＞lieu	寥	*liəgʷ＞lieu
	*ljəgʷ＞liəu	膠	*gliəgʷ＞lieu
			*ljagʷ＞liäu

這個結果和我們到目前爲止所説的内容相符，並且在解釋多種諧聲關係方面有明顯的優勢。聲符"廖"不僅和k-(膠)，而且還和m-(謬)、n-(獠，又讀 ɣau)、t̂ˡ-(瘳)都有諧聲關係。如果我們像高本漢(Karlgren)那樣，把"廖"的聲母構擬爲 gl-，那麼只有和"膠"的諧聲關係能得到比較好的解釋，而它和其他的字的關係則被忽略了①。

本文對該小節出現的例字構擬如下：

1.	吏	*ljəg＞lji	'官員'
	使	*s-ljəg＞s̩i	'使者'
2.	律	*ljət＞liuĕt	'法律,遵循規定'
	率帥	s-ljət＞siuĕt	'率領,遵循'
3.	履	**ljig＞*ljid＞lji	'鞋子,行走'
	躧屣	*s-ljig＞sie	'鞋子'
4.	屢	*ljug＞liu	'經常'
	數	*s-luk＞sȧk	'經常'
		*s-ljug＞siu	'數字'
5.	林	*ljəm＞liəm	'森林'
	森	*s-ljəm＞siəm	'森林'
6.	淋	*ljəm＞liəm	'滴落'
	滲	*s-ljəm＞siəm	'滲透'

3.2 圓唇化軟腭音及異化作用

當我們翻開董同龢(1948)的上古音表，就會發現一些韻有"開口"和"合口"的對立，而另一些韻卻没有。"開口"和"合口"的區別在於有没有-w-介音，由此可見，-w-介音並不存在於所有的古韻中，而只存在於其中一部分。值得注意的是，除了齒音尾韻之外，合口表中只有唇音、軟腭音、喉音聲母字，没有硬腭音和齒音(包括擦音和塞擦音)聲母字。由於唇音不分開合口，開合口的區分就只體現在軟腭音和喉音聲母上了。這促使雅洪托夫(Jachontov)(1960)和蒲立本(Pulleyblank)(1962)做出這樣的假設：-w-介音原本就是聲母的一部分，在上古漢語中存在圓唇化軟腭音和圓唇化喉音。對於齒音尾韻的齒音聲母後有-w-介音的情況，他們做出

---

① 董同龢：《上古音韻表稿》，第 38 頁。

了如下推測："un＞uən"和"on＞uân"①。

李方桂(1971)接受了這個假設。他爲幽、宵、中三部構擬了一組圓唇化軟腭音韻尾 k^w、g^w 和 ng^w。這使得圓唇化軟腭音的分佈呈現明顯的規律性，而且和軟腭音 k、g、ng 平行。但這其中有一個例外：軟腭音 k、k'、g、ng 可以在所有音節中出現，而 k^w、$k^{!w}$、g^w、ng^w 不見於帶唇音或圓唇化軟腭音韻尾及圓唇元音的音節。值得注意的是，恰恰是在這樣的音節中喉牙音聲母和齒音處於相同的諧聲序列。這似乎預示著，這種不規則的分佈其實是語音流變的結果，在上古漢語中，圓唇化軟腭音和軟腭音都可以出現在所有音節當中，異化作用導致的音變使得它們的分佈變得不規則。早在 1896 年孔好古(Conrady)就提出了 gr＞d 的音變，他説："如果相同聲符的諧聲字中既有 g-又有 l-，那麽就表明原本存在一個古老的聲母 $^*gl-$($^*gr-$)。如果這其中還有 d-，那麽我們就很自然的得出結論，這裏存在一個和藏語中相同的音變：gr＞d-(d-)。"②

既然軟腭音 kr、k'r 等後來都變成了 k、k'，那麽我們就必須假設圓唇化軟腭音 $k^w(r)$、$k^{!w}(r)$、$g^w(r)$ 等後來都變成了 t(r)、t'(r)、d(r) 等，如下表所示：

$k^w(r) \rightarrow t(r)$　　　　在 $-k^w$, $-g^w$, ng^w, -uk, -ug, -ung, -p, -b 或-m 的條件下。

$k^{!w}(r) \rightarrow t'(r)$

$g^w(r) \rightarrow d(r)$

$ng^w(r) \rightarrow n(r)$

k^w＞t 的假設和我們在第一章提到的韻尾中同樣的音變平行。這個假設同樣適用於諧聲序列中存在的許多令人困惑的現象，例如 k-、k'-等經常和 t-、t'-等共現。在我看來，這些齒音原本都來自圓唇軟腭音 k^w-、$k^{!w}$-等。利用這個假設我們可以解決兩個難題：一個是圓唇軟腭音分佈的不規律性，一個是諧聲序列中的不規則因素。

比較典型的既含軟腭音又含齒音的諧聲序列是"甚""僉"和"臽"。根據前文的研究，這些諧聲序列可以作如下構擬：

堪　　　$^*k^!$əm＞$k^!\hat{a}$m
湛　　　$^*k^w$əm＞t$\hat{a}$m
　　　　$^{**}g^w$rəm＞*drəm＞d$^!$am
　　　　$^{**}g^w$rjəm＞drjəm＞$\hat{d^!}$iəm

檢　　　*krjam＞ki$\hat{}$äm
儉　　　*grjam＞g$^!\hat{}$iäm
顩　　　$^{**}g^w$rjəm＞drjəm＞$\hat{d}$iəm
　　　　*ngrjam＞ngi$\hat{}$äm

臽　　　$^*k^!$am＞$k^!\hat{a}$m
　　　　$^*\hat{h}$riam＞ɣam

① S.E. Jachontov: *Fonetika kitajskogo jazyka i tysjacelétija do* n. e. (labializovannye glasnye), Problemy Vostokovedenija 1960，S.102ff.

② August Conrady: *Eine Indochinesische Causativ-Denominativ-Bildung*, Leipzig 1896，S.XV.

窨　　$^*g^wam>d^{\cdot}\hat{a}m$

藺　　$^*g^wam>d^{\cdot}\hat{a}m$（比較：閻壖$^*\hat{h}jam>i\ddot{a}m$）

詔謟　　$^{**}k^{\cdot w}rjam>^*t^{\cdot}rjam>\hat{t}^{\cdot}i\ddot{a}m$

蒲立本（Pulleyblank）（1962）爲"藺（$d\partial m^/<^*\delta\partial m\cdot<^*vem\cdot$）"構擬了唇齒音來源，目的是解釋它和"詔（$\hat{h}\partial m^/<^*\hat{h}wem\cdot$）"、"閻（$yem<^*\hat{h}w\bar{e}m$）"的諧聲關係①。上文所做的構擬可以不必在上古漢語中加入唇齒音。此外它在解釋異體字、漢藏對音、聲訓和詞源關係方面更有優勢。

根據甲骨文的研究，"九"最初表示的是"肘"的形象。也就是説，當"九"只用於表示｛九｝時，爲了和其本義相區分，需在其上加一"月"旁，以此造成新的形聲字"肍"②。其右旁"九"先是替換成"又"，再替換成"寸"，最後就成了今天我們見到的"肘"字③。

曾有學者從音韻角度對此提出反對意見④。我的假設可以爲該音變提供解釋：

九　　krjəw

肘　　$k^wrjəg^w>trjəg^w$

如果我們看看西門華德（Walter Simon）找到的藏語同源詞，這個構擬就會更容易理解：

西門華德（Walter Simon）Nr.82　　gru　　　　　　'手肘'

　　　　　　　　　　　　　　　　　　$k^wrjəg^w$　　　　　肘'手肘'

如果上述構擬可信，那麼就很容易理解爲什麼"九"最初可以用"肘"表示，以及爲什麼它後來被換成了其他字。音變是其中的主要原因。

我們再舉《釋名》中一個聲訓的例子，其中"輈"被訓作"句"。

包擬古（Bodman）493　　輈　　tiôg/$\hat{t}$iəu

　　　　　　　　　　　　　　句　　ku/kəu

　　　　　　　　　　　　　　　　　kiu/kiu

爲了解釋這個現象，司禮義（Serruys）（1958）爲"輈"構擬了全諧聲值$\sqrt{^*}$bt́ôg，並據此推斷 b-在《釋名》時代已經脱落，因此可以和"句/*skiug～S*tkiug"互換⑤。

司禮義（Serruys）493　　輈　　*bt́ôg>t́ôg

　　　　　　　　　　　　　　句　　skiug/tkiug

但是爲"輈"構擬一個複輔音聲母似乎不是很合適。捲舌音 trj-（高本漢（Karlgren）：$\hat{t}$i-)來自於圓唇化軟腭音 k^wrj-。

---

①　E.G. Pulleyblank：*The Consonantal System of Old Chinese*. AM, NS, Vol. IX part 1，1962，S1140 und 105.

②　《説文》中的"九"字與這裡討論的字無關。

譯者注：該條注釋中的"九"疑爲"肍"的筆誤。《説文·肉部》："肍，熟肉醬也。從肉九聲。讀若舊。"

③　李孝定：《甲骨文字集釋》，臺北："中央"研究院，1965 年，Bd.14，頁 4187ff.

④　龍宇純：《中國文字學》，頁 319。

⑤　Paul L.M. Serruys：*Notes on the Study of the Shih Ming*，AM, Vol. VI, 1958，S.152.

司禮義（Serruys）用/* 表示基於《説文》諧聲系統的構擬，這個構擬和高本漢的體系有所不同。S* 表示一種專爲《釋名》時代的讀音所做的構擬。

$$ 輈　　*k^wrjəg^w > trjəg^w > \hat{t}iəu $$

$$ 句　　*kug > kəu $$

$$ *krjug > kiu $$

　　將"輈"的聲母構擬爲軟腭音,改變了整個諧聲序列的狀況。在此之前,該諧聲序列中的"貈"不和任何其他字發生聯繫,顯得十分孤立。現在我們可以接受該諧聲序列中包含原本就存在的軟腭音①。"輈"的讀音由"舟"來表現,因此我們可以拿它和藏語的 gru(船)做對比。在接下來的部分我們將展示,"舟"來自 skrjəg^w,而藏語的 gru 和漢語的 k^wrjəg^w、skrjəg^w 有關。

漢語:　k^wrjəg^w　肘　'手肘'　比較:《漢文典》　1073,a 肘 tiôg/ t̂iəu

藏語:　gru　　　　　'手肘'

漢語:　skrjəg^w　舟　'船'　比較:《漢文典》　1084,a 舟 tiôg/tŝiəu

藏語:　gru　　　　　'船'

　　同源字"追"和"逐"的聲母最初也是圓唇化軟腭音。雖然"追"的聲符"𠂤"在中古漢語中讀齒音(中古讀 tuâi),但段玉裁在《説文解字注》中已經指出:"《國語》叚借魋(中古讀 kʰuâi)字爲之"。這和"𠂤"作"歸"(中古讀 kjwei)的聲符可以相印證。"歸"和"追"的情況較爲複雜,因爲二者不僅有聲母的問題,它們的韻母也需要考慮。二者都屬於微部,該部中圓唇軟腭音不變齒音。由於該韻中既不含圓唇元音,又不含唇音或圓唇化軟腭音韻尾,因此異化作用也沒有產生的條件。但正如第一章所述,"追"和"逐"存在詞源關係,據此可知它曾有過 g^w 韻尾。

逐　drjək^w

追　trjəg^w > trjəd　　　　　（方言演變）

　　可以推測,這兩個字以前都有圓唇化軟腭音聲母,但後來變成了齒音。

逐　　g^wrjək^w > drjək^w　　　　　比較:邃 xrjək^w

追　　k^wrjəg^w > trjəg^w > trjəd　　　　　（方言演變）

比較:　歸 k^wrjəd

　　一般認爲,"追"和"歸"的不同主要體現在聲母上,但在我們看來,二者的不同一開始其實體現在韻尾上。值得注意的是,曾經存在過一個-k^w、-g^w 等韻尾混入-t、-d 等韻尾的方言,因此這個假設並不是毫無根據的。

　　我們可以舉"羔"和"𦍩"作爲詞源關係方面的例子。

羔　kag^w　　　　　　　　　　'羔羊'

𦍩　g^wrjag^w > drjag^w　　　　'羔羊'

　　把"𦍩"的聲母構擬爲圓唇化軟腭音看起來似乎比較怪異。我們認爲這個字是在 g^wr- > dr-這個音變發生之後才產生的。詞源關係反映的是詞一開始的狀態,它要遠遠早於文字出現的時代。

────────────

　　① 譯者注:《説文》:"貈,似狐善睡獸。從豸舟聲。《論語》曰:'狐貈之厚以居。'"該字《切韻》注音"下各切",段玉裁謂"此切乃貉之古音,非此字本音也。其字舟聲,則古音在三部。《邠》詩'貈''貍''裘'爲韵,一部三部合音也。"金文中有"𧥛"字,多用爲"固",參看李學勤:《棗莊徐樓村宋公鼎與費國》,《史學月刊》2012 年第 1 期。

一般認爲，軟腭音 k-和圓脣化軟腭音 kʷ-可以在同一個詞族中自由交替。-j-介音和-w-介音的表現不同，-j-不影響諧聲，而-w-常常會影響諧聲。這是因爲帶-w-的諧聲序列包含了不同的韻尾。例如 kan 和 kuan 從不出現在同一個諧聲序列當中，可能是因爲 kuan 來源於早期的 kung，和 kan 的讀音並不接近。-w-對諧聲系列產生影響應當被看做正常的現象。下面的例子表明，介音-r-和-j-都不會影響詞族。它們應當被看做中綴。

高　kagʷ　　　　　　　　　　　　'高'

喬　grjagʷ＞gʹiäu　　　　　　　　　'高'

這組字表明 gʷr-變成了 dr-，而 gr-則保持不變。

3.3　上古漢語的複輔音結構

我們在前文已經爲所有的二等和三等字（包括重紐三等和純三等韻）構擬了-r-介音。此外，顯而易見的是，出現在三等或通過反切能與三等系連的舌齒音（t、tʹ、d、n、ts、dz 和 s）也應解釋爲含有-r-介音。我們用下表來表示它，爲了方便討論，我們還製作了一個與此對應的包含漢語術語的表格①（"a"代表任意一個元音）。

	脣音（Bilabial）				齒音（Dental）			
I	pa	pʹa	ba	ma	ta	tʹa	da	na
II	pra	pʹra	bra	mra	tra	tʹra	dra	nra
III	prja	pʹrja	brja	mrja	trja	tʹrja	drja	nrja
IV	pja	pʹja	bja	mja	○	○	○	○
IV	pia	pʹia	bia	mia	tia	tʹia	dia	nia

	脣音				舌音			
I	幫	滂	並	明	端	透	定	泥
II	幫	滂	並	明	知	徹	澄	娘
III	非	敷	奉	微	知	徹	澄	娘
IV	幫	滂	並	明	○	○	○	○
IV	幫	滂	並	明	端	透	定	泥

軟腭音（Velar）				齒塞擦音和擦音（Dentale Affricatae und Frikativa）						
ka	kʹa	○	nga	tsa	tsʹa	dza	sa	○	la	○
kra	kʹra	○	ngra	tsra tsrja	tsʹra tsʹrja	dzra dzrja	sra srja	○ ○	○	○
krja	kʹrja	grja	ngrja	tśia	tśʹia	dźia	śia	źia	lja	ńźja
kja	kʹja	gja	ngja	tsja	tsʹja	dzja	sja	zja	○	○
kia	kʹia	○	ngia	tsia	tsʹia	dzia	sia	○	lia	○

---

① 譯者注：原文第一張表格中術語爲德語，第二張表格中術語爲漢語。

牙音				齒音					舌音齒	
見	溪	○	疑	精	清	從	心	○	來	○
見	溪	○	疑	照₂	穿₂	牀₂	審₂	○	○	○
見	溪	群	疑	照₃	穿₃	牀₃	審₃	禪	來	日
見	溪	群	疑	精	清	從	心	邪	○	○
見	溪	○	疑	精	清	從	心	○	來	○

在《韻鏡》中，不同音節的字通過獨特的方式在表中展現。例如純四等字不能和重紐四等字同時出現在同一張表中，因爲它們在表中的位置相同。齒塞擦音和擦音中，tsrja 組總是出現在第二行，tsia 組（據高本漢（Karlgren）構擬的中古音）總是出現在第三行，tsja 總是出現在第四行，在這種情況下 tsra 組和 tsia 組就不能再在表中出現了。

從表中不難發現，裏面缺少 tja 組（即 tja、tʰja、dja 和 nja），而齒塞擦音和擦音中有兩組聲母合併了。tsrja 組和 tsja 組通過有無-r-介音相區別，這個對立和脣音與齒音中的現象平行。因此，tsia、tsʰia、dzia、sia、zia 這一組是孤立的。

1. 高本漢（Karlgren）把我們構擬爲 trja 的這組聲母構擬爲 tîa。爲了顧及它們和齒音 t、tʰ、d 等的諧聲關係，他把它們都擬作硬腭音[1]：

$$^* \hat{t}ia > t\acute{s}ia$$
$$^* \hat{t}^{'}ia > t\acute{s}^{'}ia$$
$$^* \hat{d}^{'}ia > d\acute{z}^{'}ia$$
$$^* \hat{d}ia > d\acute{z}ia > \acute{z}ia$$
$$^* \acute{s}ia > \acute{s}ia$$
$$^* \acute{n}ia > \acute{n}\acute{z}ia$$

2. 董同龢（1948）舉出了很多軟腭音（k-、kʰ-等）與之發生關係的例子。他在高本漢（Karlgren）的 t̂，t̂ʰ，d̂ 之外，還構擬了腭化的 k̂，k̂ʰ，ĝʰ，gn，x̂和 ĵ，爲的是照顧到這些字和 k-組與 t-組的雙重關係。他認爲上古的 k̂-組和 t̂-組到中古都合流爲 tś-組[2]。

$$\left.\begin{array}{l} \hat{t}\text{-},\ \hat{t}^{'}\text{-},\ \hat{d}\text{-},\ \acute{s}\text{-},\ \acute{z}\text{-},\ \acute{n}\text{-}, \\ \hat{k}\text{-},\ \hat{k}^{'}\text{-},\ \hat{g}^{'}\text{-},\ \acute{x}\text{-},\ \acute{j}\text{-},\ gn\text{-} \end{array}\right\} t\acute{s}\text{-},\ t\acute{s}^{'}\text{-},\ d\acute{z}^{'}\text{-},\ \acute{s},\ \acute{z},\ \acute{n}\acute{z}$$

3. 藤堂明保（Tōdō）（1957）讚同將脣齒音的二三等構擬爲 tra-和 trj-。鑒於 t-組和 tś-組（tś-、tśʰ-等）呈互補分佈，他爲後者構擬了 tj-、tʰj-等的上古音來源。但由於齒音中只有四個空格，他不得不把 tś-組的六個聲母解釋爲方言。由於他還把 dj-看做喻母（j-）和邪母（zj-）的來源，因此他假設了四種方言來解釋上古的 dj-演變爲中古四個不同的聲母[3]。

---

① 高本漢:《漢文典》，頁 15。
② 董同龢:《上古音韻表稿》，頁 19。
③ 藤堂明保:《中國語音韻論》，頁 284。

$$^*\text{tj}\rightarrow\hat{\text{tśi}} \qquad (=\text{crj}) \qquad 與他《韻鏡》時代的擬音一致$$

$$^*\text{t'j}\rightarrow\hat{\text{tś'i}} \qquad (=\text{c'rj}) \qquad 方言 A$$

$$\hat{\text{śi}} \qquad (=\text{srj}) \qquad 方言 B$$

$$^*\text{dj}\left\{\begin{array}{ll}\hat{\text{dźi}} & (=\text{dzrj}) \qquad 方言 A \\ \hat{\text{źi}} & (=\text{zrj}) \qquad 方言 B \\ \hat{\text{i}} & (=\text{j}) \qquad 方言 C \\ \hat{\text{zi}} & (=\text{zj}) \qquad -\end{array}\right.$$

$$^*\text{nj}\rightarrow\hat{\text{ńźi}} \qquad (=\text{rrj})$$

對於那些和軟腭音有諧聲關係的字,他在 1965 年都將其解釋爲腭化。爲了和《切韻》時代之後發生的腭化相區別,他把這些稱謂"第一次腭化"①。但他没有給出這些腭化發生的語音環境。

4. 蒲立本(Pulleyblank)(1962)亦認爲硬腭塞擦音(tś-、tś'-等)來源於齒塞音。對於那些和軟腭音發生關係的字,他採用了一個長短元音的理論,來解釋軟腭音爲何會發生腭化。

5. 李方桂(1971)②提出了兩個標準,據此可以檢驗一個構擬是不是好的構擬的:

(a) 上古發音部位相同的塞音可以互諧。

(b) 上古的舌尖塞擦音或擦音互諧,不跟舌尖塞音相諧。

根據這兩個標準,李方桂認爲高本漢(Karlgren)和董同龢的構擬都不讓人滿意。他保留了 tj>tśj 的解釋,但否定了爲韻母構擬長短元音的做法。他提出了含 s 的複輔音,以此來解釋那些和軟腭音有諧聲關係的字。他的構擬如下:

$$\text{skj} \longrightarrow \text{tś}$$

$$\text{skhj} \longrightarrow \left\{\begin{array}{l}\text{tśh} \\ \text{s}\end{array}\right.$$

$$\text{sgj} \longrightarrow \left\{\begin{array}{l}\text{dź} \\ \text{ź}\end{array}\right.$$

在我看來,爲照三組構擬含 s 的複輔音聲母是一個很好的想法。下文我們將爲李氏的構擬做一些補充。

中古的照三組,高本漢(Karlgren)構擬爲 tś-、tś'-等,藤堂明保(Tōdō)(1957)構擬爲 crj(=tsrj)、c'rj(=ts'rj)、dzrj、srj、zrj 和 rrj。藤堂明保(Tōdō)的這組聲母是爲《韻鏡》時代構擬的,他爲《切韻》時代構擬的聲母爲 cj(=tsj)、c'j(=ts'j)、dzj、sj、zj 和 nj。由於這個構擬和精組三等衝突,他不得不採用在"c"和"j"中間加"-"的方式(例如 c-j)來作爲後者的區別特徵。

爲《韻鏡》時代構擬的 crj 組聲母十分可信,因爲它可以很好地解釋《切韻》中小韻的排列方式和中古漢語到現代方言的演變。爲了證實《韻鏡》時代這組聲母含有-r-介音,他指出,在包括普通話在内的不少漢語方言中,這一組聲母都捲舌化了。

一般認爲,普通話中的捲舌音有知組和照二組兩個來源,二者都同時出現在二和三等。藤堂明保(Tōdō)爲這兩組聲母都構擬了-r-介音。如果要把捲舌音的起源歸結爲-r-介音,那麼就

① 藤堂明保:《漢字語源辭典》,頁 244,頁 494,頁 786 等。

② 李方桂:《上古音研究》,CHHP, NS, IX, 1971,頁 8。

要將它貫徹到整個漢語史中,它在知組、照二組和照三組三組聲母中都應該起同樣的作用。藤堂明保(Tōdō)最終取消了上古漢語中存在-r-介音的假設,因此也放棄了他的構擬的一個優點。

從這個前提出發,藤堂明保(Tōdō)顯然陷入了兩難的境地。如果從《韻鏡》時代上溯到《切韻》時代,那麼就得到一組既可以在喻化音節中出現,又和照三組有別的照二組聲母。如果還保持"crj"的構擬,那麼照二和照三之間就沒任何區別了。考慮到照二組和端組的聯繫,他把"c"改成"t",這樣就得到了trj,但這又和知組衝突。如果取消-r-,那麼它又和精組相混無別。他說他不知道是否應該在《切韻》時代引入一個不夠好的tj-。這反映了他舉棋不定的心態。最終藤堂明保(Tōdō)選擇了將精組構擬爲c-j,將照三組構擬爲cj,將上古階段構擬爲tj[1]。

但對此他並不滿意,在解釋從上古到中古的音變時,從未提及 cj。

他的構擬如下:

$$tj \ > \ t^rj \ > \ crj[2]$$

"cj"階段被取消了。

他的這個構擬有兩方面的問題。首先,在這裏他假設存在一個"小-r-"階段,而對於知組和照二組來說,他又認爲其中的-r-是早已存在的。我們期望能對二者有一個統一的解釋。其次,他沒有解釋塞音 t 是如何變成塞擦音 c 的。

如上文所述,照三組既和 k-組有諧聲關係,又和 t-組有諧聲關係(下文將會提到,實際上還和 p-組有關)。

在該構擬中,這方面的問題沒有得到應有的重視。這兩組(或三組)聲母是如何合併的,這個問題還沒有被系統地研究過。以往的研究通常對它們進行分別處理。一個好的構擬必須回答這些問題:這兩組(或三組)聲母是如何合爲一組的? 齒塞音是如何變成塞擦音和捲舌音的? 照二組和照三組有何種分別,它們又如何合併?

蒲立本(Pulleyblank)(1962)和李方桂(1971)爲解決這些問題提供了新的思考角度。他們都提出了 s-前綴的同化作用和語音換位。

蒲立本(Pulleyblank)[3]:

非 pi̯əi̯　　　　　　鼻 byi

罪 dzuəi　　　　　　自 dzii

《説文》稱"罪"從"非"聲[4],"自"是鼻子的象形。蒲立本(Pulleyblank)認爲"自"和"鼻"是同源詞。根據他的觀點,其音變爲:

$$sb- \ > \ sd- \ > \ dz-$$

考慮到語音演變中的差異,這兩組字可以作如下構擬:

非　*pjəd

罪　*s-bəd > s-dəd > zdəd > dzəd > dzuəi

鼻　*bjid

自　*s-bjid > sdjid > zdjid > dzjid > dzii

---

①　藤堂明保:《中國語音韻論》,頁 198,頁 208,頁 282。

②　藤堂明保:《中國語音韻論》,頁 298。

③　E.G. Pulleyblank: *The Consonantal System of Old Chinese*,AM, NS Vol.IX, 1962,S.135.

④　譯者注:《説文》大小徐本均作"罪,從网、非",清代説文學家多認爲原應作"從网非聲"。

　　他的這個觀點很有説服力。可以推測，"自"最初既表示{自己}又表示{鼻子}，當"sbjid"中的 b 被前綴 s-同化爲 d 之後，它只用來表示{自己}，這時聲符"畀（pjid）"加到了"自"上，分化出"鼻"字來表示{鼻子}這個意思。

　　李方桂構擬了如下音變：

$$sg>dz \text{ 和 } skh>tsh$$

　　這是因爲"告"和"造"存在諧聲關係：

$$告 \ kag^w \qquad 造 \qquad sgag^w>dzag^w$$
$$skhag^w>tshag^w$$

　　此外他還認爲可能存在如下音變：

$$sd>dz\text{-或 } z\text{-}$$

　　綜上所述，我們可以將他的觀點歸結如下：

$$\left.\begin{array}{c} sb \\ sg \\ sd \end{array}\right\} \to sd \to zd \to dz$$

　　與此對應：

$$\left.\begin{array}{c} sp \\ sk \\ st \end{array}\right\} \to st \to ts$$

$$\left.\begin{array}{c} sp' \\ sk' \\ st' \end{array}\right\} \to st' \to ts'$$

　　這些音變都基於 s-的同化作用和與之相關的語音換位。通過同化作用、語音換位和-r-介音我們可以解決前面提到的那些難題。同化作用可以解釋爲什麼三組聲母合併成了一組；語音換位可以解釋塞音如何變成的塞擦音；-r-可以解釋爲何會産生捲舌音。

　　我們再回到李方桂（1971），他提出的音變公式是：

$$skj \to ts$$

$$sk'j \to \begin{cases} ts' \\ s \end{cases}$$

$$sgj \to \begin{cases} dz \\ z \end{cases}$$

　　我們對李氏構擬的第一個補充意見是在這一組中加入-r-介音。既然李教授已經提出了 sg>dz 的音變，我們自然也可以將其推廣到喻化音節①，因爲 dz 既在喻化音節中出現，也在非喻化音節中出現。下面的例子表明，sk-、sk'-等會演變成 ts、ts' 等，同時從中也可以看出，-r-的存在與否構成照三組和精組的區別。

$$\text{僉} \quad sk'jam>ts'iäm$$
$$\text{檢} \quad krjam>kiäm$$
$$\text{霰} \quad skjam>tsiäm$$

---

① 譯者注："喻化音節"應爲"非喻化音節"的筆誤。

夾　　　　kriap＞kap

映　　　　krjap＞ʨiäp

虖　　　　kjag＞k̂iwo

齟　　　　sgag＞dẑˈuo

今　　　　krjəm＞k̂iəm

鈐　　　　sgjəm＞dʑiəm

　　　　　sgəm＞dẑɑ̂m

　　　　　shrjəm＞śiəm

妗　　　　skˈrjəm＞tsˈiäm

聲訓材料

包擬古 1174

　　　高本漢（Karlgren）擬音　　　業 ngiăp/ngiɐp（《釋名》）

　　　　　　　　　　　　　　　　捷 dzˈiap/dzˈiäp

　　　我的建議　　　　　　　　業 ngrjap/ngiɐp

　　　　　　　　　　　　　　　　捷 sgjap/dʑiäp

　　　比較：睫 = 映 ʨiäp＞skjap

《釋名》訓“業”爲“捷”。除非承認後者來源於 sgj-，否則這則訓釋就很難解釋。如果允許“疌”的諧聲序列中存在複輔音 sg-，那麼“睫”和其異體字“映（skjap）”的關係也就可以很好地解釋了。

我們對李氏構擬的第二個補充意見是爲不同的音變規定不同的語音環境。我們可以作如下假設：

skrj　⟶　tś

skˈrj　⟶　tśˈ

sgrj　⟶　dź　　（ = 高本漢體系的ź）

shrj　⟶　ź　　（ = 高本漢體系的 dź）

shrj　⟶　ś

與此平行，精組也可以分成：

skj　⟶　tsj

skˈj　⟶　tsˈj

sgj　⟶　dzj

shj　⟶　zj

shj　⟶　sj

這種輔音結構上的平行關係在由“ɣ”上推到“g”時遇到了麻煩。

藤堂明保（Tōdō）（1957）不同意 ɣ 和 g 互補分佈，而認爲 ɣ 和喻三、喻四互補分佈。

　　　　　一等　　　ĥ-　　　匣

　　　　　二等　　　ĥr-　　　匣

　　　　　三等　　　ĥrj-　　　于

四等　　　　ĥj-　　喻

純四等　　　ĥi-　　匣

這個解釋和本文對"友（ĥrjəg）"和"胃（ĥrjəd）"的構擬相符，藏語的 grogs（朋友）和 grod（胃）亦可與此相印證。此外，相比於高本漢（Karlgren）或富勵士（Forrest）的構擬，這個構擬能更好地解釋"彙"和"猬"、"立"和"位"的詞源關係。

高本漢（Karlgren）：

529，a　　類　*liwəd/ljwi　　　'等級，種類'

524，a　　彙　*giwəd/jwei　　'種類，等級'

694，a　　立　*gliəp/liəp　　　'站立，登（王位）'

539，a　　位　*giwɔd/jwi　　　'位階（王位）'

富勵士（Forrest）（該腳注參見 129 頁）：

類　*ljwəð

彙　*rwjəð

立　*gljəp

位　*gljwɛb＞gljwɛd

我的建議：

類　*ljəd＞ljwi

彙　*ĥ-ljəd＞jwei

立　*ljəp＞liəp

位　*ĥ-liəp-s＞jwi

《説文》稱"彙"從"胃省聲"，或從虫作"蝟"。"彙（＝蝟）"和"胃"的上古音相同。我們爲"胃"構擬了 ĥrjəd，爲"彙"構擬了 ĥljəd，因爲我們認爲 r 和 l 在早期同出一源。

不難推測，ĥ 和與之相對的不帶聲的 h 在上古漢語中都用作前綴。hlj- 後來變作 tʼj-，失去聲母的變成了喻四；ĥlj- 失去了複輔音聲母變成了喻三。

例如：

纍 累 縲　*ljəd＞ljwi　　　'捆束，繩子'

維　*h-ljəd＞iwi　　　　'連結'

緯　*ĥ-ljəd＞jwei　　　 '捆束'

喻四不僅和齒音有諧聲關係，還和喉牙音有諧聲關係，此外邪母和喻三、喻四、匣母都有密切的聯繫。

ĥj＞j

sĥj＞zj

這個假設可以很好地反映所有這些諧聲關係。j 前的 h 失落，因爲它使前面的輔音元音化了。據此下面這些諧聲序列就能得到令人滿意的解釋：

高本漢

羊　*ĥjang＞jang　　　732，a　　羊　*ziang/iang

姜　*kjang＞kjang　　711，a　　姜　*kiang/kiang

祥　*sĥjang＞zjang　　732，n　　祥　*dziang/ziang

公　　*kung＞kung　　　　1173，a　　公　　*kung/kung
頌　　*ĥjung＞jwong　　　 1190，d
　　　*ŝĥjuŋ＞zjwong　　　　　　　　頌　　*dziung/ziwong
松　　*ŝĥjung＞zjwong　　1190，a　　松　　*dziung/ziwong
容　　*ĥjung＞jwong　　　 1187，a　　容　　*diung/iwong

匝　　*ĥjəg＞jəg＞i　　　　960，a　　匝　　*giəg/i
姬　　*kjəg＞kji　　　　　960，f　　姬　　*kiəg/kji
洇　　*ŝĥiəg＞ziəg＞zi

巳　　*ŝĥjəg＞zi　　　　　967，a　　巳　　*ɖziəg/zi
已　　*ĥjəg＞i　　　　　　977，a　　已　　*ziəg/i
起　　*kʰjəg＞kʰji　　　 953，r　　起　　*kʰiəg/kʰji
熙　　*xrjəg＞xji　　　　 960，j　　熙　　*xiəg/xji
餼　　*skʰrjəg＞tśʰi　　 960，k　　餼　　*t̂ʰiəg/tśʰi

　　在《漢文典》中，最後一組例子見於四個不同的諧聲序列。《廣韻聲系》中這五個字屬於同一組諧聲序列①。我們的構擬爲這種分類方式提供了很好的解釋。

　　如果我們接受了 ŝĥj＞zj 的構擬，那麼自然就能得出 shj＞sj，以此來解釋 s 和軟腭音的諧聲關係。因爲一旦接受了 sk-、skʰ-和 sg-的同化 作用以及帶聲輔音前的 s 會元音化的假設，那麼就只有 sh-這唯一可能了。

　　前文已引述了雅洪托夫(Jachontov)和蒲立本(Pulleyblank)的觀點。根據他們的看法，在上古漢語中不存在-w-介音，喉牙音後的-w-其實是聲母的一部分，應該用圓唇化軟腭音或圓唇化喉音表示。從這個理論出發，可以推測，只要存在聲母爲 s 或 z，且包含-w-介音的音節，那麼它們的上古音來源就是 shʷj-和 ŝĥʷj-。

　　　　　　　　　　　　*shʷj＞swj
　　　　　　　　　　　　*ŝĥʷj＞zwj
　　　　　　昀　　*ĥʷjin＞iuĕn
　　　　　　　　　　　　*shʷjin＞siuĕn
　　　　　　　　　　　　*ŝĥʷjin＞ziuĕn

　　"昀"的三種讀音恰可以印證上述猜想。這個以及其他一些例子表明，在造字時代 s 依然是前綴，因此在諧聲序列中有部分殘留。下面就是一個典型的含有 s-前綴的例子，儘管其中 s-的功能已不能確定。

　　　　　　恙　　*ĥjang＞iang　　　'病'
　　　　　　痒　　*s-ĥjang＞ziang　　'病'

　　還有不少諧聲序列中 s 和 z 與喉牙音同時出現。

---

　　①　譯者注：即"巳""已""起""熙""餼"五字。

<table>
<tr><td>我的建議</td><td></td><td>高本漢(Karlgren)</td></tr>
</table>

	我的建議		高本漢(Karlgren)	
彗	* sĥʷjəd＞zwi	527，a	* dẑiwed/zwi	
	* sĥʷjad＞ziwäi		* dẑiwad/ziwäi	
	* ĥʷjad＞jiwäi			
嘒	* hiəd＞xiei	527，c	* xiwəd/xiwei	
慧	* ĥiəd＞ɣiei	527，d	* gᶦiwəd/ɣiwei	

高本漢(Karlgren)認爲 z-來源於 dẑ-而非 sĥ-,他在這一組諧聲序列後面寫道:"該組的上古音聲母問題重重(The archaic initials in this group are very problematic.)。"

	我的建議		高本漢(Karlgren)	
惠	* ĥʷiəd＞ɣiwei	533，a	* gᶦiwəd/ɣiwei	
繐	* sĥʷjad＞siwäi	533，i	* siwad/siwäi	
	* sĥʷjad＞ziwäi		* dẑiwad/ziwäi	
穗	* sĥʷjəd＞zwi	533，h	* dẑiwəd/zwi	
轊	* skʷᶦjad＞tsᶦiwäi			

比較:《釋名》訓"繐"爲"惠"。包擬古(Bodman) Nr.857

在這一組下高本漢(Karlgren)寫道:"和上面 527 組一樣,我們在這裏又遇到了同樣奇怪的語音上並非同源的聲母組合。其上古音聲母令人費解。(We have here the same curious combination of phonetically not cognate initials as in group 527 above. The archaic initials are very obscure.)"

高本漢(Karlgren)的備注表明,一個新的解決方案是十分必要的。

		比較:	福州話:huoi
歲	* sĥʷjad＞siwäi		閩南話:hue
劌	* kʷjat＞kiwäi		
譏	* hʷad＞xuâi		
衊	* hʷat＞xuât		

福州話和閩南話的白讀音似乎和上古音"h"有關。

在接受了 shj＞sj 和 sĥj＞zj 之後,就可以進一步討論 sĥrj＞ź(＝dź)和 shrj＞ś了。首先要説明一個問題:爲何 dź和 ź的位置需調換? 其原因是禪₃(高本漢(Karlgren)擬爲ź)和照₃、端母、澄母、定母、知母都有密切的聯繫,這些聲母本文擬作 strj、t、drj、d 和 tr(j)。也就是説,禪₃和齒塞音有密切的聯繫。如果我們假設禪₃爲 sɣrj,那麼這種諧聲關係就無從體現了。如果把禪₃構擬爲 sgrj-,那麼通過同化作用 sbrj、sdrj 就可以和 sgrj 聯繫在一起。通過這個方式,我們可以爲禪₃構擬三個不同的來源。

$$\left.\begin{array}{l} sbrj \\ sgrj \\ sdrj \end{array}\right\} \rightarrow sdrj \rightarrow dzrj \quad (=źi)$$

例如:①

---

① 譯者注:原文在下表的"比較"後似乎漏了藏語的例子。《漢藏對照詞典》"勺子"義詞條下有 skyogs,但聲幹爲軟腭音而非唇音。在線版藏漢詞典(http://www.lamacn.cn/hzhyfull.aspx)"勺"字頭下有 སྤྱད(spyad),但韻尾是齒音而非軟腭塞音。施向東《漢語和藏語同源詞體系的比較研究》中指出《説文》訓爲"尤安樂也"的"甚"對應的藏語同源詞是 zhim(香甜)。他認爲"甚葚戡黮"這組字的聲母分佈甚廣,對應藏文 k- g- d- zl- zh-等,可以構擬一個前上古輔音叢 sgl-(施向東《漢語和藏語同源詞體系的比較研究》,北京:華語教育出版社,2000 年,第 91—92 頁)。

豹　　* prag^w

勺　　** sprjak^w＞* strjak^w＞tsrjak　　　（＝t́śiak）

　　　** sbrjak^w＞* sdrjak^w＞dzrjak　　　（＝źiak）

　　　比較：

婦　　* brjəg

帚　　** sprjəg^w＞* strjəg^w＞tsrjəg^w　　（＝＞t́śiəu）

堅　　* kin＞kien

臣　　** sgrjin＞* sdrjin＞dzrjin　　　　（＝źiĕm）

堪　　* k'ən＞k'ậm

甚　　** sgrjəm＞* sdrjəm＞dzrjəm　　　（＝źiəm）

　　　比較：

湛　　** g^{w}rəm＞* drəm＞d'ạm

埵　　* təl＞twal＞tuâ

硾　　* drjəl＞d̂'wie

垂　　* sdrjəl＞dzrjwal＞źwie

　　　比較：藏語：ḥjol-ba[1]

牀₃和喻₄（ɤj-）有密切的聯繫，因此不難將其構擬爲 shrj-。

例如：

射　　* ŝhrjag＞d́źia　　　　比較：石 sgrjak

　　　* ŝhrjak＞d́źiäk

　　　* ĥjag＞ia

　　　* ĥjak＞iäk

謝　　* ŝhjag＞zia

陸志韋（1947）提出禪₃和牀₃位置應該互換。他把高本漢（Karlgren）構擬爲 ź 的聲母構擬爲 dz，把高本漢（Karlgren）構擬爲 dź 的聲母構擬爲 z[2]。一旦接受了這個觀點，把這兩個聲母的位置互換，我們就能得到一個完美的平行關係。

在《顏氏家訓》中，顏之推說江南"石（* sgrjak）"和"射（* sɤrjak）"讀音不分。把"石"構擬爲* sgrjak 亦符合《釋名》中"石，格也"的訓釋。

　　　包擬古（Bodman）217　　石　　* d̂iăk/źiäk

　　　　　　　　　　　　　　　格　　** g'lăk/ɤɐk

高本漢（Karlgren）的構擬顯然不能讓人滿意。米勒（Miller 1956）建議將"石"讀爲 g'uk，因爲日語中該字作重量單位時讀作 koku[3]。司禮義（Serruys 1958）認爲 g'uk 的讀音是有可能的，但元音不是很合適。他根據/* dg'uk～和/* dɤ̆ăk 這兩種讀音，認爲後一種讀音和"格"

---

① 譯者注：འཇོལ་བ་（ḥjol-ba）"下垂"。

② 陸志韋：《古音説略》，第11頁。

③ Roy Andrew Miller：Bibliographie，Nicholas Cleaveland Bodman，*A Linguistic Study of the Shih Ming*，TO，Vol.64，1956，S.285.

相近。他爲"格"構擬了/*lkâk~dkâk 的讀音①。

$$司禮義(Serruys) \quad 石 \quad ^*dg^!uk \sim ^*d\acute{\gamma}ak$$
$$格 \quad ^*lkâk \sim dkâk$$

本文的構擬依據的原則和司禮義(Serruys)完全不同,我們得構擬如下②:

$$石 \quad ^{**}sgrjak > ^*sdrjak > ^*dzrjak$$
$$格 \quad ^*krak > k\mathrm{e}k$$
$$^*\hat{h}r\mathrm{e}k > \gamma\mathrm{e}k$$
$$^*kak > k\hat{a}k$$

根據同化作用構擬出來的 s-在下面這些例子中充當前綴。

仇	$^*grj\partial g^w$	'敵人'
讎	$^*s\text{-}grj\partial g^w$	'敵人'

比較:包擬古(Bodman)Nr.488(《釋名》訓"仇"爲"讎")

仇	$^*g^!i\hat{o}g/g^!i\partial u$
讐	$^*\hat{d}i\hat{o}g/\acute{z}i\partial u$

逑	$^*grj\partial g^w$	'配偶'
讎	$^*s\text{-}grj\partial g^w$	'配偶'

覞、睹	$^*grjid$	'看'(不見於《説文》)
視	$^*s\text{-}grjid$	'看'

轎	$^*grjag^w$	'小車'
輻	$^*s\text{-}grjag^w$	'小車'

高	$^*kag^w$	'高'
喬	$^*grjag^w$	'高且拱'
邵	$^*s\text{-}grjag^w$	'高'

在"刀($^*tag^w$)"的諧聲序列中加入軟腭音看起來也許有些奇怪。我們可以這樣想:在漢字發明的時候,$^{**}s\text{-}grjag^w$ 就已經變成 $^*s\text{-}drjag^w$ 了。例如:

$$刀 \quad ^*tag^w$$
$$邵 \quad ^*s\text{-}drjag^w < ^{**}sgrjag^w$$

但是根據《説文》,"羔($^*kag^w$)"從"照"省聲,這就給上述的構擬提出了挑戰。因爲如果《説文》的分析可信的話,那麼在當時"照"就應該讀 $^*skrjag^w$ 了。

$$羔 \quad ^*kag^w$$
$$照 \quad ^*skrjag^w$$

---

① Paul L.-M. Serruys: *Notes on the Study of the Shih Ming*, AM, Vol. VI, 1958, S.159.

② 注 166"石"亦作"橐($t^!\hat{a}k < ^*hlak$)"的聲符。在文獻中"駱(lak)駝"常寫作"橐($hlak$)駝"。這和"石"的擬音 $^*sgrjak$ 相符。

如果"照"讀*skrjagʷ,那麼就很難解釋爲什麼它依然可用"刀(*tagʷ)"作聲符。爲了解釋這個現象,我們必須承認,刀(*tagʷ)亦源自**kʷagʷ。這個解釋引起一個問題:爲什麼軟腭音聲母的音節很多,而齗音聲母音節很少? 可能有人會説,"照"字産生於某個skr-已經變成str-的地方,然後傳入某個還讀skr的區域,在這個區域裏它又用作"羔"的聲符。這個解釋是很難讓人接受的。這個問題還可以繼續討論,這裏我們就來討論一些可以確定有軟腭音來源的例子。

《説文》認爲"卿(*grjang,*kʼrjang)"和"章"讀音相近,而"章"和"竟(*krjang)"讀音相近①。這表明"章"有軟腭音來源。這個信息很有價值,因爲"章"的諧聲序列無法顯示出這些。考慮到這一點,司禮義(Serruys 1957)把"章"構擬爲/*t̂yang,而把"竟"構擬爲/*dkiang。這個構擬難以讓人滿意,因爲它不能解釋這兩組諧聲序列中字的詞源關係。

含有聲符"章"的"障"字,在《爾雅》中訓爲"界"。含有聲符"竟"的"境"字,在《吕覽》的注中亦訓作"界"。《廣韻》中這兩個字都訓作"界"。從我的構擬可以看出,這兩個字是以有無s-前綴相區別的。

$$境\quad *krjang \qquad\qquad 比較:司禮義(Serruys)\qquad dkiang$$
$$障\quad *s\text{-}krjang \qquad\qquad\qquad\qquad\qquad\qquad\qquad\qquad t̂yang$$

高本漢(Karlgren)《漢語詞類》(*Word Families in Chinese*)中前兩個字是"景"和"鏡"。高本漢(Karlgren)認爲"鏡'鏡子'"和"景'光明、明亮'"有詞源關係。"章"和"彰"也可歸入這一類,它們都有"明"的意思。現在我們又找到了一組以s-前綴相區分的同源詞:

$$景鏡\quad *krjang$$
$$章彰\quad *s\text{-}krjang$$

《釋名》訓"昌(t̂ʼiang)"爲"康(kʼâng)"。這説明"昌"也有軟腭音來源。我們可以把它構擬爲"skʼrjang",它也屬於上述詞族,因爲它也有"光明"的意思。

在本節最後,我們需要指出一點,依據不同的構擬,同一個詞源關係可能有不同的解釋。下面的例子引自蒲立本(Pulleyblank)(1962)和雅洪托夫(Jachontov)(1965):

蒲立本(Pulleyblank)(1965)②,第125頁
$$至\quad *tīts \qquad\quad "到達" \qquad 中綴\text{-}l\text{-}$$
$$致\quad *tlits \qquad\quad "傳送"$$

雅洪托夫(Jachontov)(1965),第36頁
$$至\quad *tie\text{-}s \qquad\qquad\qquad 不同的介音$$
$$致\quad *t̂ie\text{-}s$$

我的建議
$$至\quad *s\text{-}trjits < **s\text{-}trjəps \qquad 前綴 s\text{-}$$
$$致\quad *trjits < **trjəps③$$

下面是對本節所討論音變的總結:

---

① 譯者注:《説文・卯部》:"卿,章也。"《説文・音部》:"章,樂竟爲一章。"

② 譯者注:疑爲"(1962)"的筆誤。

③ *trjits源自**tsjəps,參見第78頁。

$$
\left.\begin{array}{l}
{}^{**}\text{sprj} \\
{}^{**}\text{skrj} \\
{}^{**}\text{strj}
\end{array}\right\} \rightarrow {}^{*}\text{strj} \rightarrow \text{tsrj} \quad \text{chao}_3\ (照_3)
$$

$$
\left.\begin{array}{l}
{}^{**}\text{sp'rj} \\
{}^{**}\text{sk'rj} \\
{}^{**}\text{st'rj}
\end{array}\right\} \rightarrow {}^{*}\text{st'rj} \rightarrow \text{ts'rj} \quad \text{ch'uan}_3\ (穿_3)
$$

$$
\left.\begin{array}{l}
{}^{**}\text{sbrj} \\
{}^{**}\text{sgrj} \\
{}^{**}\text{sdrj}
\end{array}\right\} \rightarrow {}^{*}\text{sdrj} \rightarrow \text{dzrj} \quad \text{ch'an}_3\ (禪_3)
$$

$$
{}^{**}\text{shrj} \longrightarrow {}^{*}\text{srj} \quad \text{shen}_3\ (審_3)
$$

$$
{}^{**}\text{s}\hat{\text{h}}\text{rj} \longrightarrow {}^{*}\text{zri} \quad \text{ch'uang}_3\ (牀_3)
$$

3.4　日母的來源

　　對於中古日母的音值,沙畹和伯希和(E. Chavannes & P. Pelliot)(1911)建議構擬爲žň[1]。高本漢(Karlgren)(1925/26)從不同方面權衡這個構擬,最終將其改爲ńź。在後來的上古音構擬中,他從諧聲關係出發,認爲ńź來源於ni̯[2]。西門華德(Walter Simon)(1938)建議將其構擬爲複輔音 sn-或 sni̯-,因爲在諧聲序列中日母可以與 n-、s-互諧。他説:"若擬構爲 sni̯-,似乎就無需引入一個新的上古聲母 ń-,並假設這個 ń-會自發地變成 ńź-從而與音近的 ni̯-有著完全不同的發展。上古的 sni̯-很容易變成《切韻》時期的 źń-(zni̯>sni̯)。在我看來,這足以解釋其所有的現代音變[3]。(By the assumption of sni̯- it would not seem necessary to introduce a new archaic sound ń- and to assume for this ń- a spontaneous change to ńź- and with that a development entirely different from that of the very similar sound ni̯-. Archaic sni̯- might have easily developed to a Ch'ieh-yün źń-(zni̯>sni̯) which to my mind would be sufficient to account for all its modern development.)"

　　在對包擬古(Bodman)《〈釋名〉的語言學研究》(*A Linguistic Study of the Shih Ming*)的評論中,米勒(Roy A. Miller)找出了按時代先後排列的六個例子,其中梵語音節 jña 大都用日母字轉寫,只有最後一例中用兩個漢字轉寫,前一個漢字聲母是"ś",後一個漢字聲母是日母。

　　米勒(Miller)總結道:"總而言之,直至公元八世紀末之前的某段時間,jña 還常用日母字來轉寫,但在九世紀初卻發生了變化,jña 開始用塞擦音加硬腭鼻音來轉寫。……一個簡單卻重要的結論不證自明:某個類似於塞擦音加鼻音的成分變成了某個更像鼻音加塞擦音的成分[4]。('To sum up', schliesst Miller, 'up to sometime before the end of the 8ᵗʰ century A. D. the ancient initial jih(日) sufficed to transcribe jña; by the beginning of the 9th century it did not, and jña had to be spelled out as affricate plus palatal nasal'. Und weiter: '... a simple but important conclusion imposes itself: what was something like affricate plus nasal be-

---

① 譯者注:ž相當於[ʑ]。ň 相當於硬腭鼻音[ȵ],作者用 ń 表示之。

② 高本漢《中國音韻學研究》(趙元任、羅常培、李方桂漢譯),頁 339ff。

③ Walter Simon: *The Reconstruction of Archaic Chinese*. BSOS 9(1938), S.285.

④ 譯者注:原文用的就是"塞擦音",但似乎説的應該是擦音。

came something more like nasal plus affricate'.)"

　　爲了解釋這個現象，米勒(Miller)認爲在唐代長安方言其他鼻音聲母的類化作用下發生了語音換位。根據馬伯樂(Maspero)的研究，長安方言的鼻音發生了如下變化：

$$ŋ->ŋg-$$
$$n->nd-$$
$$m->mb-$$
$$ń->ńź-$$

　　這種類化作用是不完整的，前三個鼻音後出現了塞音，最後一個鼻音後卻出現了擦音。米勒(Miller)解釋説，在缺少 n̂ 韻尾和 d̂ 聲母的情況下，不可能發展出 n̂d 這樣的組合。相反，"對 *źń- 進行語音換位和類化拓展比形成一個新的發音序列 *n̂d 遇到的阻力更小。(a metatheses and extension by analogy of the fossal *źń- must have offered less resistance than did the genesis of a new articulatory sequence *n̂d̂.)"[①]。

　　米勒(Miller)語音換位的想法雖然能調和高本漢(Karlgren)和西門華德(Walter Simon)的分歧，但在我看來，這個語音換位不是由上述僅限於長安方言的音變而引發的，而是和照三組聲母的演變平行。因爲就算在那些没有發生過"去鼻音化"的方言中也同樣出現了語音換位。值得注意的是，長安方言中去鼻音化現象不見於-ng尾字，但這些字中依然出現了 źń>ńź 的語音換位。日母的發展可以用下表表示：

$$\left.\begin{array}{l} ** \ smrj \\ ** \ sngrj \\ ** \ snrj \end{array}\right\} → * \ snrj→znrj→nzrj$$

　　試比較：

$$\left.\begin{array}{l} ** \ sbrj \\ ** \ sgrj \\ ** \ sdrj \end{array}\right\} → * \ sdrj→zdrj→dzrj$$

　　和 ** sbrj-、** sgrj-、** sdrj- 中的音變平行，前面的 s- 對後面的音産生同化作用。zn>nz 的語音變換亦和其他以 s 或 z 開頭的複輔音中所發生的音變平行。

$$znrj→nzrj$$
$$zdrj→dzrj$$
$$strj→tsrj$$
$$st^{'}rj→ts^{'}rj$$

　　語音變換應當發生在《切韻》和《韻鏡》成書之間，因爲在《切韻》中還存在照二(tsrj)(在喻化音節中出現)和照三(strj)的對立。在語音變換之後，二者的區別就變成了有無-j-介音了。

	《切韻》		《韻鏡》
照二	tsra-	→	tsra-
照三	tsrja-	→	tsra-

---

①　Roy Andrew Miller：*Bibliographie*，T.P. Vol.64，(1956) S.279.

　　譯者注：原文 fossal 疑爲 fossil 之譌。fossil 義爲"陳腐的，守舊的"，這裡指已經過時、不再使用的語言形式。

照_三　strja-　　→　　tsrja-

下面的例子説明了日母是如何産生的。

1. ** sngrj＞* snrj＞ńź

瞁　　　* sngʷrjin＞ńźiu̯ĕn
＝昫　　* sngʷrjin＞ńźiu̯ĕn
　　　　* shʷrjin＞śiu̯ĕn
　　　　* hʷin＞xiwen
　　　　* ĥʷin＞ɣiwen

兒　　　* ngig＞ngiei
　　　　** sngrjig＞* snrjig＞znrjig＞ńźie

堯　　　* ngiagʷ＞ngieu
饒　　　** sngrjagʷ＞* snrjagʷ＞* znrjagʷ＞ńźiäu

李方桂（1971）在探討堯、饒、兒的諧聲序列時推導出 sng＋j＞ńź的音變過程。

2. ** smrj＞* snrj＞ńź

矛　　　* mrjəgw
柔　　　** smrjəb＞* smrjəgʷ＞* snrjəgʷ＞* znrjəgʷ＞ńź '軟'
比較：　荏　** smrjəm＞* snrjəm＞* znrjəm＞ńź '軟'
　　　　妊　** smrjəm＞* snrjəm＞* znrjəm＞ńź '懷孕'
比較：　藏語：sbrum-pa '懷孕'

西門華德（Walter Simon）（1963）認爲藏語 sbrum-pa 源自 * smrum-pa，他由此推斷，漢語中"妊（sniəm）"是從 * smiəm 變來的。

蒲立本（Pulleyblank）（1962）指出，"任"被用於轉寫 mimana 的第一個音節，由此他構擬了 məm，其中的ə後來喻化爲 jə。

賃　　　* mrjəm＞nrjəm '借出'
藏語：　brnyán-pa '借出'
恁　　　* snrjəm '想'
藏語：　synam '想'（西門華德（Walter Simon）Nr.255）

西門華德（Walter Simon）認爲藏語 synam 和漢語的"念"同源。但因爲大部分情況下藏語的 ny-和漢語的ńź對應，因此我們認爲最好選擇"恁"作爲與之對應的同源詞。

3. * snrj＞ńź

衵　　　* nrjit＞niĕt
　　　　* snrjit＞ńźiĕt
孃　　　* nrjang＞niang
　　　　* snrjang＞ńźiang
鑲　　　* nrjang＞niang
　　　　* snrang＞ńźiang
瓤　　　* nrjang＞niang（不見於《説文》）
　　　　* snrjang＞ńźiang

通過中綴-r-彼此區分的同源詞：

襄　　*snjang＞siang

禳　　*snrjang＞n̂ziang　　　　　　　'祈禱,消除災殃'

攘　　*snrjang＞n̂ziang　　　　　　　'驅趕'

3.5　喻四和邪母的來源

喻四和邪母的來源向來眾說紛紜,莫衷一是。這兩個聲母的分佈和諧聲行爲都十分獨特。分佈方面,邪母只出現在-j-介音前,而喻四實際上不含有任何輔音。二者在《韻鏡》中都放在四等的位置。諧聲方面,二者都同時和齒音與軟腭音發生關係。在前文我們已經討論了和軟腭音發生關係的部分:

喻四:*ĥj＞j

邪母:*sĥj＞zj

下面我們將討論和齒音發生關係的部分。

首先我們看一看其他學者對該問題的見解。

1. 高本漢(Karlgren)(1923)爲喻四構擬了 g、d、z,爲邪母構擬了 dz。當喻四和軟腭音發生關係時,他將其構擬爲 g:

勻 i̯uĕn＜*g-:鈞 ki̯uĕn

當喻四和齒塞音發生關係時,他將其構擬爲 d:

甬 i̯wong＜*d-:通 t'ung

當喻四和邪母發生關係時,他將其構擬爲 z,並將該邪母字的上古音擬爲 dz-[①]:

羊 i̯ang＜*z-:祥 zi̯ang＜*dz-

該理論的弱點在於,他構擬的 g、d、z、dz 四個聲母只出現在介音-i-之前,因此它們的分佈顯得十分不協調。此外,根據高本漢(Karlgren)的觀點,其中有三個聲母有對應的送氣音:g'、d'、dz'。因此高本漢(Karlgren)的塞音和塞擦音有四種:

k, k', g, g'

t, t', d, d'

ts, ts', dz, dz'

這是高本漢(Karlgren)體系中飽受訾病的一點。他的另一個弱點在於,他的體系裏邪母構擬爲 dz-,喻四構擬爲 z-,這無法解釋它們和軟腭音的共時聯繫。在《漢文典》中,他通過劃分不同的諧聲序列解決這個問題。例如:

1. 1202,a 谷 *kuk/kuk

1202,d 欲 *gi̯uk/i̯wok

1220,a 俗 *dzi̯uk/zi̯wok

1187,a 容 *di̯ung/i̯wong

2. 711,a 姜 *ki̯ang/ki̯ang

712,a 羌 *k'i̯ang/k'i̯ang

732,a 羊 *zi̯ang/i̯ang

---

① Karlgren:*Analytic Dietionary of Chinese and Sino-Japanese*, S.27.

732，a 祥 * dẑiang/zi̯ang

3. 1173，a 公 * kung/kung

　　1190，d 頌 * dẑiung/zi̯ung

在他没有劃分出不同的諧聲序列的組類中，他會説其上古音聲母的構擬"問題重重(problematic)(第527組)"或"令人費解(obscure)(第533組)"。

2. 馬伯樂(Maspero)(1930)提出諧聲序列中的例外應該是介音-l-或-m-的脱落造成的，這個介音使得不同的聲母發生了聯繫，例如①：

公*k-lung　　　　　　谷*k-luk

頌*z-lióng　　　　　俗*z-liok

馬伯樂(Maspero)的這個假設並不可信，因爲它不能解釋和喻四相關的諧聲關係。正如前文提到的那樣，邪母(zj)不僅和軟腭音，而且和喻四(其實是零聲母)有諧聲關係。-l-介音只能解釋邪母和軟腭音的諧聲關係，卻不能解釋邪母和喻四的諧聲關係。此外-l-的構擬並不是基於諧聲證據，它也没能解決分佈不協調的難題。根據馬伯樂(Henri Maspero)的觀點，作聲母的z只出現於-l-之前。考慮到和它對應的清擦音s可以在所有位置出現，這就顯得尤爲奇怪了。

3. 董同龢(1948)不同意高本漢(Karlgren)將喻四的上古音來源構擬爲z。他指出，除了少數例外，除非同時和軟腭音或齒音發生聯繫，否則喻四很少和邪母相關。爲了反映這個雙重聯繫，他構擬了諸如gd-、gz-、gtˡ-之類的複輔音。然而他並没有得出很確切的最終結論②。

他所提出的輔音組合都不能解釋邪母分佈不協調的問題，因爲他構擬的z-也只能出現在喻化元音之前。此外，他構擬的gd-、kz-也對複輔音結構提出挑戰，這種構擬帶來的問題恐怕比它所解決的問題更多。

4. 藤堂明保(Tōdō)(1957)發現和軟腭音有諧聲關係的那部分喻母其實是匣母的音位變體，因爲匣母、喻三和喻四的分佈是互補的。根據另一部分和齒音有諧聲關係，他把喻四、邪母、禪母、牀三都看做dj-的方言變體③。

姜　　　*kjang

羊　　　*ĥjang＞jang

祥　　　*ĥjang＞jang＞zjang

比較：　松　　　*ĥjung＞jung＞zjong

夕　　　*diăk＞jiɛk＞ziɛk

夜　　　*diăg＞jiă

他最大的貢獻在於對匣母、喻三、喻四互補分佈的解釋，這避免了引入一個新的軟腭音聲母。其弱點在於對方言條件下的音變假設，這相當於他承認自己没能找到確定的音變條件。

---

① Henri Maspero：*Préfixes et dérivation en Chinois Archaique*，Mémoires de la Société de Linguistique de Paris，Bd.23，1930，S.319.

② 董同龢：《上古音韻表稿》，頁28ff。

③ 藤堂明保：《中國語音韻論》，頁295及頁345(羊)，頁346(松)；《漢字語源辭典》，頁336(夜，夕)。

5. 富勵士(Forrest)(1961 & 1964)接受了馬伯樂(Maspero)的觀點,並對其進行了補充。和馬伯樂(Maspero)一樣,他也認爲介音-l-是將不同聲母聯繫在同一諧聲系列中的樞紐。他說:"很遺憾,高本漢(Karlgren)……没有重視馬伯樂對他的相關批評,即同一諧聲系列中的聲母的聯繫只和聲母輔音有關,而與介音(常常是-l-)無關。(It is much to be regretted that Karlgren .... failed to appreciate the very pertinent criticism by Maspero of his reconstruction of the Initial groups in reliance on the absolute initial consonant rather than on the medial element(usually – l-))。"1961年他爲喻四構擬了硬腭流音 ʎ,並說 l 和 ʎ"不管是單獨作聲母還是前帶塞音,都可以組成一個諧聲組(constituting one phonetic group, whether in absolute initial position or preceded by an occlusive)"。

富勵士(Forrest)敏銳地觀察到喻四(在一些情況下)是一個和 l 很接近的音,但由於他没有找出確切的證據證明二者互補分佈,因此由"兩個聲母出現在同一諧聲組"這個現象也只能推出"二者讀音很近"這樣的結論。

此外,除了喻化元音之前,富勵士(Forrest)没有爲 ʎ 擬定其他語音環境。類似的還有他在 1967 年提出的用 r 替換 ʎ 的意見。他把《漢文典》1224, k"鬻"構擬爲"ʎuk"是基於錯誤的認識,因爲"鬻"字的聲母並非他所認爲的喻四,而應當是禪母[①]。但即使這個字的聲母是喻四,他也没有説明什麼地方應構擬爲 ʎ,什麼地方應構擬爲 ʎj。

最後,把喻四構擬爲 ʎ 或 r 依然不能解決 z 分佈不協調的問題,因爲由於它只出現在 l 之前,它的分佈和之前一樣,依然是受限的。

高本漢(Karlgren)《漢文典》689　　　襲 * ḍiəp/ziəp

富勵士(Forrest)(1964),頁 239　　襲 * zljəp/ziəp

6. 李方桂(1971)通過將喻四構擬爲 r,將邪母構擬爲 rj 的方式解決了這兩個難題。

$$* \text{r-} > \text{ji-} \qquad \text{喻}_四$$

$$* \text{r + j-} > \text{zj-} \qquad \text{邪}$$

爲了照顧到喻四、邪母和軟腭音、唇音的諧聲關係,他還構擬了 * brj- 和 * grj-。如此一來,"馬伯樂(Maspero)-富勵士(Forrest)-李方桂"的學説鏈就形成了一個内部一致的緊密系統。

因此批評必須加於整個系統上。李方桂爲所有二等字都構擬了-r-介音,因此他系統中存在諸如 pra、pʼra、bra、mra、tra、tʼra、dra、nra、kra、kʼra、gra、ngra、tsra、tsʼra、dzra、sra 等複輔音。由於知組和照二組聲母都既在喻化音節中出現,又在非喻化音節中出現,因此在他的系統中還有 trja、tʼrja、drja、nrja、tsrja、tsʼrja、dzrja、srja 這樣的音。若把喻四構擬爲 grja 和 brja,則難免讓人生疑:上古漢語中是否也存在和 brja 相應的 prja、pʼrja、mrja 呢? 如果答案是肯定的話,那接下來就要回答,這些複輔音是併入了它們所對應的三等聲母中呢,還是都併入了喻四呢? 若答案是前者,那麼我們就不能把喻四構擬爲 brja 和 grja,因爲它們應歸並母三等和群母三等。若是後者,我們也很難接受把喻四構擬爲 brja 和 grja,因爲我們難以確定失落的複輔音究竟是 prja、pʼrja、brja、(mrja)還是 krja、kʼrja、grja、(ngrja)。

把邪母構擬爲 rja 也和他的諧聲規則相違背,因爲邪母還和軟腭音有諧聲關係。他説只

---

①　藤堂明保:《中國語音韻論》,頁 137。該錯誤的产生是由於混淆了 d̂juk 和 djuk。"鬻"字參見 KY-SH, S.818。

有"相同發音部位"的塞音可以諧聲，然在其文第 45 頁有：

羊	*rang	＞jiang
祥	*rjang	＞zjang
姜	*kjang	＞kjang

根據他的理論，"羊"其實可以構擬爲 *grjang，但"祥"卻存在問題。上面的例子表明把邪母構擬爲 rj 是難以令人滿意的，因爲這樣就必須得承認，不同發音部位的輔音可以出現在同一組諧聲序列中。他在第 52 頁把邪母構擬爲 sgj：

谷	*kuk	＞kuk
欲	*grjuk	＞jiwok
俗	*sgjuk	＞zjwok

這個構擬雖然符合他提出的諧聲規則，但和他在第 20 頁提出的音變條例相違背：

$$*sg+j- ＞dź或ź$$

除了這點微不足道的瑕疵外，他自己所謂的"擬測體系"中充滿了讓人耳目一新的新思路，只有少數地方需要修訂。前文我們已經建議用-r-介音來修訂他的理論。

$$*sgrj＞dź（相當於高本漢（Karlgren）體系的ź）$$

由於他之前曾假設：

$$*sdj＞dz 或 z$$
$$*sgj＞z$$

我們建議修改爲：

$$*sdj＞z$$
$$*sĥj＞z$$

陸志韋（1947）對諧聲關係的統計可以支持我們的修訂[①]：

發生諧聲關係的次數

邪	*sdj-	(1)	37	喻四 j（＜tj，t'j，dj，nj，ĥj）
	*sĥj	(2)	14	心 sj
		(3)	13	定 d
		(4)	7	澄 dr(j)
		(5)	6	喻三 ĥrj
		(6)	6	照三 strj，skrj，sprj
		(7)	5	匣 ĥ
		(8)	5	穿三 st'rj，sk'rj，sp'rj
		(9)	5	床 sĥrj

邪母和心母（sj）的聯繫可以通過含 s 的複輔音來體現。3 號和 4 號可以用含 d 的複輔音解釋，5 號、7 號和 9 號可以用含ĥ的複輔音解釋。

如果接受了把邪母的擬音修訂爲 sdj 和 sĥj，那麼把喻四構擬爲 r 就失去了最重要的支持，因爲這樣喻四和邪母的聯繫就無從體現了。但既然同一諧聲序列中的不同聲母的聯繫不再僅

---

① 陸志韋：《古音説略》，頁 255f。

僅基於介音(-l-)，而是基於詞幹①，那麽馬伯樂(Maspero)和富勵士(Forrest)的觀點就不能成立了。

7. 雅洪托夫(Jachontov)(1965)爲不同的音變構擬了不同的介音。他有一個假設：i 之前的 d 和 g 會失落，i 之前的 d 和 g 會變成 z②。

雅洪托夫	夜	diâk-h>i̯	喻四
(Jachontov)	夕	diâk>zi̯	邪
	羊	giâng>i̯	喻四
	祥	giâng>zi̯	邪
	羌	khiâng	

這個解決方案的貢獻在於，它爲音變限定了語音環境，而不是將其籠統地歸結爲方言變體。其弱點在於他接受了送氣和不送氣兩套濁塞音。

1960 年他曾提出 *sxʷ-和 *zgʷ-兩個複輔音，這是爲了解釋它爲何一方面和 s、z 有諧聲關係，另一方面又和 h、ĥ(以及音節中的合口成分)有諧聲關係③。但從上面引述的他 1965 年的構擬來看，他似乎已經放棄了這個方案。

穗 gwiə-s　　z
惠 ghwiə-s

這一複輔音的構擬方案使得兩種介音的假設失去了存在的必要。

8. 蒲立本(Pulleyblank)(1962)建議將邪母構擬爲複輔音。他提出的 *shwit>siwit 和 *sĥwy->*zĥwy->zyw-是對雅洪托夫(Jachontov)zgʷ>zwi-的改良④。這是一個很好的構擬方案。帶聲輔音前的 s 元音化以及由此帶來的喉音失落可以很好地解釋了邪母分佈的不協調，而濁喉擦音的失落又爲喻四的形成提供了解釋。遺憾的是，蒲立本(Pulleyblank)只著眼於邪母和圓唇化軟腭音的諧聲關係，而沒有將其推廣至所有軟腭音。

他的錯誤之處在於他認爲諧聲序列"羊""姜""羌"與"公""頌"和諧聲序列"唐""康"的情況是一樣的。依據他的構擬⑤：

康　*khðang>khang
唐　*gðang>dang

依據這個模式，"公"可以構擬爲 kðung，而"頌"可以構擬爲 gðūng。但由於"頌"中古還有 ziwong 一讀，因此不得不將其構擬爲 sgðūng。他把"祥"構擬爲 *s(g)ðang，把"羊"構擬爲 *(g)ðang⑥。但他實際上本可以按照他在討論"s＋圓唇化喉音"⑦式複輔音時構想的模式那樣，把這些字作如下構擬：

---

① 譯者按："詞幹(Wortstamm)"疑應當作"聲幹"。

② S.E. Jachontov：*Drevne-kitajskij jazyk*，S.37.

③ S.E. Jachontov：*Fonetika kitajskogo jazyka l tysjačeletija do* n. e. (labialiuovannye glasnye)，Problemny Vostokovedenija，1960，S.106.

④ E.G. Pullyblank：*The Consonantal System of Old Chinese*，AM，NS Vol.IX，1962，S.130f.

⑤ 同上，頁 118。

⑥ 同上，頁 126。

⑦ 同上，頁 130f。

公	kung	羊	$\hat{h}$āng
頌	$\hat{h}$ūng	羌	khāng
	$\hat{sh}$ūng	姜	kāng
		祥	$\hat{sh}$āng

由於他的體系裏 $^*\hat{h}$w 會變成 yw，$^*\hat{sh}$w 會變成 ziw，因此 $\hat{h}>$y 和 $\hat{sh}>$zi 的構擬也是符合邏輯的。

至於和齒音有諧聲關係的邪母，蒲立本(Pulleyblank)爲其構擬了一個複輔音。他認爲喻[四]源自 δ，由於喻[四]只出現在喻化元音前，因此他推測，δ 也應該可以在非喻化元音前出現。他的構擬如下[1]：

$$^* δ->M. d-$$
$$^* δi->^* \hat{z}i-\qquad M. y-$$

雖然這樣他可以解決邪母的分佈問題，但一個新的難題也隨之産生：如果中古的定母(d-)來源於上古的 δ，那麼應該如何處理中古的禪[三]呢？按照他的觀點(第108頁)，禪[三]來自上古的 d-。由於這個 d-只出現在喻化元音(長元音)之前，這個分佈不協調的難題就從邪母換移到了禪母，所以這個問題實際上依然沒有解決。

在我看來，所有這些難題的根源都在於將照[三]組的上古來源構擬爲 tj、t'j 等。蒲立本(Pulleyblank)正確地觀察到喻[四]和齒音的密切聯繫，但由於他認爲照[三]組源自 tj、t'j 等，因此他不能爲喻[四]構擬同樣的輔音，而只能選擇 δ。從我們的角度看，他的 δ 其實就是 d，他的 sδ 其實就是 sd。但單獨一個 d 還不能解釋所有和喻[四]相關的諧聲現象(喻[四]和 n、l 都有聯繫)。前文我們已經説過，當 tj、t'j、dj 和 nj 的聲母丢失時，hl 也不再是複輔音，而變成了 t'。

第十個地支"酉"的台語借詞所對應的漢語讀音應該是 * hljəg^w，否則它就不會和"老(* ləg^w)""留(* ljəg^w)"構成聲訓了[2]。怒語中的 hrau 似乎也源於漢語的 hl[3]。

李方桂亦承認，第三個地支"寅"的台語借詞在原始台語中可能有一個硬腭鼻音聲母[4]。它可能借自漢語的 njin。下列的諧聲關係可以用-j-介音前 n 的失落來解釋：

乃	* njəng$>$jəng	
孕	* njəng$>$jəng	
内	* nəps$>$nwəi	
芮	* njəps$>$iwäi	
肉	* snrjək$^w>\hat{n}\hat{z}$iuk	
遥	* njəg$^w>$jəg^w	'遥遠的'

比較：	台語：	nīw 奥德里庫爾(1948)
	壬	* mjəm$>^*$ njəm$>$jəm
比較：	壬	* smrjəm$>^*$ snrjəm$>\hat{n}\hat{z}$iəm

---

① E.G. Pullyblank：*The Consonantal System of Old Chinese*，AM，NS Vol.IX，1962，頁116f。

② 譯者注：《史記·律書》："酉者，萬物之老也，故曰酉"。《禮記·月令》"孟春之月"鄭玄注"觀斗所建"孔穎達疏："酉，留也"。

③ 同上，頁338。

④ 譯者注：原腳註内容遺漏。

　　失落的 n 很容易重構,因爲一般鼻音不會和塞音發生交替。

　　高本漢(Karlgren)説聲調顯示失落的齒音是濁的①,其實是没有什麽依據的,因爲在中古聲調還没有發生變化的時候(也就是説有平上去入四調,且聲母分清濁),齒音聲母就已經失落了。聲母是喻四的字讀去聲(tiefer Ton)只能説明濁的"smooth ingress"和清的喉塞音是對立的②,這不能説明失落的輔音是清的(t 或 tʰ)還是濁的(d)。在某些情況下,我們可以從喻四聲母字和邪母字或澄母字的詞源關係中得到啟發,從而確定失落的齒音是清的還是濁的。例如:

$$
\begin{array}{lll}
夜 & {}^{*}\text{djak-s} > & \text{'夜晚'} \\
夕 & {}^{*}\text{s-djak} > & \text{'黄昏'(前綴 s-)} \\
游 & {}^{*}\text{djəg}^{\text{w}} > & \text{'游泳'} \\
泅 & {}^{*}\text{s-djəg}^{\text{w}} > & \text{'游泳'(前綴 s-)} \\
由 & {}^{*}\text{djəg}^{\text{w}} > & \text{'自,從'} \\
冑 & {}^{*}\text{drjəg}^{\text{w}} > & \text{'後代'(介音 r)} \\
窈 & {}^{**}\text{diab} > {}^{*}\text{diag}^{\text{w}} > \text{dieu} & \text{'美麗'} \\
姚 & {}^{**}\text{djab} > {}^{*}\text{djag}^{\text{w}} > & \text{'美麗'(不同的介音)}
\end{array}
$$

　　如果我們承認一字異讀情況下不同的讀音原本都十分接近,那麽我們就可以作如下構擬:

$$
\begin{array}{ll}
鐔 & {}^{*}\text{dəm} > \text{dʰâ̯m} \\
 & {}^{*}\text{djəm} > \text{i̯əm} \\
 & {}^{*}\text{sdjəm} > \text{zi̯əm} \\
屪 & {}^{*}\text{djag} > \text{i̯wo} \\
 & {}^{*}\text{sdjag} > \text{zi̯wo} \\
野 & {}^{*}\text{djag} > \text{i̯a} \\
 & {}^{*}\text{sdrjag} > \text{źi̯wo} \\
俑 & {}^{*}\text{tʰung} > \text{tʰung} \\
 & {}^{*}\text{tʰjung} > \text{i̯wong} \\
抽 & {}^{*}\text{djəg}^{\text{w}} > \text{i̯əu} \\
 & {}^{*}\text{drək}^{\text{w}} > \text{dʰi̯uk} \\
恌 & {}^{*}\text{tʰiag}^{\text{w}} > \text{tʰieu} \\
 & {}^{*}\text{tʰjag}^{\text{w}} > \text{i̯äu}
\end{array}
$$

　　但有一字異讀現象的字並不是很多,因此這個方法的應用範圍有限。此外這個方法有時候還會遇到一些困難,比如下面這一例:

$$
\begin{array}{ll}
銚 & {}^{*}\text{diag}^{\text{w}} > \text{dieu} \\
 & {}^{*}\text{tʰiag}^{\text{w}} > \text{tʰieu} \\
 & ? \quad > \text{i̯äu}
\end{array}
$$

---

① Karlgren：*Analytic Dictionary of Chinese and Sino-Japanese*，S.21.

② 譯者注:我們没有查到 smooth ingress 對應的中文概念。字面上 smooth ingress 是"平滑進入"的意思,我們推測可能是某個相當於"半元音"的概念。半元音發聲時没有阻塞且摩擦較小,因此是 smooth。

該例中我們很難判斷失落的是 d 還是 t。我們建議在難以確定時用大寫字母 T 來表示失落的是一個齒塞音。

$$銑\quad {}^*Tjag^w > i\ddot{a}u$$

把邪母構擬爲 sdj 會帶來一個問題，爲什麼 sdj 沒有像非喻化音節中那樣發生語音換位而成爲 dzj 呢？答案是：在語音換位發生之前，複輔音中的齒音成分就已經失落了。語音換位不可能早於異化作用①，否則 spj 就變成 psj 了。據此我們可以得知，spj 首先變成了 stj，然後才變成 tsj。因此我們有：

$$
\begin{aligned}
&{}^{**}\mathrm{sp} \\
&{}^{**}\mathrm{sk} \\
&{}^{**}\mathrm{st}
\end{aligned}
\Bigg\} \quad \rightarrow {}^*\mathrm{st} \rightarrow \mathrm{ts} \qquad\qquad 非喻化音節
$$

$$
\begin{aligned}
&{}^{**}\mathrm{spj} \\
&{}^{**}\mathrm{skj}
\end{aligned}
\Big\} \quad {}^*\mathrm{stj} \rightarrow \mathrm{tsj} \qquad\qquad 喻化音節
$$
$$
{}^{**}\mathrm{stj} \quad \rightarrow {}^*\mathrm{sj} \rightarrow \mathrm{sj}
$$
$$
{}^*(\mathrm{tj} \rightarrow \mathrm{j})
$$

$$
\begin{aligned}
&{}^{**}\mathrm{sp}' \\
&{}^{**}\mathrm{sk}' \\
&{}^{**}\mathrm{st}'
\end{aligned}
\Bigg\} \quad \rightarrow {}^*\mathrm{st}' \rightarrow \mathrm{ts}' \qquad\qquad 非喻化音節
$$

$$
\begin{aligned}
&{}^{**}\mathrm{sp}'\mathrm{j} \\
&{}^{**}\mathrm{sk}'\mathrm{j}
\end{aligned}
\Big\} \quad {}^*\mathrm{st}'\mathrm{j} \rightarrow \mathrm{ts}'\mathrm{j} \qquad\qquad 喻化音節
$$
$$
{}^{**}\mathrm{st}'\mathrm{j} \quad \rightarrow {}^*\mathrm{sj} \rightarrow \mathrm{sj}
$$
$$
{}^*(\mathrm{t}'\mathrm{j} \rightarrow \mathrm{j})
$$

$$
\begin{aligned}
&{}^{**}\mathrm{sb} \\
&{}^{**}\mathrm{sg} \\
&{}^{**}\mathrm{sd}
\end{aligned}
\Bigg\} \quad \rightarrow {}^*\mathrm{zd} \rightarrow \mathrm{dz} \qquad\qquad 非喻化音節
$$

$$
\begin{aligned}
&{}^{**}\mathrm{sbj} \\
&{}^{**}\mathrm{sgj}
\end{aligned}
\Big\} \quad {}^*\mathrm{zdj} \rightarrow \mathrm{dzj} \qquad\qquad 喻化音節
$$
$$
{}^{**}\mathrm{sdj} \quad \rightarrow {}^*\mathrm{zj} \rightarrow \mathrm{zj}
$$
$$
{}^*(\mathrm{dj} \rightarrow \mathrm{j})
$$

4. 結　語

在上古音研究中，前人主要關注《詩經》押韻和形聲字，偶爾使用古文獻中的異體字、漢代

---

① 譯者注：疑爲"同化作用"的筆誤。

的直音法注音和聲訓等材料。同源詞尚未引起足夠的重視。從傳統的眼光看,使用這種材料
是很危險的。首先,詞源關係的判定尚充滿爭議;其次,能夠確定的同源詞數量並不多,而對
詞源關係的研究又反過來需要藉助傳統語文學的知識。即便如此,當我對此進行研究時,還
是發現詞源關係可以反映最古老的語音系統,並且可以通過嚴格選取材料和研究方法的精細
化來減少使用它的風險。文中材料多源自楊樹達和章炳麟的研究。在必要的時候,我自己也
嘗試在《爾雅》《説文》和《廣韻》中搜集一些材料。

　　我也知道,單純依靠這些訓釋可能會誤入歧途。因此我儘量把舉到的每個字都在《漢文
典》中復核一遍,因爲這本書中所有的訓釋都有漢朝之前文獻的依據。由於一個字往往有多
個義項,其本義往往難以確定,因此我儘量舉出多個平行的例子,以此來減少偶合的因素。在
韻母的研究中,我以陰陽對轉爲出發點,嘗試在照顧到上古音系和音變規則的前提下爲讀音
各異的字找到共同的上古音來源。在聲母的研究中,我主要依靠純粹的理論推導,同源詞被
用於支持推導出來的結論。研究結果表明,在很多情況下,同源詞的語音系統和那些被看做
例外的諧聲字的語音系統相合,例如“短(˘tung＞tuân)”和“豆(˘dug＞dˈəu)”、“叢(˘dzung
＞dzˈung)”和“菆(˘dzung＞ʤˈuân)”或者“孰(˘sdrjək＞ʑiuk)”和“惇(˘˘strjəngʷ＞˘strjən＞
tsˈiuɐn)”、“盈(˘˘əngʷ＞uən)”和“媪(˘əgʷ＞âu)”。在以往的體系中,這些諧聲關係是不規
則的。對詞源關係的研究表明,這些字恰恰反映了最原始的語音情況。我的構擬在不違反
“規則的”諧聲關係的前提下,爲這些“不規則的”字的語音演變提供了解釋。

參考文獻

I. 原始文獻

《經籍籑詁》,阮元,翻印:台北,1967.

《爾雅郭注》,郭璞.

《爾雅義疏》,郝懿行.

《方言校釋》,馬光宇注,台北,1967.

《風俗通義》,應劭,翻印:台北,1963.

《玄應一切經音義》,Academia Sinica 1962.

《廣雅疏證》,王念孫,中華書局,上海.

《廣韻》,陳彭年等,廣文書局,台北,1960.

《廣韻聲系》,沈兼士,北京,1944.

《夢溪筆談》,沈括,上海,1957.

《夢陔堂文集》,黄承吉,文海書局,翻印:台北,1967.

《白虎通》,班固.

《釋名疏證》,畢沅.

《説文解字注》,段玉裁.

《説文解字詁林》,丁福保.

《説文通訓定聲》,朱駿聲.

《太平御覽》①,李昉等,新興書局,翻印:台北,1959.

---

① 譯者注:原文誤作“監”。

《顏氏家訓》,顏之推,廣文書局,翻印:台北,1965.

《韻鏡校注》,龍宇純,台北,1964.

II. 研究論著

縮寫①:

AM	Asia Major	全亞季刊
BEPEO	Bulletin de l'Ecole Française d' Extrême-Orient	遠東法文學院學報
BMFEA	Bulletin of the Museum of Far Eastern Antiquities	遠東古物博物館集刊
BSL	Bulletin de la Sociétéde Linguistique de Paris	巴黎地理學會集刊
BSOS, BSOAS	Bulletin of the School of Oriental(and African) Studies	東方(和非洲)研究學院公報
CHHP	Ch'ing-hua hsüeh-pao	清華學報
CYYY	Kuo-li Chung-yang yen-chiu yüan, li-shih yü-yen yen-chiu-so chi-k'an(Bulletin of the institute of History and Philology, Academia Sinlca)	國立中央研究院歷史語言研究所集刊
GK	Gengo kenkyu	言語研究
UJAS	Harvard Journal of Asiatic Studies	哈佛亞洲研究雜誌
JA	Journal Asiatique	亞洲雜誌
MSOS	Mitteilungen des Seminars für Orientalische Sprachen zu Berlin	東亞語言研究會報告
TP	T'oung Pao	通報
YCHP	Yen-ching hsüeh-pao	燕京學報
ZDMO	Zeitschrift der Deutschen Morgenländischen Gesellschaft	德國東方學會雜誌

（A）東亞語言

章炳麟:《章氏叢書》.

陳新雄:《春秋異文考》,台北,1964.

陳新雄:《古音學發微》,台北,1972.

陳夢家:《殷墟卜辭綜述》,北京,1972.

周法高:《中國語文研究》,台北,1955.

胡樸安:《中國訓詁學史》,台北,1968.

黃永武:《形聲多兼會意考》,台北,1969.

容　庚:《訓詁學概論》.

孔廣森:《詩聲類》,台北,1966.

李方桂:《切韻â的來源》,CYYY3, 1931.

李方桂:《上古音研究》,CHHP, NS IX, 1971.

李孝定:《甲骨文集釋》,1965.

李　榮:《切韻音系》,北京,1952.

林語堂:《陳宋淮楚歌寒對轉考》,《慶祝蔡元培先生六十五歲論文集》,上册,國立中央研究院 1933.

林語堂:《語言學論叢》,台北,1969.

林 尹:《訓詁學概要》,台北,1972.

陸志韋:《說文廣韻中間聲類變轉的大勢》,YCHP28, 1940.

陸志韋:《說文解字讀若音定》,YCHP30, 1946.

陸志韋:《詩韻譜》,YCHP20, 1947.

---

①　譯者註:外文期刊的中文譯名爲譯者所加,參考了鄭張尚芳《上古音系》參考文獻部分的翻譯。

龍宇純：《中國文字學》，香港，1968.

龍宇純：《論聲訓》，CHHP NS IX，1971.

西田龍雄：《諸語比較言語學的研究》，GK 25，1954.

沈兼士：《右文説在訓詁學上之沿革及其推闡》，《慶祝蔡元培先生六十五歲論文集》，CYYY1935.

戴　震：《聲類表》，再版，台北 1969.

唐　蘭：《中國文字學》，台北，1969.

藤堂明保：《上古漢語の方言》，1954.

藤堂明保：《中國語音韻論》，東京，1957.

藤堂明保：《漢字語源辞典》，東京，1965.

董同龢：《上古音韻表稿》，CYYY，1948.

董同龢：《中國語音史》，台北，1953.

董同龢：《假借字的問題 》，學人，第 36，"中央日報"，1957 年 4 月 6 日.

董同龢：《高本漢對清代詩經學家的批評》，學人，第 36，"中央日報"，1957 年 4 月 6 日.

董同龢：《古籍訓解和古語字義的研究》，CYYY，1965.

王　力：《中國音韻學》，上海，Jul-36.

王　力：《漢語史稿》，北京，1958.

王念孫：《古韻譜》，再版，台北 1966.

王　筠：《説文釋例》，台北，1961.

楊樹達：《積微居小學金石論叢》，積微居卜辭求義，台北 1971.

楊樹達：《積微居小學述林》，台北，1971.

嚴可均：《説文聲類》，台北，o.J.

(B) 西方語言

Benedict，Paul K.：*Studies in Indo-Chinese phonology*. HJAS 5(1940-41)

-：*Archaic Chinese ˚g and ˚d*. HJAS 11(1948)

Bodman，N. C.：*A Linguistic Study the Shih Ming*，Initials and Consonant Clusters. Cambridge，Mass. 1954

Chang，Kun：*Sino-Tibetan "iron"˚Qhleks*，JAOS，92.3(1972)

-：*The Proto-Chinese Final System and the Ch'ieh-yün*，Monographs Series A，No.26. Institute of History
　　and Philology，Taipei，1971

Chao，Yuen Hen：*Reviews of Grammata Serica*. Language 17，1941

Conrady，August：*Eine Indochinesische Causativ-Denominativ- Bildung*. Leipzig，1896

Forrest，R.A.D.：*Researches in Archaic Chinese*. ZDMO III，1961

-：*A Reconsideration of the Initials of Karlgren's Archaic Chinese*. TP LI，1964；TF LIII，1967

Franke，Herbert：*Sinologie*. Bern 1953

Haudricourt，A.G.：*Les phonèmes et le vocabulaire du thai commun*. JA 236，1948

-：*Comment reconstruire le chinois archaique*. Word 10，1954

Jachontov，S.E.：*Fonetika kitajskogo jazyka l tysjačeletija do* n.e.(sistema finalej). Problemny Vostokove-
　　denija，Moskau，1959

-：*Fonetika kitajskogo jazyka l tysjačeletija do* n.e. Problemny Vostokovedenija，Moskau，1960

-：*Socetanija soglasnych v drevnekitajskom jazyke*. Trudy dvadcat' pjatogo mezdunarodnogo kongressa vos-
　　tokovedov. Moskau，1963

-：*Drevne-kitajskij jazyk*. Moskau，1965

Karlgren，Bernhard：*Etudes sur la phonologie Chinoise*. Archives d'Etudes Orientales 15. 1-3，1915-26 Uebersetzt ins Chinesische-von Chao Yuen Ren, Lo Ch'ang-p'ei and Li Fang-kuei

-: *Analytic Dictionary of Chinese and Sino-Japanese.* Paris, 1923

-: *Word Families in Chinese.* BMFEA 5, 1934

-: *Grammata Serica.* (Abk Urzung G, S.) Script and phonetics in Chinese and Sino-Japanese. EMFEA 12, 1940

-: *Glosses on the odes.* BMFEA 14, 16, 17, 18, 1942-46

-: *Compendium of Phonetics in Ancient and Archaic Chinese.* BMFEA 26, 1954

-: *Loan Characters in Pre-Han Texts.* BMFEA 35, 1963

Li Fang-kuei: *Ancient Chinese -ung, -uk, -uong, -uok, etc. in Archaic Chinese.* CYYY 1932

-: *Archaic Chinese -iw ng, -iw k and iw g.* CYYY 1935

-: *Some Old Chinese Loan Words in the Tai Languages.* HJAS 8, 1944-45

-: *Review of A Linguistic Study of the Shih-ming*, by N.C. Bodman. Language 31, 1955

Maspero, Henri: *Le dialecte de Tch'ang-ngan sous les T'ang*, BEFEO 20, 1920

-: *Préfixes et dérivation en chinois archaique.* Mém. Soc. Ling. de Paris 23, 1930

Miller, Roy A.: *Bibliographie*, Bodman, N.C. A Linguisitic Study of the Shih Ming, 1954. TP 64, 1956

Ogawa, Tamaki: *Reviews of Paul L.-M. Serruys: The Chinese Dialects of Han Time According to Fang Yen.* M.S. 19, 1960

Pulleyblank, E.G.: *Studies in Early Chinese Grammar.* AM 8, 1960

-: *The Consonantal Systems of Old Chinese*, AM 9, 1962

-: *An Interpretation of the Vowel Systems of Old Chinese and of Written Burmese.* AM 10, 1963

-: *Close/open Ablaut in Sino-Tibetan.* Lingua 14, 1965

-: *Some Further Evidence Regarding Old Chinese -s and its Time of Disappearance.* BSOAS 36, 1973

Serruys, Paul L.-M.: *Notes on the Study of the Shih Ming.* AM 6, 1958

-: *The Chinese Dialects of Han Time According to Tang Yen.* University of California Press, Berkeley and Los Angeles, 1959

-: *The Study of the Chuan-chu in Shuo wen*, CYYY 28, 1958

Simon, Walter: *Zur Rekonstruktion der altchinesischen End- konsonanten.* MSOS 30, 1927

-: *Tibetisch-chinesische Wortgleichungen.* Ein Versuch MSOS 32, 1929

-: *The Reconstruction of Archaic Chinese.* BSOS 9, 1938

-: *The Range of Sound Alternations in Tibetan Word Families.* AM 1949

-: *The Reconstruction of Original Cluster "Nasal + r" through Tibetan-Chinese Word Equations.*

Ting, Pang-hsin: *Chinese Phonology of the Wei-Chin Period: Reconstruction of the Finals as Reflected in Poetry Institute of History and Philology*, Academia Sinica Taipei, 1975

作者簡歷

　　我叫龔煌城，1934 年 12 月 10 日出生於台灣北港。我的父親叫龔百川，是一位小學校長，我的母親叫蔡等雅。我在 1941 年開始上小學。1947 年，在小學畢業後，我到台灣的北港初級中學讀書，並在 1953 年 7 月完成高中部的課程。

　　1953/54 年的秋季學期我開始在國立台灣師範大學攻讀英語語言文學，在八個學期後取得文學學士學位。畢業後，從 1957 年 8 月到 1966 年 2 月，我在台北市私立大同高級中學當英語老師，其間我去美國參加過爲期半年的進修（參加舊金山州立大學的"國際教師發展項目（International Teacher Development Program）"）。

　　1966 年 4 月，在歌德學院資助下，我來到德國慕尼黑參加其舉辦的德語教師培訓項目，並於 1967 年 9 月結業。

　　從 1967 年夏季學期開始我就讀於慕尼黑大學，跟隨沃爾夫岡・保爾教授（Prof. Dr. Wolfgang Bauer）和赫伯特・弗蘭克教授（Prof. Dr. Herbert Franke）主修漢學，跟隨赫伯特・弗蘭克教授（Prof. Dr. Herbert Franke）和邁因拉德・舍萊爾教授（Prof. Dr. Meinrad Scheller）輔修蒙古學和語言學，並參加過一些輔修專業的講座課和練習課。

　　從 1971 年 3 月到 1973 年 3 月我曾休假兩年。在攻讀學位時，我還擔任慕尼黑大學漢語老師一職。

慕尼黑，1974 年 6 月 20 日

龔煌城

德漢術語對照表

Wortverwandtschaft　同源詞

Ablaut　元音變換

Analogie　類化作用

Anlaut　聲母

Assimilation　同化作用

Auslaut　韻尾/韻母

Binom　駢詞

Brechung　裂化

das ursprüngliche Zeichen　初文

der volle hsieh-sheng-Wert　全諧聲值

der ebene Ton　平聲

der fallende Ton　去聲

der ju-sheng Ton　入聲

der steigende Ton　上聲

Dialektvariation　方言變體

Dissimilation　異化作用

Doppelentsprechung　通轉

Doppelform/Doubleformen/ Dublette　一詞多形

ein echtes yin-yang Paar　陰陽相配的一對韻

Endkonsonant　輔音韻尾

Entnasalisierung　去鼻音化

Entsprechung　對應關係

Etymologie　同源關係\詞源學

etymologische Beziehung　詞源關係

Gegenüber-Wechsel　對轉

Gleichsetzung　訓釋

Grammata Serica (G.S.)　《漢文典》

Hauptdialekt　主要方言

homoorganisch　相同發音部位的

Hsieh-sheng-Schriftzeichen　形聲字

jodizieren　喻化

Konsonatenhäufung　複輔音

Labio-Velar　圓唇化軟齶音

Lautelement　音素

Lautverschiebung　語音流變\音變

Lautwechsel　元音變換

Lesungsäquivalent　聲訓

Lücke　空格

Metathese　語音換位

morphologischer Prozess　形態過程

Neben-Wechsel　旁轉

Nullanlaut　零聲母

paronomastische Definitionen von Wörtern　聲訓

Phonetikum　聲符

phonetische Gruppe　諧聲組

phonetische Serie　諧聲序列

phonetisches Lehnwort　假借字

Präfix-Elemente　前綴成分

prähistorische Zeit　史前時期

primärer Gegenüber-Wechsel　正對轉

Proto-Chinesisch　原始漢語

Radikal　形符

Reimkategorie　韻目

Reimklasse　韻部

reine Stufe IV　純四等韻

Schriftvariante　異體字

Stufe III der gespaltenen Reime　重紐三等

Supradental　舌齒音

unvollkommene Reime　合韻

Verschlusslaut　塞音

Vokalisierung　元音化

Volks-Etymologie　民間詞源學

Vor-Shih-ching-Zeit　前詩經時代

vulgäre Form　俗體

Wechsel　交替/交互

Word Families in Chinese　《漢語詞類》

Wort ohne Endkonsonant/offene Silbe　開音節

Wortfamilie　詞族

Wortstamm　詞幹

Zwischenlaut　介音

贵州罗甸汉语方言音系[*]

李华斌 彭昌平
（贵州师范大学文学院）

内容提要 通过描写贵州省罗甸县方言声韵调系统,归纳它的音韵特点,并列出同音字汇,认为它具有西南官话、贵州以及黔南汉语方言地理的典型特征;也有自己独特的语音特征,如韵腹、韵尾有大面积脱落的现象,如缘~分[y²¹],羡~慕[ɕi¹³],月[y²¹],杉[sa⁴⁴]、眉~毛.文读梅杨~莓霉[mæ²¹],肥[fæ²¹]。

关键词 音系;西南官话;罗甸县

罗甸县位于贵州省南部的红水河畔,北连惠水、长顺县,西邻紫云、望谟县,东北与平塘县接壤,南与广西壮族自治区天峨、乐业县隔红水河相望,地跨东经106°37′—106°45′,北纬25°09′—25°16′,东西宽63公里,南北长72公里,面积3 015平方公里,辖8个镇1个乡,有177个村3个社区2个居委会,总人口35万,以布依、苗、瑶族为主的少数民族占总人口的69%(2010年)。少数民族内部使用民族语,民族之间以及和汉族沟通基本用本地汉语方言,年轻一代的少数民族能说本地汉语方言。罗甸汉语方言内部差别不大,相互沟通无障碍。具体差别:一般来说,城镇、中心地区的白读、俚语等少,村寨、边远地区的多。

罗甸方言在分片上略存争议,刘光亚归黔南片[1];涂光禄等归过渡片[2]P4,认为"从某些(语音)特点看,可以划入贵州川黔方言,从另一些(语音)特点看,又可以不划入黔南方言"[2]P112。鉴于此,有必要描写它的语音面貌,确定它的系属。

方言取点是边阳镇。边阳镇在县西北,下辖16个行政村122个村民小组和1个居委会,人口23 824人,其中少数民族人口8 310人(2010年)。取点的原因在于它地处偏僻,受普通话的影响相对较小,白读、习语多,更能体现罗甸汉语方言的本来面目,如边阳镇罗沙乡的"耳~朵"有[ŋæ⁵⁵][ie⁵⁵]二读,其他地方仅[ŋæ⁵⁵]一读;边阳镇栗木乡的"爹"有[ti⁴⁴][tia⁴⁴][ia²¹][pæ²¹]四读,东部乡镇的沫阳镇、风亭乡、罗苏乡仅[ti⁴⁴]一读,其他地方一般[ti⁴⁴][tia⁴⁴]二读。调查组于2016年8月对它进行了普查,12月作了核对。主要发音人是罗沙乡董油村的两位老人,他们很少出门,不会说普通话;彭福顺,1946年生,汉族,身份证号52272819460628181x,小学文化,方音纯正;赵昌英,1952年生,汉族,身份证号522728195209121820,小学文化,方音纯正。调查组于2015年8月入董油村调查记音,12月复核。

---

[*] 本文系国家社科基金项目"敦煌写卷佛经音注研究(18BYY129)"的相关成果。

1. 声母状况及特点

1.1 声母状况

（1）声母个数

20 个：[p、pʰ、m、f、v、ts、tsʰ、s、z、t、tʰ、l、tɕ、tɕʰ、ɕ、k、kʰ、x、ŋ、Ø]。

（2）发音特点

在[ɑ、ə、æ]起首的音节前舌根鼻音[ŋ-]明显，在[o]前不明显；今变读零声母的模、屋－等等字滋生出声母[v-]，即 u＞vu，如污乌屋捂物午五误务雾。少数情况下，[k、kʰ、x]和[i-]相拼，滋生出介音[-j-]来，即 kji->ki-、kʰji>kʰi-、xi>xji-，处在颚化的前一阶段。

1.2 声母特点

（1）知庄章组混入精组，统读为[ts、tsʰ、s]。知组如中[ts]，庄组如庄[ts]，章组如试[s]。

（2）泥、娘母混入来母，统读为[l]，泥如哪（一等），娘如奶（二等）。

（3）模、屋、没韵的晓匣母字的声母读 f，唇化字如呼胡虎互护忽福服。

（4）部分舌齿音的洪音字颚化，如速《广韵》桑谷切、心东合一入[ɕiu²¹]、族《广韵》昨木切、从东合一入[tɕʰiu²¹]。一些通摄三等入声的齿音字未由细变洪，继续颚化，如续、俗《广韵》似足切、邪钟合三入[ɕiu²¹]。

（5）古影疑字在开口洪音前有声母[ŋ-]，如樱硬。

（6）部分二等韵的舌根音未颚化，如戒阶[k]。个别知组字细音字颚化，如丑～得很，白读[tɕʰiu⁵⁵]；个别精组洪音字颚化，如族汉～、白读[tɕʰiu²¹]。

（7）送气与不送气混，如址《广韵》诸市切、章之开三上[tsʰ̩⁵⁵]、铺店～、《广韵》普故切、滂模合一去[pu¹³]。

2. 韵母状况及特点

2.1 韵母状况

（1）韵母个数

27 个：[a、o、æ、i(ɿ)、u(ʮ)、y、ai、ɑu、əu、ei、iu、ia、io、ie、uɑ、uæ、iau、uai、uei、ən、in、uən、ɑŋ、oŋ、iaŋ、ioŋ、uɑŋ]。

（2）发音特点

[uæ]里的[æ]舌位略后，近似[ə]；[ts、tsʰ、s、z、t、tʰ、l]与[o]相拼，合口动程不明显，就不立韵母[uo]；[əu]中的[ə]舌位偏前，发音时间比普通话的[ou]短。

2.2 韵母特点

（1）梗、曾、深摄舒声字的韵尾合并为[-n]，即-n＞-m、-ŋ 和-n，如宾兵冰饼病金斤今精进近镜净幸兴姓杏蒸身生声深升审省胜剩林心。

（2）大部分山、咸摄字的韵尾[-n]和[-m]丢失，主元音高化（a＞æ 或 e），如鞭偏片骗棉癫点垫甸电天添田甜舔连帘脸练恋链尖千钱前浅欠咸烟盐颜严眼燕艳雁砖钻穿船传关官观弯豌完玩晚碗捐冤圆元原袁远愿院。少数山、咸摄字的韵尾[-n]和[-m]不丢失,但主元音高化(a>ə),如拌《广韵》普官切,滂桓合一平,文读[pən¹³]、攀《广韵》普班切,滂删开二平[pʰən⁴⁴]。

(3) 臻摄的舌齿音由合口变开口或齐齿呼,如论来魂合一去[lən¹³]、孙心魂合一平[sən⁴⁴]、群~众,群文合三平[tɕʰin²¹]。止蟹摄合口的舌齿音字合口介音不丢失,如雷来灰合一平[luei²¹]、累来支合三去内泥灰合一去[luei¹³]、谁禅脂合三平[suei²¹]。有古合口细音读齐齿呼的情况,如元[ie²¹]、玄[ɕie²¹]、全[tɕʰie²¹]、晕~车,于文合三去[in⁴⁴]、匀均~,以谆合三平[in²¹]、运~气,于文合三去[in¹³]。有古开口仍读开口或齐齿,未像通语变合口、撮口的情况,如吞透痕开一[tʰən⁴⁴]、略来阳开三入[lio²¹]。

(4) 韵腹、韵尾有丢失的现象,如缘~分[y²¹]、羡~慕[ɕi¹³]、月[y²¹]、杉[sa⁴⁴]、眉~毛,文读梅杨~莓霉[mæ²¹]、肥[fæ²¹]。反之,也有同化增音的现象,如亩[moŋ⁵⁵]、茂[moŋ¹³]。

(5) 少数古洪音字滋生出 i 介音,如逃~跑,白读[tʰiau²¹]、口[kʰiu⁵⁵]、扣把门~起[kʰiu¹³]、狗[kiu⁵⁵]、猴喉[xiu²¹]、后厚[xiu¹³]。

(6) 有支微入鱼的现象,如砌~墙,清齐开四去[tɕʰy¹³];也有鱼虞入支微的现象,如滤~米,来鱼开三去[li¹³]。

(7) 止蟹二摄开口细音的唇音字读[ei]或[i]与通语不同,如批~发,滂齐开四平[pʰei⁴⁴]、备准~,並脂开三去[pi¹³]。

(8) 宕江摄的入声字派入歌戈韵,觉韵如壳[kʰo²¹]、药韵如[lio²¹]、略铎韵如落[lo²¹];陌麦韵和德韵今读合一,主元音为[æ],陌麦韵如格[kæ²¹]、客[kʰæ²¹],德韵如国[kuæ²¹]。

(9) 部分二等韵的牙喉音字的白读未细音化,如戒阶鞋读[ai]。

(10) 歌戈韵的主元音未央化,如饿[ŋo¹³]。

(11) 没有儿话音,不存在卷舌音,如儿[æ²¹],耳[æ⁵⁵]。

以上是主要特征,还有散点现象:部分鱼模韵字混入尤侯韵,如都~匀读[təu⁴⁴];少数高元音未发生复音化,即 u>ou 未发生,如肉[zu²¹];少数尤侯韵的字混入萧豪韵,如谬[miɑu²¹];麻三的主元音白读未高化,如卸[ɕia¹³]。

3. 声调状况及特点

3.1 声调状况

(1) 声调个数与调值

四个:阴平 44、阳平 21、上声 55、去声 13。

(2) 发音特点:去声在 13 和 12 之间,记作 13。

3.2 声调特点

(1) 大多数入声字派入阳平,如福一热薄剥桌活握北白七戚绝决;少数派入阴、上、去声,阴平的有扒,上声的有撒,去声的有畜。

(2) 存在自由变读的情况。"呼"单念阴平[fu⁴⁴],但在"招呼"中念阳平[fu²¹];"马"单念上声[ma⁵⁵],但在"马虎"中念阴平[ma⁴⁴]。

(3) 有四声相混的情况。去声读上声,如块[kʰuai⁵⁵]。

(4) 有变调构词,如朵一~[to⁵⁵],读本调上声;而朵耳~[to⁴⁴],小称变读阴平。

（5）没有轻声，如头石~[tʰəu^{44}]、子李~[tsɿ^{55}]。

4. 同音字汇

注：下画横线的字为白读，波浪线的为文读，如眉白读[mi^{21}]、眉文读[mɛ^{21}]；"□"标记有音无字，或方言本字不明确；入声用黑体；多音多义字一般用下标举例或释义。对入声字以中古而非上古的标准来认定。如"白""怕"上古都是入声铎部字；"怕"《广韵》普驾麻开三去切，"白"《广韵》傍陌庚开二入切。按拟定的标准，"怕"是去声字，"白"是入声字。

a(ɑ)

p 44 巴粑扒疤□~住,粘 爬tsaŋ^{44}、做作□~tʰan^{44},娇气 21□kʰɔŋ^{21},螃蟹 八拔□~沟,掏;~烟,抽;~水,吸 55 把屉粪便□奶奶□~子,技术 13□~~,指屋前宽阔平坦的地方,或镰刀的末端□~铺,铺床□~强,厉害□~laŋ^{55},赌钱□~腿,大坝

pʰ 44 啪□一大~,堆□~了,熟 21 爬□~~,插秧用的木制工具 55□~鱼,一种小鱼□~起,躺□~耳朵,弯□~在背上,靠 13 怕帕

m 44 妈马~虎 21□~au^{13}子,老鹰 蟆kʰɛ^{21} 麻□~tsyɑ^{44},蝗虫 抹□~包谷,剥□开~tsʰan^{44},生冻疮□~我没得哦,骗~liu^{13},动作快 55 马牛□~位置,占□~起脸,生气 13 骂□~强,好

f 44 发头~ 21 法乏罚发~财□打~,嫁女儿□~馒头,蒸□~sɿ^{13},一会儿

ts 44 多~开,张□~la^{44}子,声音大□~kɔ^{21}~ia^{44},参差不齐在点~起,挡□~tɕi^{13} tsʰu^{13},占地方 21 眨扎砸闸□~裤子,提 铡□~草□咋,咐,叮嘱□~劲,攥□~子,碎片□~烟,抽 55□~了,打湿 13 诈榨□拿石头~起,压□~秤,东西重□鬼~,吓人

tsʰ 44□~到我,踩 差□ma^{55},工具 杈 21 擦茶查插□~子,掰玉米的工具 55□~~裤,开裆裤 13~在一起,混合 叉□~毛,跟别人不一样□搞~了,错 岔

s 44 沙杉萨薹~ 21 杀刹□~鞋,穿□~kɔ^{21},结束□~tʰi^{21},迷信活动□~出来,掉 55 洒撒傻□~la^{44},唢呐

t 44 嗒答羞~~ 21 搭跶□~米,收割□~大,姐姐 55 打□~米,碾 13 大□~mɑu^{13},高傲

tʰ 44 他她 21 塔塌遢□~在地下,坐□~一大~,纸,摞 13 踏

l 44 拉□tsa^{44}子,声音大□tsʰa^{55},唢呐 21 腊辣拿 55 喇哪□~fu^{21},邋遢 13□~菜,一种植物

k 44 嘎 21 夹螃~,螃蟹;一~菜,次□~to^{13},地名 55□~,肉 13□~tɕian^{21},地名

kʰ 44□眼睛,痛□~,角落□~进来,挤 21 揢 55 卡~tɕian^{55},噎住 13□~,胯下

x 44 哈□字写得像鸡~的,杂乱 21□他~我,挠 55 哈~得很,憨 13 下□一~,一起□~数,盼头,打算

ŋ 44 压~到脚 55 哑~巴 13□~tɕ^{55},那里

o

p 44 波拨 21 拨~电话 薄剥钵□~器皿 55□~弯,转□技术~得很,差 簸□~米,筛 13□推~,加工木材的工具

pʰ 44 坡 21 迫婆泼 13 破□~烦,烦躁,气愤 剖~开,切

m 44 摸□~得很,慢 21 磨动词 沫膜□~折人,麻烦□~得很,辛苦 13 陌默□~开,移 磨~子

f 21 佛

ts 21 桌昨捉着撮□~~,把作 55 左□和你~,换□~牛,买 鞋穿~了,反 13 座坐□~了,怀孕

tsʰ 44 搓 21□~火,怒□~乱~,逛□~憨~~,笨□眼睛~得很,瞎 昨□~天~地,慌慌张张□~~,铲子~箕 13 措□~开,换 撮~箕

s　44 嗦梭□~了,跑　21 芍白~索绳子,蛇缩□tshŋ44~,胆小□~起,躲□冷得~,发抖 说　55 所锁

t　44 多朵耳~□~,物体凸出的部分　21 夺□~下来,弄　55 躲朵一~　13 □~,挑□~子,马鞍~马,放□~好,放

tʰ　44 拖　21 脱给你一~,拳坨□ta55~,弄丢□~taŋ44,完蛋□~得很,丑　55 妥□~舌头,伸□~下来,掉

l　44 □~穿,刺□kæ21~,玩具□讲话打~~,口齿不清　21 落烙罗络　55 □ta55~,地名□~嘴,挑食□~不转,小孩口齿不清
　　13 摞□~过去点,搬糯

k　44 鸽哥锅郭　21 角~落割□~我不得哦,骗搁耽~　55 裹~多点,穿果□~起,串通　13 □~开点,让

kʰ　44 科棵　21 瞌吹牛,吹嘘壳渴□耍~子,架□打~拽,敲脑袋　55 颗可　13 课搁~好,放

x　44 喝呵□~xai13,哈欠□~phiau44,切割工整的薄木板　21 活和连词合河□~了,对　55 火伙□打~,平分□差~,差
　　劲□kuai55~,糟糕　13 货贺祸和~面

ŋ　44 窝□~屎,拉□在家~起,待□~li13,吃饭,戏语□母猪,一种游戏　21 握恶凶鹅蛾　55 我　13 饿□打~,弄脏

æ

p　44 班搬扳掰　21 北白百伯　55 版板□~来~去,动来动去　13 拌搅~半办伴□儿~,颗

pʰ　44 潘　21 迫拍赔陪盘~脚,跷二郎腿　55 □~来~,次　13 判□~~,门栓□打~脚,绊倒

m　21 麦墨默脉□~得很,磨蹭眉~毛梅杨~霉馒□~得很,厉害　55 蛮□~,叔父　13 慢漫

f　44 □~花,一种游戏翻番□tshie44,淘气□超~,超过□马~,吹牛　21 肥烦凡　55 反返　13 饭犯贩□冷~
　　子,一种野生水果

ts　44 沾□~米遮　21 宅窄摘责□~~,长方形竹板折　55 者展斩□~过去点,移　13 站赞占溅□冷~□
　　水,调料暂

tsʰ　44 车参□我~他,和□~水,加□~过去,转　21 缠蚕馋择选~厕摘拆~房子　55 扯□kan44~,说假话惨产□~
　　米,碾□~倒,摔□~他,打　13 策灿

s　44 三山衫□~他,打赊~账　21 蛇舌色折~本□~肉了,吃亏□~嘴,不好吃塞堵~舍宿虱~子　55 舍~得散
　　伞闪□~了,断　13 善扇~子鳝涉射□~你一脚,踢

z　21 热燃然　55 惹冉染

t　44 担~心单耽~搁　21 得德□~意,故意　55 胆□~到他,伤点一~　13 担~子弹~弓蛋旦

tʰ　44 贪摊瘫□咋个会~倒你哦,遇上□~pa44,矫情　21 坛弹特谈　55 坦毯　13 叹炭□~耳光,打

l　44 □在这点~起,躺　21 勒~紧裤腰肋□~他一眼,瞪□~在衣服上,揹□~他一起去,强迫□~我,依赖男兰南拦　55 懒
　　□~肉,腌　13 □被草~倒,割伤烂□~得很,入迷□马芙~,一种草

k　44 □~了,杀□xɐ21~~,挠痒痒干~净杆竿肝间一~,房□吃~了,不消化□~li13,脏东西蛪~蚕　55 给
　　感赶敢□~后,后面□~过去,挪□~脚,小腿□~气,窒息　13 干~间~段时间,隔□~得很,凶

kʰ　44 堪刊　21 客刻咳□~ɕin44脑,膝盖　55 砍槛~~上,河岸　13 看克去

x　44 憨□盐巴~很了,咸　21 黑核吓含　55 □~实打,用力喊　13 汗汉焊陷~进去

ŋ　44 安淹□把桌子~起,摆放　55 耳□~倒时间来,按□~你哦,猜　13 暗案按□唤牛的声音晏来~了,晚

i(ɿ)

p　44 屄　21 笔毕必别鼻①壁□~得很,又高又直　55 比鄙　13 毙闭庇备避碧箟

　　① 鼻《广韵》《集韵》《韵会》毗至切,并脂开三去,无入声读,但林宝卿《"鼻"字音义演变探索》(《厦门大学学报》1986 年第 1 期,147—149 页)认为它有入声一读。

pʰ　44 批披　21□~门,锁 皮脾匹疲□~得很,拖拉　13 屁□~kan⁴⁴tɕiaŋ⁴⁴,不可能

m　44 眯□~开,豩　21 眉□~毛 谜秘密　55 米□~断,折□~~,痘痘　13 □打~子,潜水□~香果,橡树种子

ts　44 只知枝□~栏,撕□~我去,指使□干~~,很干燥　21 侄直质值　55 指子姊止□~~,小捆　13 置这~边 自志制

tsʰ　44 痴□~到,碰□~手,伸　21 尺~子 迟池齿吃　55 □~~,物体凸出的部分 址趾尺~寸　13 翅刺秩

s　44 私丝师撕思司□~得很,闹腾　21 湿识石匙室　55 屎始死　13 是四示事市试式□等一fa²¹~, 等一会□kuɛ¹³,溺爱

z　21 日□~冲,耍帅

t　44 低爹□~~,一种游戏　21 敌笛滴□~忙,赶紧　55 抵~tsʅ⁵⁵,讽刺　13 第弟帝地□~~,植物的根

tʰ　44 梯□~他,训□~树,修剪□~钢,煮饭用的器具　21 踢提铁题　55 体　13 替涕鼻~剃

l　44□~到,踩　21 捏泥梨离□~障,调皮□~手,牵　55 李里~头　13 利丽厉例力□~你哦,怕 涕鼻~滤~米 □~laŋ⁵⁵,干净□kɛ²¹~,脏东西

tɕ　44 鸡机基唧箕畸　21 集接节疾吉结极积杰　55 挤几　13 记计技季既继借

tɕʰ　44 妻欺　21 七戚齐骑切□~菜,~tsaŋ⁵⁵,一致　55 起□~子,一种工具　13 去气砌□~饭,加热□~tʰu¹³~,忘恩负义

ɕ　44 些吸夕稀　21 悉媳歇□哪~,时候 席熄　55□~好,幸好 喜□xuai⁴⁴,幸灾乐祸 写~作业　13 细婿戏羡 ~慕□ɕia¹³,幸灾乐祸□顺顺~~,平安

k　44□~~,挠痒痒①

kʰ　13 去②

x　44□~~~的笑③

ø　44 衣　21 移业一叶树~乙　55 里~头椅　13 亿异意忆易夜~晚

u（ʯ）

p　21 不　55 补捕~捉　13 布步部铺店~

pʰ　44 铺~床扑□~起,拿东西垫　21 蒲朴菩□~爬,摔倒□~辣椒,腌　55 捕~捉普　13 瀑

m　21 木沫泡~　55 母拇亩　13 目慕

f　44 呼傅师□~衣服,弄脏　21 忽服扶胡福核桃~　55 虎斧腐　13 付父妇互护□~长头发,留

ts　44 珠猪　21 竹烛□~ti⁵⁵,讽刺　55 组祖煮　13 住做柱

tsʰ　44 粗初　21 出除锄厨　55 处~对象楚□打~,拐杖□~在那里,呆站□~饭,胃口不好　13 处到~醋畜触

s　44 输书梳苏　21 术属熟叔续　55 暑鼠　13 树诉素

z　44□~进去,放□~起,描　21 如肉~他一脚,踢入　55 乳辱

t　44 都　21 独毒□~~,底部　13 肚渡□~水,喷

tʰ　21 突徒　55 土吐　13 兔□憨,傻□日~,不讲义气~tɕʰi¹³,忘恩负义

l　44□~起来,捞□~衣袖,挽　21 六炉绿　55 鲁卤　13 路

k　44 姑孤辜□~起,蹲□猫~鸟,猫头鹰□眼泪~lu⁴⁴,多　21 骨谷　55 估鼓股古　13 固故顾

---

① 实际读音为[kji⁴⁴]。

② 实际读音为[kʰji¹³]。

③ 实际读音为[xji⁴⁴]。

kʰ   44 枯箍①   21 哭   55 苦   13 裤□垮~，猥琐

v   44 污乌   21 屋物□~起被子，盖   55 捂午□sɑu55~，午饭 五□~到，碰   13 误□~~，植物的茎 雾

y

l   55 女缕□~头发，梳   13 律虑

tɕ   44 居拘   21 局菊   55 举矩□~~草，一种植物   13 锯聚具

tɕʰ 44 区蛆趋   21 茄曲渠□~~，磨坏的地方   55 取   13 砌趣□~坎，整修

ɕ   44 须需□~火，害怕 □~~，条状小带子   21 血削徐雪   13 序畜

∅   21 鱼余月缘~份   55 雨羽语   13 芋遇玉□~了，磨损得厉害

ai

p   44 □~子，瘸子   55 摆□~我不得哦，骗□~子，粪便□~天，闲聊   13 败拜稗

pʰ   44 拍   21 牌排   55 □~长.米   13 派

m   21 埋   55 买   13 卖□~他一棍，打

ts   44 栽灾□~坎，摔倒□~放这点，扔   55 宰仔   13 载在债寨□~衣服，缝□摆~，串门

tsʰ 44 猜差出~   21 才柴   55 踩睬   13 菜□~得很，差劲

s   44 筛塞堵上   13 晒赛

t   44 呆   55 歹□~他走，拖   13 代带戴□~屋头，在

tʰ   44 胎~起，支撑□~他去，怂恿   21 台抬□~~，植物刚长出来的茎   13 太态

l   44 □牛~~，一种野生水果   21 来   13 耐奈赖□咋个~上你了，遇到

k   44 街阶该   55 改解   13 介戒届盖界

kʰ   44 开揩   55 凯慨□lɑŋ21~，干嘛   13 概

x   44 嗨   21 孩鞋还   55 海   13 害亥□~mɑŋ21不来，迟迟不来□xo44~，哈欠

ŋ   44 哀挨~着   21 □~头，石崖岩挨~打   55 矮   13 爱碍□你~到他了，给他丢脸

ɑu

p   44 包   55 宝饱保   13 暴抱报□~仔，怀孕□一大~，堆

pʰ   44 □~了，肿抛   21 □~你一脚，踢□~辣椒，烧□~烦，心烦□~烂，抓   55 跑   13 泡炮

m   44 猫   21 毛茅□发~，用尽全力   13 帽貌□ta13~，高傲茂~盛

ts   44 招糟遭□污~水，脏水   21 □~了，完蛋   55 枣早澡找   13 照造赵灶□~得很，调皮□~子大，雾蒙蒙的□~li21，可怜

tsʰ 44 抄超糙   21 朝草槽□~虫，蛔   55 吵炒草   13 造□~田，翻松□~一回，搅拌□~起，混合

s   44 烧骚□~~，簸箕   21 □~果，红薯□~藤，猪草□~蛋果，一种野生水果   55 嫂扫少□~vu55，午饭□~午，下午   13 哨绍□~得很，恼怒扫□~帚，扫□猪~，食□~锅，大

z   21 饶   55 扰□来~去，转   13 绕

t   44 刀□你晓得~，什么□~成，不像样   55 倒打~岛捣导   13 倒~水到道□去一~，次□一~门，扇□你~得很，作

tʰ   44 掏□老~，手弄得脏   21 □~屋，正厅逃桃   55 讨□~了，拔□~打得很，欠揍□把手~出来，拿   13 套□~紧，捆

———————————

①　箍《广韵》古胡切，见模合一平，罗甸方言读送气。

l　44 捞□~衣服,脱　21□~lɑu13,脑袋 牢劳　55 老脑　13 闹烙□lɑu21~,脑袋

k　44 高膏□~上,上面　21□~,觉　55 搞□洋,火把　13 告□~花子,乞丐 □~在土里,埋 □~话多得很,废话

kʰ　44 敲□~到头,打 □拿石头~,砸　55 考烤　13 靠铐

x　44 蒿薅~草　21□~~,硬币 豪□~,翻,搅　55 好　13 号耗浩□~来~去,搅来搅去

ŋ　44 熬~油　21 熬~夜　55 咬袄□~耳朵,怂恿 □~得很,痒　13 坳傲□拿锄头~,挖

əu

ts　44 周州□一~,大锅　55 走　13 皱揍宙做

tsʰ　44 抽□~我一下,扶□~车,推　21 筹仇酬　55 丑□好~　13 臭骤步~凑

s　44 收搜馊　55 手守　13 瘦寿

t　44 都□~~,篮子,背~,背篓 □~放那里,扔 □屋~,屋里 □①一~菜,颗　55 抖发~斗 tɑ21~,装米的容器 陡　13 豆□~是,就

tʰ　44 偷头石~　21 投头□~~,物体的顶端　55 抖□你讨~,打 □~出来,弄 □路好~哦,崎岖　13 透

l　44□~在一堆,聚拢　21 楼　55 搂　13 漏

ŋ　44 欧　55 呕藕　13 怄□我和他~了,反目 □他~了,生气

ei

p　44 杯碑悲□我和你~,换赌 □~tsɥei55,粗心　13 背~书;~时,倒霉 备贝辈倍

pʰ　44 批披胚□~土,翻松　13 配佩

m　44 没　21 梅□你~倒起,你以为哦　55 美每□~了,磨坏　13 妹

f　44 飞　13 废费肺□~得很,顽皮

l　21□~他一顿,打　13□你~他嘛,求 □被草草~了,割伤

iu

p　44□风吹得~~,勒,拟声词

pʰ　55□~断,折 □~我一眼,看

m　44□唤小猫的声音

t　44 丢□~在这里,放 □~灰,种庄稼　13□~是,就

l　44 溜□~背,掐　21 牛流留　55 扭□~起,扎紧 □~得很,疯　13□不要~,动 □麻,速度快

tɕ　44 揪纠鸠□~起,拉 □~~,辫子,巴 □~　21 舅□~,妈妈的兄弟　55 酒九久　13 就究旧救□~到了,崴 舅老~,嫂子的兄弟

tɕʰ　44 秋鳅□拿烟来~,烤　21 求□~眼睛,揉 球族汉~　55 丑~得很

ɕ　44 休修羞□~哦,丢脸　21 俗风~ 速续继~　55□~头~脑,没大没小　13 绣袖

k　44 沟勾　55 狗　13 够□~皮,树□~得很,累

kʰ　44 抠□~~,挂东西的地方　55 口　13 扣把门~起,关

x　44□~了,变质　21 猴喉□~我,说服　55 吼　13 后厚

Ø　44 优□~他,哄骗　55 有友　13 右佑□~到脚了,崴

───────────────

① 本字疑为株。

ia

p   55 瘪干~

pʰ   44 □~你,打耳光   55 □~耳朵,立不起来   13 □~勒一声断了,拟声词

t   44 爹   21 □眼皮~,垂下

tʰ   55 舔~干净□雨~~,勒响,拟声词

l   44 粘~~,胶水   21 鞋□~了,脱掉□~得很,偷懒□~皮,脱   13 □胃口不好

tɕ   44 加家□弯~,当,摩托车的一种   21 夹甲□~壳,抠门,嘴巴~得很,厉害   13 架嫁价驾□~~猪,品种好

tɕʰ 44 □~饭,吃   21 掐□~过去,跨 恰~~,刚好

ɕ   44 虾□~他去,指使   21 辖瞎狭□~恨,记   13 下夏卸□~下来,~细,认真

Ø   44 鸦压□~力,押   21 鸭□~狗,公狗 牙芽□他~我去,强迫   13 亚压高~锅

io

l   21 略虐律掠约

tɕ   21 脚角觉~得

tɕʰ 21 雀确缺□~~,小鸟

ɕ   21 学削~笔

Ø   21 约钥药乐

ie

p   44 憋鞭   21 别~针   13 别~扭

pʰ   44 篇偏   21 □~菜,摘   55 □~草,砍□~~,小木板   13 片骗

m   21 棉□~得很,拖拉

t   44 癫□~~,末端□~toŋ44,记性不好   21 碟跌蝶叠   55 点~头□~~khai55,很少   13 垫佃电

tʰ   44 天添□~饭,昌   21 田甜铁   55 舔

l   44 拈~起来,夹   21 连帘□~衣服,缝   55 □~她衣服穿,要脸   13 练恋链聂

tɕ   44 尖□~刀,菜刀□~得很,聪明 捐□~了,皱   21 绝决□~人,骂   55 卷~起来   13 卷试~圈牛~

tɕʰ 44 千□~~,刺□~fan44,淘气 圈~起,围;~子   21 钱前全权拳□手~了,僵硬   55 浅   13 欠□有点~,没吃
     饱劝

ɕ   44 星~宿 宣□~他,推   21 咸悬□~脸得很,没大没小   55 写~作业 选癣生~,皮肤病   13 旋~晕,转□~做,马上
     □~来~去,走 谢泻

Ø   44 烟□~了,枯萎;~巴,没有精神 冤□在这里~起,躺   21 盐叶颜页严热圆元原园袁   55 眼耳□~弃,嫌远
     13 燕艳雁□挖~,水塘□大~,地名 愿院

uɑ

ts   44 抓□木~,片   21 □~起头,低 啄~木鸟□~一脚,踢   55 爪鸡~□~脚,晋语

s   44 □~~雨,场   21 刷□把,扫把;~鞋,洗   55 耍

z   44 □~在沙发上,倒   21 不要~他,摇   13 □~的一声,拟声词

k   44 瓜~分   21 □~干净,昌□~头发,梳 刮□~肚皮,饿得快□吃~耳,敲脑袋   55 □~衣服,脱寡剐□~蛋,坏   13 挂

kʰ　44 夸　55 □~饭,吃 垮□~肚子,喊吃饭 □~耳,巴掌　13 挎褂

x　44 花□~开,切　21 华 滑猾　13 话画化

Ø　44 哇挖□~眼,瞪　21 □~老,乌鸦 袜娃□~你一脚,踢 □~垫,鞋　55 瓦□~起来,捞

uæ

ts　44 专砖钻　55 转□~活路,帮忙　13 赚□~得很,狡猾 □~子,刨

tsʰ　44 穿□走路打~~,走路不稳　21 船传□~皮,木板　55 □~子,铲子 □~田,薅　13 串

s　44 删酸拴　13 算蒜

z　55 软□~ku55,不听话

t　44 端~起来,抬　55 短□把路~起,拦　13 断段锻□~脚杆,詈语

tʰ　21 团□~在一堆,收拢 □~转,邻居

l　21 拦　55 卵　13 乱

k　44 关官观　21 □~去,自己去 国　55 管馆　13 □~sï13,溺爱 惯罐

kʰ　44 宽□~我心,安慰　21 阔扩奎人名　55 □~来~去,推 款□你~到我了,撞

x　44 欢　21 □~边,旁 环横□~竖缓~解　13 圈□~子,门栓 换唤□~~,钉在牛圈外面的木板 □一~楼梯,个

Ø　44 弯□~起脸,生气 □~起,躺下 豌　21 完玩　55 晚碗挽□手~筋　13 万

iau

p　44 标彪飚膘　55 表裱□~这样,不要　13 漂~亮

pʰ　44 飘□xo44~,薄木板　21 瞟瓢~~,勺子 嫖　13 票漂□拿水~一下,浸泡

m　21 苗描瞄□他一下,看　55 秒　13 庙谬

t　44 叼雕□~求,蛮不讲理 □~意,故　55 □~得很,高傲　13 掉吊钓□一~大,串

tʰ　44 挑　21 逃□~跑 调□先~了,溜走　55 □~头,转；~零钱,换 □~了,反　13 跳□你少~点,淘气,顽皮

l　44 撩□~开,拉　55 辽 鸟咬□~伤　13 尿料□~丢了,扔；~在这里,倒

tɕ　44 交□~不要,慌 骄椒　55 □~丝虫 搅□~得很,狡　13 较叫觉□睡~~~饭,祭祀仪式 □干~~,瘦 □~痛,阵痛

tɕʰ　44 悄跷敲□被牛~了,顶　55 巧□耙~,烤糍粑的工具 □~起,横放　13 俏翘

ɕ　44 消宵□不~去了,用 □~我一下,推　55 小晓　13 笑校孝效

Ø　44 妖幺腰~子,肾 邀　21 摇窑□~大~,堆　55 舀咬　13 要跃跳~

uai

ts　44 □~倒,摔 □~瞌睡,打　55 □~得很,高傲

tsʰ　44 揣□~起,放　13 踹

s　44 摔衰　55 甩　13 帅率

k　44 乖　55 □手~~,肘 拐□~了,惨,完 □他~我,推 □~枣,一种水果　13 怪

kʰ　55 块　13 筷快

x　44 □~ɕi55,活该　21 怀槐　13 坏

Ø　44 歪□~开点,让　55 □~了,坏；~货,质量差　13 外

uei

ts　44 □被蜜蜂~ 追~赶 □~~,刺　55 □pei44~,粗心 嘴　13 醉最罪

tsʰ　44 吹　21 锤槌□~你勒,打

s　44 □~~,线头　21 谁　13 睡岁碎

t　44 堆　13 对队兑

tʰ　44 推　21 颓　55 腿　13 退褪

l　44 追~求;~牛,赶　21 雷□~他一顿,打　55 □拿水~,和在一起□~起来,叠　13 累泪内

k　44 归规龟　55 鬼轨　13 贵柜桂跪

kʰ　44 亏盔　葵奎人名　13 溃愧

x　44 挥徽灰~巴脸,丧气□滚~,过生　21 回　55 悔　13 会汇

ən

p　44 奔□~起,拉着　55 本　13 笨拌~饭

pʰ　44 喷攀①□~起,靠着□~土,松　21 盆彭

m　44 闷~热□你~一下,猜　21 门明~天□你~倒起,算□kan55~,快点　55 □~了,生锈　13 □~了,满

f　44 分　21 坟　55 粉　13 份粪

ts　44 砧真蒸~馒头针珍睁~眼征遵~义　55 □~饭,煮枕整诊　13 挣证镇甄~子,炊具□大声~,喊

tsʰ　44 □麻~,手开裂村农~开手,伸□~展,平整撑睁~眼　21 □~~,漂在水面的脏东西存~钱成层尘呈　55 □~地下,趴　13 蹭趁□~起,支撑□~人头,凑数□~子木,一种好的木材

s　44 孙身生□在这点~起了,粘住声深升~子,一种计量容器　55 笋损~害审省　13 胜剩

z　44 扔　21 人　55 忍　13 任认~人,怕生

t　44 灯登蹲~起　55 等□木~~,凳子　13 顿凳□~好,放

tʰ　44 □~口,门吞□kʰuan21,馄饨　21 藤腾　55 □有点~,颠簸　13 □~~,台阶~段时间,隔~一~,步

l　44 □~~,钱　21 能轮　55 冷~饭子,一种野生水果　13 论议~嫩□~~,印记;伤口~~~,的,条

k　44 跟根□ku44~,鞋后跟坏了　55 哽□~的,完整□吃~了,噎住　13 更

kʰ　44 坑吭□~~,洞　55 肯啃怕你~土,要你好看□~吃,胃口好

x　44 哼　21 横痕　55 很狠　13 恨

ŋ　44 恩□老~,绰号樱~桃　55 □~得很,硌人□~着~到了,磕　13 硬~气

in

p　44 宾兵冰□手~口,裂　55 饼□~在一起,凑~一~,堆　13 病

pʰ　44 拼□~肉,把瘦的和肥的分开　21 平瓶贫　55 品　13 □你~他嘛,怂恿聘

m　21 名明文~民　55 ~刀,修房子用的工具□~一下,舔　13 命

t　44 丁盯□~鞋,防滑□~~,挂东西的小木棒　55 顶□~罐,煮饭用的器具　13 定订□~子,拳头□~你两脚,踢

tʰ　44 厅听　21 停庭　55 挺~你唉,打

l　44 拎□我~你过去,抬　21 领林淋灵　13 另令□~得很,倔强

tɕ　44 金斤今精□~得很,狡猾;~怪得很,矫情□~张,心慌均~匀　55 紧仅□~手,节约□~倒不走,拖延时间　13 静进近镜净

tɕʰ　44 清青亲~戚轻　21 勤情晴琴群~众　55 请顷寝　13 浸亲~家□大~林,森林

---

① 攀《广韵》普班切,山摄字罗甸方言混入臻摄。

ɕ　44 心新辛星_～兴_{动词}　55 醒□_{～了,味道变坏}　13 幸兴_高～姓杏□_{～饭,剩}

ø　44 阴音鹰□_{～起,闷着}晕_{～车}　21 银赢匀_{均～}　55 影□_{～小孩,带}　13 印应□_{～～,痕迹}运客_～

uən

ts　44 遵_{～守}尊□_{～～,木桩}　55 准

tsʰ　44 春村　21 纯存　55 蠢　13 寸

s　21 绳□_{～得很,听话}　13 顺

z　13 润孕_{怀～}□_{～衣服～了,湿}

l　44 □_{～绳子,搓}

k　55 滚　13 棍

kʰ　44 昆　21 □_{～的,完整}□_{～tʰən44,馄饨}□_{～打～吞,不嚼就咽下去}□_{你好～哦,圆润}　55 捆　13 困

x　44 婚昏浑_{～水,不清澈}　21 横_{～起}　13 混

ø　44 温瘟　21 蚊文纹闻　55 稳_{～住,坚持}　13 问

ɑŋ

p　44 帮　55 膀绑榜□_{～嘴得很,味道差}　13 □_{～～,一种木材}棒

pʰ　44 乓　21 旁螃　55 □_{你～到我了,撞}　13 胖

m　44 □_{～～,饭}厐_{你好～哦,胖}　21 忙芒氓□_{～xai13,不来,迟迟}□_{～ti21～去,赶紧}　55 □_{你～嘛,猜}□_{～嘴,涩口}莽□_{～声～气,声音沙哑}

f　44 芳方　21 房防　55 访纺　13 放

ts　44 脏章张□_{～我嘛,回应}　21 □_{拿石头～你勒,砸}　55 涨长掌□_{～好,扶}　13 账胀障帐□_{～气,生}□_{li21～,调皮、过分}

tsʰ　44 昌舱仓窗_{～子}　21 场长藏肠　55 敞_{～气,透}　13 唱畅

s　44 伤商　21 尝_{品～}　55 □_{他～我,吼}偿赔_～赏　13 尚上

z　44 □_{～了,皲}　21 □_{我好～哦,疲惫}　55 嚷　13 让

t　44 当_{～家}裆铛□_{成哪样～～,像什么样子}耽_{～搁}　21 □_{你好～哦,笨}挡拿布_{～起,遮}　55 党挡_{～路}　13 当_{上～荡氹～～,小水塘}

tʰ　44 汤□_{我咋～倒你哦,遇上}　21 糖螳　55 躺　13 趟烫_{～你两巴掌,打}□_{鬼火,烦躁}

l　44 □_{～～,物体最小的部分}□_{～他嘛,哄}　21 狼　55 □_{～干净,洗}□_{li13～,干净}　13 浪晾_{～衣服}□_{～好,这么}

k　44 缸刚钢　21 扛_{～东西}　55 港□_{等～去,一会儿}　13 杠虹_{～彩}

kʰ　44 糠康　21 扛_{～起}□_{～pa21,螃蟹}　55 □_{～好,盖}　13 抗□_{用火～一下,烤}

x　44 □_{～得凶,吼}　21 行杭　13 项_{～目}巷

ŋ　44 □_{手机～了,响}　21 昂_{～起头,抬}　55 □_{～好,抬}　13 □_{～得很,笨}

oŋ

p　44 崩□_{～好点,拉}　55 □_{你～他钱嘛,偷}

pʰ　44 烹□_{饭好～哦,香}□_{灰～起,飞扬}　21 朋棚_{～～,小房子}　13 碰□_{～～,茂盛的树、草丛}

m　44 蒙　55 □_{～起～子,发霉}亩猛　13 梦茂_{～盛}

f　44 风峰疯封□_{～～,红包}　21 缝_{～补}逢冯　55 讽　13 凤缝_{～～,空间很小}

ts　44 中钟终宗□_{打羊角～,翻跟斗}　55 肿总种　13 众粽重

ts^h	44 充~水葱聪□~辣椒,剁	21 重虫从	55 □~祸,嫁祸	13 冲~得很
s	44 松	21 □~起,缩	55 耸□老~,大胃王	13 送□~过去,移
z	21 □~了,碎□~~,残渣绒			
t	44 东冬□癫□~,老人记性不好	55 懂□老~,固执□~嘴,吵架□~pʰən21,斗篷		13 动冻洞□~门,对
t^h	44 通	21 筒同	55 桶捅统□~你一口,亲	13 痛
l	44 聋□~我,骂	21 龙隆笼□~~草,颗□~日~,狠琐	55 拢□~了,到达	13 弄
k	44 工公宫	21 □~去,自己	55 拱~翻	13 贡共拱~进去
k^h	44 空	55 孔恐□~饭,蒸	13 空~闲□~子,好吃懒做的人	
x	44 轰烘□牛~~,吹牛	21 红洪	55 哄□灶~,台	
ŋ	44 □~起来,埋□他们~在一堆,聚拢	13 瓮□~热,闷热		

iaŋ

p	21 □车子~~勒,拟声词			
t	44 □~起来,拿			
t^h	21 □~~勒响,拟声词			
l	44 娘大~,姑妈□~起来,抬□~我,诱惑	21 量凉粮娘母亲	13 亮谅□~了,腻□~得很,无聊	
tɕ	44 □~~来,刚刚江将浆~~,植物流出黏稠的汁僵姜	55 讲奖□~子,脖子□扯~,大声喊叫蒋	13 酱匠犟□~进去,踩	
$tɕ^h$	44 枪腔□~到了,喳	21 强墙详~细	55 抢	13 像好~□你不能~种,这样
ɕ	44 乡箱	21 详~细	55 响□~kau55,火把	13 像好~向~火,烤项~目
∅	44 央秧	21 阳仰洋	55 痒养	13 样□~我嘛,对着

ioŋ

tɕ	44 龚姓供~电□~牌,输的人交牌	55 □~起背,弯	13 □起~~了,褶皱	
$tɕ^h$	21 穷琼		
ɕ	44 凶兄胸	21 熊雄	13 □~鼻子,吸
∅	44 拥庸	21 荣容□~在一堆,挤	55 允许~勇	13 用

uɑŋ

ts	44 装妆桩	13 撞~到状		
ts^h	44 疮	55 闯□~到,遇	13 创撞~车	
s	44 双霜	55 爽□~~雨,场		
k	44 光□摆ɑŋ21~,闲聊	55 广□你~他嘛,骗	13 逛□~波,光头~哦,滑	
k^h	44 慌荒□打~,不种地	21 簧黄	55 谎	13 □亮~~,刺眼

5. 结　　论

　　罗甸方言具有西南官话的典型特征,如大多数入声字归阳平、宕江摄的入声字派入歌戈韵、陌麦韵和德韵的主元音合一;具有贵州川黔方言的典型特征,如平翘舌不分、前后鼻不分、模屋没韵的晓匣母字的声母唇化，由[x]（x＞x、ɤ）变读[f]；具有黔南汉语方言的典型特征，如山、咸摄的韵尾丢失或不丢失，主元音都高化。它与黔南方言不同的是入声字基本归阳平，与川黔方言不同的是大部分山、咸摄字的韵尾丢失。罗甸方言有自己的特征，韵腹、韵尾有大面积脱落的现象，如缘~分[y²¹]、羡~慕[ɕi¹³]、月[y²¹]、杉[sa⁴⁴]、眉~毛,文读梅杨~莓霉[mæ²¹]、肥[fæ²¹]；少数古洪音字滋生出[i]介音，如逃~跑,白读[tʰiau²¹]、口[kʰiu⁵⁵]、扣把门~起[kʰiu¹³]、狗[kiu⁵⁵]、猴喉[xiu²¹]、后厚[xiu¹³]。

　　由于义务教育的普及，电视、手机等推广，普通话对罗甸方言的影响扩大，边远地区的农村也出现了部分山、咸摄字的韵尾重新回复，文读变多等现象。

参考文献

刘光亚.1986.贵州省汉语方言的分区[J].方言，1986(3).

涂光禄，等.贵州省志·汉语方言志[M].北京：方志出版社，1998.

《东方语言学》征稿启事

一

　　《东方语言学》是由上海师范大学语言研究所主办,上海世纪出版集团(上海教育出版社)出版的学术集刊。本刊创刊于 2006 年,为半年刊,每年 6 月、12 月各出一辑。

　　《东方语言学》主要以东亚语言为研究对象,其宗旨是用语言学的普遍原理来研究语言,并通过由研究这些语言中的特有现象所得到的规律丰富语言学的普遍原理。本刊为东方语言的研究者提供了一块试验田,它不是封闭的,而是面向世界的。希望投稿者就各种学术问题展开讨论与争鸣,提出新材料、新观点、新理论等,进一步推动语言学学科发展。

　　本刊刊登对东亚语言的句法、语音、文字、词汇、语义诸问题进行共时描写和历时探讨的研究性论文,同时也刊登包括汉语方言、中国境内的少数民族语言及其他东亚语言在内的调查报告、长篇语料等,本刊也酌情刊登英文稿和译文稿。欢迎广大语言学研究者踊跃投稿。

　　要求论文投稿符合原创性要求,行文格式和注释体例遵循学术论文规范。

　　投稿信箱:eastling2010@163.com

　　联系电话:021-64322897

　　通讯地址:上海市徐汇区桂林路 100 号　　上海师范大学语言研究所《东方语言学》编辑部

　　邮　　编:200234

二

　　为方便稿件的后续处理,请作者来稿时注意以下几点:

　　1. 研究性论文的篇幅一般控制在 10 000 字以内(若字数超出此范围,请与编辑部联系),语言调查报告可不受篇幅限制。无须提供英文题目、提要、关键词等。

　　2. 投稿时,须提供三份电子文档:文稿 word、pdf 版各一份,以及包含作者姓名、单位、职称、电子邮件、电话、通信地址及邮编等信息的 word 文档一份。无须邮寄打印稿。

　　3. 编辑部在收到稿件后三个月内将告知作者是否采用;若不采用,来稿不再退还。论文一经刊登,国内作者即赠刊物两本,并致稿酬,境外作者赠刊五本。

三

　　1. 稿件若涉及国际音标,请使用 IPAPan New 字体,若涉及特殊字体(如生僻字、古文字等)、图表时,请另作说明。

　　2. 附注请一律使用当页脚注的形式,以带圈①……⑩的方式编号,使用每页重新编号的方式。

3. 引用古书、他人文献等原文时，务请仔细核对，确保无误。

4. 参考文献一律附列于正文后面。

5. 若需列出项目资助、致谢等相关内容，均置于首页底部，并于论文题目后标出星号。

6. 稿件务请按照本刊撰稿格式来编排。格式如下。

论文标题（黑体、三号、居中）

□

□

作者单位□□姓名

□

□

□

□□内容提要（小 5 号、黑体）□〔提要正文，小 5 号〕

□□关键词（小 5 号、黑体）□〔……　……〕

□

□

1. 一级标题（黑体、四号、居中）

〔正文内容〕

2. 一级标题（黑体、四号、居中）

2.1　二级标题（黑体、小四、顶格）

2.2　二级标题

3. 一级标题（黑体、四号、居中）

3.1　二级标题

3.1.1　三级标题（黑体、五号、顶格）

〔正文内容〕【注意：正文中若需加脚注，请用上标带圈数字表明，编号每页从①开始。正文中需要引用的参考文献出处随文用括号标注，可不采用脚注形式。专著需要列出有关页码，例如"（徐烈炯、刘丹青 1998:54—64）"】

□

□

参考文献（黑体、小四、顶格）

□

徐烈炯.焦点的不同概念及其在汉语中的表现形式[J].现代中国语研究,2001(3).

徐烈炯,刘丹青.话题的结构与功能[C].上海:上海教育出版社,1998.

Bayer, Josef. 1996. Directionality and Logical Form：On the Scope of Focusing Particles And Wh-in-situ. Dordrecht：Kluwer.

Cinque, Guglielmo. 1993. A null theory of phrase and compound stress. Linguistic Inquiry 24：239—298.

Hajičová，Eva，Barbara H. Partee & Petr Sgall. 1998. Topic-Focus Articulation，Tripartite Structures，and Semantic Content. Dordrecht：Kluwer.

Partee，Barbara H. 1999. Focus，quantification，and semantic-pragmatic issues. In Focus：Linguistic，Cognitive，and Computational Perspectives，ed. by Peter Bosch and Rob van der Sandt. 187—212.

Rooth，Mats. 1985. Association with Focus. PhD dissertation. University of Massachusetts. Amherst.

（说明：本刊"参考文献"的编排格式基本按照国际规范，引用各类杂志、会议论文集中的文章等务请尽量给出页码，但正文中引用页码可标可不标。正文中引用文献，如果是书和论文集，一般要注明所引内容的页码。）

图书在版编目（CIP）数据

东方语言学. 第二十五辑 /《东方语言学》编委会，上海师范大学语言研究所主编. — 上海：上海教育出版社，2023.12
ISBN 978-7-5720-2408-5

Ⅰ.①东… Ⅱ.①东… ②上… Ⅲ.①语言学－文集
Ⅳ.①H0-53

中国国家版本馆CIP数据核字(2023)第237968号

责任编辑　徐川山
封面题字　张维佳
封面设计　陆　弦

东方语言学　第二十五辑
《东方语言学》编委会　上海师范大学语言研究所　主编

出版发行　上海教育出版社有限公司
官　　网　www.seph.com.cn
地　　址　上海市闵行区号景路159弄C座
邮　　编　201101
印　　刷　上海昌鑫龙印务有限公司
开　　本　787×1092　1/16　印张 9.75　插页 2
字　　数　240 千字
版　　次　2023年12月第1版
印　　次　2023年12月第1次印刷
书　　号　ISBN 978-7-5720-2408-5/H·0080
定　　价　50.00 元

如发现质量问题，读者可向本社调换　电话：021-64373213